| | | |
|---|---|---|
| Grundbegriffe | Seite 7 | 1 |
| Methoden und Verfahren der Physik | Seite 20 | 2 |
| Erhaltungssätze | Seite 56 | 3 |
| Teilchen – Felder | Seite 62 | 4 |
| Schwingungen und Wellen | Seite 69 | 5 |
| Relativität – Quanten | Seite 80 | 6 |
| Mechanik | Seite 98 | 7 |
| Thermodynamik | Seite 148 | 8 |
| Elektrizitätslehre | Seite 179 | 9 |
| Optik | Seite 242 | 10 |
| Atom- und Kernphysik | Seite 272 | 11 |
| Anhang | Seite 304 | A |
| Register | Seite 328 | R |

# Wissensspeicher Physik

Das Wichtigste bis zum Abitur
in Stichworten und Übersichten

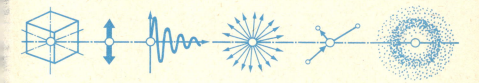

Autorenkollektiv unter Leitung von Rudolf Göbel
10. Auflage

Volk und Wissen
Volkseigener Verlag Berlin
1989

Bei Bearbeitung einzelner Textstellen wurden die im Verlag erschienenen Schulbücher für das Fach Physik zugrunde gelegt.

Autoren:
Prof. Dr. Rudolf Göbel (Leiter des Autorenkollektivs, 1., 2.)
Paul Schulze (3., 6.)
Dr. Rudolf Plötz (4.)
Dr. Hubert Buscherowsky (5., 9.)
Prof. Dr. Hans-Joachim Wilke (6.)
Eberhard Eichler (7., 8., 10.)
Dr. Wieland Müller (11.)
Dr. Peter Glatz (12., 13.)

Wissensspeicher Physik : das Wichtigste bis zum Abitur in Stichworten u. Übersichten / Autorenkollektiv unter Leitung von Rudolf Göbel. – 10. Aufl. – Berlin : Volk und Wissen, 1989. – 336 S. : Abb.
NE: Göbel, Rudolf [Mitarb.]

ISBN 3-06-02 17 08-4

10. Auflage
durchgesehener Nachdruck der 8., bearbeiteten Auflage, Ausgabe 1986
© Volk und Wissen, Volkseigener Verlag, Berlin 1986
Lizenz-Nr. 203 · 1000/89 (DN 02 17 08-10)
Printed in the German Democratic Republic
Schrift: 9/10 Gill – Monotype
Gesamtherstellung: Grafischer Großbetrieb Völkerfreundschaft Dresden
Redaktion: Günter Meyer
Zeichnungen: Heinrich Linkwitz
Einband: Manfred Behrendt
Typografische Gestaltung: Atelier vwv, Hansmartin Schmidt
Redaktionsschluß: 20. Oktober 1988
LSV 1207
Bestell-Nr. 707 799 6
01120

# Inhalt

**Grundbegriffe** ➡ 1.    Seite 7

Entwicklung und Einteilung der Naturwissenschaften ➡ 1.1.    Seite 7
Physikalische Größen und Einheiten ➡ 1.2.    Seite 9
Gesetze und Definitionen    1.3.    Seite 16

**Methoden und Verfahren der Physik** ➡ 2.    Seite 20

Mittel zur Erkenntnisgewinnung ➡ 2.1.    Seite 20
Tabellen und grafische Darstellungen ➡ 2.2.    Seite 30
Das Experiment im Physikunterricht ➡ 2.3.    Seite 40
Physikalische Messungen ➡ 2.4.    Seite 43
Lösen physikalischer Aufgaben ➡ 2.5.    Seite 52

**Erhaltungssätze** ➡ 3.    Seite 56

Grundbegriffe ➡ 3.1.    Seite 56
Energieerhaltungssatz ➡ 3.2.    Seite 57
Weitere Erhaltungssätze ➡ 3.3.    Seite 61

**Teilchen – Felder** ➡ 4.    Seite 62

Grundbegriffe ➡ 4.1.    Seite 62
Physikalische Erscheinungen beim Zusammentreffen
von Körpern und Feldern ➡ 4.2.    Seite 67

**Schwingungen und Wellen** ➡ 5.    Seite 69

Grundbegriffe ➡ 5.1.    Seite 69
Schwingungen ➡ 5.2.    Seite 73
Wellen ➡ 5.3.    Seite 75

**Relativität – Quanten** ➡ 6.    Seite 80

Spezielle Relativitätstheorie ➡ 6.1.    Seite 80
Quantenhafte Absorption von Licht ➡ 6.2.    Seite 84

Quantenhafte Emission von Licht ➡ 6.3.    Seite 89
Welle-Teilchen-Verhalten von Mikroobjekten ➡ 6.4.    Seite 96

**Mechanik** ➡ 7.    Seite 98

Statik ➡ 7.1.    Seite 100
Kinematik ➡ 7.2.    Seite 105
Dynamik ➡ 7.3.    Seite 117
Arbeit und Energie ➡ 7.4.    Seite 124
Impuls und Drehimpuls ➡ 7.5.    Seite 130
Mechanische Schwingungen und Wellen ➡ 7.6.    Seite 134
Gravitation ➡ 7.7.    Seite 139
Mechanik der Flüssigkeiten und Gase ➡ 7.8.    Seite 142

**Thermodynamik** ➡ 8.    Seite 148

Thermodynamische Grundbegriffe,
Temperatur und Wärme ➡ 8.1.    Seite 150
Zustandsänderungen ➡ 8.2.    Seite 156
Hauptsätze der Thermodynamik ➡ 8.3.    Seite 163
Kinetische Wärmetheorie ➡ 8.4.    Seite 172

**Elektrizitätslehre** ➡ 9.    Seite 179

Ladung-Stromstärke-Spannung ➡ 9.1.    Seite 180
Gleichstromkreis ➡ 9.2.    Seite 187
Wechselstromkreis ➡ 9.3.    Seite 193
Elektrostatisches Feld ➡ 9.4.    Seite 199
Magnetostatisches Feld ➡ 9.5.    Seite 204
Elektromagnetisches Feld ➡ 9.6.    Seite 212
Elektrische Leitungsvorgänge ➡ 9.7.    Seite 227

**Optik** ➡ 10.    Seite 242

Geometrische Optik ➡ 10.1.    Seite 244
Wellenoptik ➡ 10.2.    Seite 259

**Atom- und Kernphysik** ➡ 11.    Seite 272

Elementarteilchen-Atombau ➡ 11.1.    Seite 274
Kernphysik ➡ 11.2.    Seite 285
Anwendung kernphysikalischer Erkenntnisse ➡ 11.3.    Seite 298

| | | |
|---|---|---|
| **Anhang** ➡ A | Seite | 304 |
| Zur historischen Entwicklung physikalischer Entdeckungen und Erkenntnisse | Seite | 304 |
| Einige historisch bedeutungsvolle Experimente | Seite | 320 |
| Experimente, mit denen eine Naturkonstante bestimmt wurde | Seite | 320 |
| Experimente, bei denen neue physikalische Erscheinungen gefunden wurden | Seite | 323 |
| Experimente zur Beantwortung prinzipieller theoretischer Fragen | Seite | 325 |
| **Register** ➡ R | Seite | 328 |

## Zur Einführung

Der Wissensspeicher Physik ist ein Nachschlagewerk aus der Wissensspeicher-Reihe des Verlages. Das Buch enthält das Wissen und Können, das im Physikunterricht bis zum Abitur behandelt wird, in knapper und übersichtlicher Form, darüber hinaus Werte und andere Angaben, die häufig gebraucht werden.
Der Inhalt ist, unabhängig von der Reihenfolge der Behandlung im Unterricht, nach Sachgebieten zusammengefaßt und zahlreichen Schlagwörtern zugeordnet.
Das Auffinden des Inhalts wird durch das Inhaltsverzeichnis und das ausführliche Register erleichtert.
Das Internationale Einheitensystem (SI) wird in diesem Buch konsequent angewendet.

In diesem Buch werden folgende Symbole verwendet:

■ Beispiel

↗ Hinweis auf ein anderes Schlagwort

Wiss Ch   Wissensspeicher Chemie
Wiss Ma   Wissensspeicher Mathematik
Wiss Fo   Wissensspeicher Formeln und Werte
Wiss Grö  Wissensspeicher Größen und Einheiten

# Grundbegriffe 1

## 1.1. Entwicklung und Einteilung der Naturwissenschaften

**Naturwissenschaften**

Gesamtheit aller Wissenschaften von der anorganischen und organischen Natur, deren Aufgabe es ist, jene in der Natur objektiv wirkenden Beziehungen und Gesetze zu erkennen, die als Grundlage zweckmäßigen Handelns der Menschen dienen können.
Die Ziele und Anwendungen der Erkenntnisse werden von Klasseninteressen bestimmt. Unter sozialistischen Gesellschaftsbedingungen dienen sie dem gesellschaftlichen Fortschritt, unter kapitalistischen Verhältnissen der Befriedigung des Profitinteresses und der Unterdrückung und Ausbeutung der Werktätigen. Die humanistische Aufgabe der Wissenschaft besteht in der friedlichen Anwendung ihrer Erkenntnisse und im Kampf gegen alle Kräfte, die die Naturwissenschaften für antihumane Ziele ausnutzen.

**Einteilung der Naturwissenschaften**

| | |
|---|---|
| Physik | Wissenschaft von den Eigenschaften und Zustandsformen, der Struktur und Bewegung der nichtlebenden Materie, den diese Bewegungen hervorrufenden Kräften oder Wechselwirkungen und den dabei wirkenden Gesetzmäßigkeiten. |
| Chemie | Wissenschaft von den Stoffen, ihrem Aufbau, ihren Eigenschaften, den Reaktionen, die zu anderen Stoffen führen, und den dabei wirkenden Gesetzmäßigkeiten. |
| Biologie | Wissenschaft vom Leben, seinen Gesetzmäßigkeiten und Erscheinungsformen, seiner Ausbreitung in Raum und Zeit. Sie erforscht Ursprung, Wesen, Entwicklung, Komplexität und Vielfalt der Lebenserscheinungen. |
| Astronomie | Wissenschaft von den vielfältigen Erscheinungsformen der Materie im Kosmos, ihren Bewegungen und physikalischen Zuständen, ihrer Entstehung und Entwicklung und den dabei wirkenden Gesetzmäßigkeiten. |

**➡ 1/1**

Innerhalb der Naturwissenschaften haben sich weitere selbständige Wissenschaftsgebiete (z. B. Geologie, Mineralogie, Meteorologie) und Grenzwissenschaften (z. B. Geophysik, Biochemie, physikalische Chemie, Biophysik) herausgebildet. Die Physik wird in Teilgebiete mit unterschiedlichen Untersuchungsgegenständen untergliedert. Zwischen den Teilgebieten gibt es enge Verbindungen.

**Teilgebiete der Physik**

| Teilgebiet | Untersuchungsgegenstand |
|---|---|
| **Mechanik** | Physikalische Eigenschaften der Körper und Systeme unter dem Einfluß von Kräften bei Geschwindigkeiten, die klein sind gegenüber der Lichtgeschwindigkeit, und ohne Berücksichtigung der speziellen Herkunft der Kräfte (↗ S. 117) |
| **Akustik** | Physikalische Vorgänge (Erzeugung und Ausbreitung von Druck-Dichte-Wellen in verschiedenen Medien) im Bereich der Tonfrequenz, des Ultra- und Infraschalls und die Wirkungen des Schalls auf den Menschen (↗ S. 75) |
| **Thermodynamik** | Erscheinungen und Vorgänge, bei denen Wärmewirkungen und Temperaturänderungen die entscheidende Rolle spielen, sowie die Vorgänge bei der Umwandlung von thermischer Energie in andere Energieformen und umgekehrt (↗ S. 163) |
| **Optik** | Licht als Teil des elektromagnetischen Spektrums vom Infrarot über das sichtbare Licht bis zum Ultraviolett und seine Ausbreitung im Vakuum und in Stoffen (↗ S. 244) |
| **Elektrizitätslehre** | Gesamtheit der Erscheinungen, die auf elektrischen Ladungen und den von ihnen ausgehenden elektrischen und magnetischen Feldern beruhen (↗ S. 179) |
| **Atom- und Kernphysik** | Erscheinungen und Vorgänge innerhalb der Atomhülle und die Eigenschaften, der Aufbau und das Verhalten der Atomkerne und der Elementarteilchen und die Wechselwirkungen zwischen den Atomen (↗ S. 272) |
| **Spezielle Relativitätstheorie** | Gesetze auf der Grundlage der Konstanz der Lichtgeschwindigkeit und des Prinzips der Unabhängigkeit der Physik von speziell gewählten Inertialsystemen (↗ S. 80) |

## 1.2. Physikalische Größen und Einheiten

**Physikalische Größe**

Ausdruck zur qualitativen und quantitativen Kennzeichnung einer meßbaren Eigenschaft von Körpern, Vorgängen oder Zuständen. Durch die Qualität wird die zu erfassende Eigenschaft charakterisiert. Die Quantität kennzeichnet den Ausprägungsgrad der betreffenden Eigenschaft.
Die physikalische Größe wird als Produkt aus Zahlenwert und Einheit beschrieben

$g = \{g\} \cdot [g]$

↗ Übersicht ausgewählter physikalischer Größen, deren Formelzeichen und Einheiten, S. 13.

| Basisgrößen (Grundgrößen) Physikalische Größen, die nicht auf andere physikalische Größen zurückführbar und voneinander unabhängig sind. | Abgeleitete Größen Physikalische Größen, die mittels Definitionsgleichung (↗ S. 19) festgelegt werden aus <br> – Basisgrößen: $v$, <br> – Basisgrößen und bereits definierten abgeleiteten Größen: $U$, <br> – bereits definierten abgeleiteten Größen: $F$ |
|---|---|
| ■ Länge $l$ <br> Zeit $t$ <br> elektrische Stromstärke $I$ | ■ $v = \dfrac{s}{t}$; $U = \dfrac{W}{Q}$; $F = m \cdot a$ |

| Basisgrößen werden definiert durch |
|---|
| – die Angabe einer **Meßvorschrift** (↗ Messen, S. 43): sie besagt, <br>   wie man eine bestimmte physikalische Größe zu messen hat, <br>   wann zwei physikalische Größen gleich sind, <br>   wie man Vielfache und Bruchteile dieser physikalischen Größe erhält, <br> – die Einführung einer **Einheit**. |

**Klassen physikalischer Größen**

| Skalare Größen | Vektorielle Größen |
|---|---|
| Physikalische Größen, die zur eindeutigen Bestimmung nur die Angabe ihres Betrages, d. h. des Zahlenwertes und der zugehörigen Einheit, erfordern. | Physikalische Größen, die zur eindeutigen Bestimmung neben der Angabe des Betrages (d. h. des Zahlenwertes und der Einheit) auch noch die Angabe einer Richtung im Raume erfordern und die an einen bestimmten Punkt im Raum (Angriffspunkt) bzw. an eine Gerade durch diesen Punkt (Wirkungslinie) gebunden sind. |
| ■ $m = 5$ kg; $W = 3$ N $\cdot$ m, $T = 373$ K | ■ $\vec{v}$; $\vec{p}$; $\vec{F}$; $\vec{E}$ |

## 1/2

**Skalare Größen** lassen sich durch Strecken oder Flächen darstellen, z. B. die Länge $l$ einer Strecke AB, die von einer Kraft $F$ längs des Weges $s$ verrichtete Arbeit W.

**Vektorielle Größen** werden durch einen über das Formelzeichen gesetzten Pfeil gekennzeichnet. Sie können durch Pfeile dargestellt werden. Die Pfeilrichtung gibt die Richtung der physikalischen Größe an. Die Länge des Pfeiles gibt den Betrag der physikalischen Größe an. Für die Darstellung muß ein Maßstab festgelegt werden.

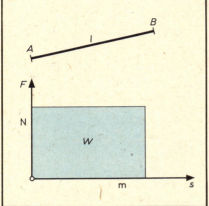

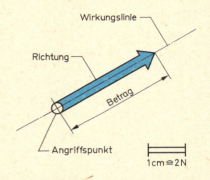

**Zustandsgrößen**
Physikalische Größen, die der Beschreibung eines Zustandes eines Systems dienen.

■ $T; p; V; \varrho; E_{kin}$

**Prozeßgrößen**
Physikalische Größen, die die während eines Prozesses stattfindenden Wechselwirkungen eines Systems mit der Umgebung charakterisieren.

■ $W; Q$

**Erhaltungsgrößen**
Physikalische Größen, für die ein Erhaltungssatz gilt, d. h. die sich während des Ablaufs eines physikalischen Vorgangs in einem abgeschlossenen System nicht ändern (zeitlich konstante Zustandsgrößen).

■ $m, E, \vec{p}, \vec{L}; Q$

**Wechselwirkungsgrößen**
Physikalische Größen zur Beschreibung der gleichzeitigen, gegenseitigen Einwirkung zweier makrophysikalischer Systeme aufeinander, wobei das mit dem System A im Zusammenhang stehende System B auf das System A und das System A auf das System B einwirkt.

■ $F; W; Q$

### Einheit

Physikalische Größe mit einem für die betreffende Größenart durch Konvention (Absprache) festgelegten, ganz bestimmten Wert. Sie wird praktisch realisiert mit der erforderlichen, technisch möglichen Genauigkeit durch Geräte geeigneten Meßprinzips und zweckentsprechender Ausführung.
↗ Einheiten, Wiss Grö, S. 30/31

## Internationales Einheitensystem (SI)

Zum Zwecke des Vergleichs der Ergebnisse physikalischer Messungen getroffene internationale Vereinbarung über die verbindliche Anwendung ausgewählter Einheiten. In der Deutschen Demokratischen Republik wurde 1968 das Internationale Einheitensystem (Système International d'Unités – SI) mit der „Tafel der gesetzlichen Einheiten" gesetzlich eingeführt.
↗ Internationales Einheitensystem, Wiss Grö, S. 8

### SI-Basiseinheiten

Unabhängig voneinander gewählte, durch verbale Festlegungen definierte Einheiten, die die Basis des SI bilden.

| Größe | Formelzeichen | Basiseinheit | Einheitenzeichen |
|---|---|---|---|
| Länge | $l$ | Meter | m |
| Masse | $m$ | Kilogramm | kg |
| Zeit | $t$ | Sekunde | s |
| elektrische Stromstärke | $I$ | Ampere | A |
| Temperatur | $T$ | Kelvin | K |
| Stoffmenge | $n$ | Mol | mol |
| Lichtstärke | $I_v$ | Candela | cd |

### Abgeleitete SI-Einheiten

Alle aus den SI-Basiseinheiten und gegebenenfalls aus den ergänzenden SI-Einheiten kohärent, d. h. als Potenzprodukt mit dem Zahlenfaktor „1", gebildeten Einheiten, wie z. B.

| Größe | Formelzeichen | abgeleitete Einheit | Einheitenzeichen |
|---|---|---|---|
| Geschwindigkeit | $v$ | Meter je Sekunde | $m \cdot s^{-1}$ |
| Druck | $p$ | Pascal | $Pa = m^{-1} \cdot kg \cdot s^{-2}$ |
| elektrischer Widerstand | $R$ | Ohm | $\Omega = m^2 \cdot kg \cdot s^{-3} \cdot A^{-2}$ |
| Arbeit | $W$ | Joule | $J = m^2 \cdot kg \cdot s^{-2}$ |

Aber nicht: 1 J = 0,238 8 cal
1 Pa = $1{,}020 \cdot 10^{-5}$ kp · cm$^{-2}$

### Ergänzende SI-Einheiten

Die Einheiten Radiant für den ebenen Winkel und Steradiant für den Raumwinkel

■  1 rad           1 sr

## Vorsätze

Hilfsmittel zur Bildung von dezimalen Vielfachen oder Teilen von SI-Einheiten.

| Vorsatz | Kurzzeichen | Faktor, mit dem die Einheit multipliziert wird | |
|---|---|---|---|
| Exa   | E  | 1 000 000 000 000 000 000 ($10^{18}$) | Einheiten |
| Peta  | P  | 1 000 000 000 000 000 ($10^{15}$) | Einheiten |
| Tera  | T  | 1 000 000 000 000 ($10^{12}$) | Einheiten |
| Giga  | G  | 1 000 000 000 ($10^{9}$) | Einheiten |
| Mega  | M  | 1 000 000 ($10^{6}$) | Einheiten |
| Kilo  | k  | 1 000 ($10^{3}$) | Einheiten |
| Hekto | h  | 100 ($10^{2}$) | Einheiten |
| Deka  | da | 10 ($10^{1}$) | Einheiten |
| Dezi  | d  | 0,1 ($10^{-1}$) | Einheiten |
| Zenti | c  | 0,01 ($10^{-2}$) | Einheiten |
| Milli | m  | 0,001 ($10^{-3}$) | Einheiten |
| Mikro | µ  | 0,000 001 ($10^{-6}$) | Einheiten |
| Nano  | n  | 0,000 000 001 ($10^{-9}$) | Einheiten |
| Pico  | p  | 0,000 000 000 001 ($10^{-12}$) | Einheiten |
| Femto | f  | 0,000 000 000 000 001 ($10^{-15}$) | Einheiten |
| Atto  | a  | 0,000 000 000 000 000 001 ($10^{-18}$) | Einheiten |

## Formelzeichen für Größen

Aus lateinischen oder griechischen Buchstaben gebildetes Symbol zur Kennzeichnung einer physikalischen Größe.
Zur näheren Kennzeichnung kann das Symbol mit einem Index versehen werden.
Formelzeichen werden zur Unterscheidung von Einheiten kursiv gedruckt.

$$E_{kin} = \frac{1}{2} m \cdot v^2$$

$E_{kin}$: kinetische Energie

$m$: Masse

$v$: Geschwindigkeit

$$\omega = \frac{\sigma}{t}$$

$\sigma$: Drehwinkel

$\omega$: Winkelgeschwindigkeit

$t$: Zeit

## Größengleichungen

Mathematische Darstellung
– des gesetzmäßigen Zusammenhanges zwischen physikalischen Größen oder
– der Definition abgeleiteter physikalischer Größen
durch Gleichungen oder Ungleichungen. Jede physikalische Größe (↗ S. 9)

ist in die Größengleichung als Produkt aus Zahlenwert und Einheit einzusetzen.

$$s = \frac{a}{2} t^2 + v_0 \cdot t + s_0; \qquad F = m \cdot a; \qquad \frac{y}{y'} > 1$$

## Übersicht über wichtige physikalische Größen, deren Formelzeichen und Einheiten

| Physikalische Größe | Formelzeichen | Benennung | Einheitenzeichen | Beziehungen zu den Basiseinheiten |
|---|---|---|---|---|
| **Raum und Zeit** | | | | |
| **Länge** | $l$ | Meter | m | Basiseinheit |
| Fläche | $A$ | Quadratmeter | m² | $1\,m^2 = 1\,m \cdot 1\,m$ |
| | | Hektar | ha | $1\,ha = 1 \cdot 10^4\,m^2$ |
| Volumen | $V$ | Kubikmeter | m³ | $1\,m^3 = 1\,m \cdot 1\,m \cdot 1\,m$ |
| | | Liter | l | $1\,l = 1 \cdot 10^{-3}\,m^3$ |
| ebener Winkel | $\alpha, \beta, \gamma, \varphi$ | Radiant | rad | $1\,rad = \frac{1\,m\ \text{Bogen}}{1\,m\ \text{Radius}}$ |
| | | Grad | ° | $1° = \frac{\pi}{180}\,rad$ |
| | | Minute | ′ | $1' = \frac{\pi}{10\,800}\,rad$ |
| | | Sekunde | ″ | $1'' = \frac{\pi}{648\,000}\,rad$ |
| **Zeit** | $t, T$ | Sekunde | s | Basiseinheit |
| | | Minute | min | $1\,min = 60\,s$ |
| | | Stunde | h | $1\,h = 60\,min = 3600\,s$ |
| | | Tag | d | $1\,d = 24\,h = 86\,400\,s$ |
| Frequenz | $f, \nu$ | Hertz | Hz | $1\,Hz = 1\,s^{-1}$ |
| Geschwindigkeit | $v$ | Meter je Sekunde | m·s⁻¹ | $1\,m \cdot s^{-1} = 1\,\frac{m}{s}$ |
| Winkelgeschwindigkeit | $\omega$ | Radiant je Sekunde | $\frac{rad}{s}$ | $1\,\frac{rad}{s} = 1\,m \cdot m^{-1} \cdot s^{-1}$ |
| | | Eins je Sekunde | | |
| Beschleunigung | $a$ | Meter je Quadratsekunde | $\frac{m}{s^2}$ | $1\,\frac{m}{s^2} = 1\,m \cdot s^{-2}$ |
| Winkelbeschleunigung | $\alpha$ | Radiant je Quadratsekunde | $\frac{rad}{s^2}$ | $1\,\frac{rad}{s^2} = 1\,m \cdot 1\,m^{-1} \cdot 1\,s^{-2}$ |

➡ **1/2**

| Physikalische Größe | Formelzeichen | Benennung | Einheitenzeichen | Beziehungen zu den Basiseinheiten |
|---|---|---|---|---|
| **Mechanik** | | | | |
| **Masse** | $m$ | **Kilogramm** | **kg** | **Basiseinheit** |
| Dichte | $\varrho$ | Kilogramm je Kubikmeter | $\frac{kg}{m^3}$ | $1 \frac{kg}{m^3} = 1\,m^{-3} \cdot kg$ |
| Kraft | $F$ | Newton | $N$ | $1\,N = 1\,m \cdot kg \cdot s^{-2}$ |
| Kraftmoment Drehmoment | $M$ $M_D$ | Newtonmeter | $N \cdot m$ | $1\,N \cdot m = 1\,m^2 \cdot kg \cdot s^{-2}$ |
| Druck, Spannung | $p$ | Pascal | $Pa$ | $1\,Pa = 1 \frac{N}{m^2}$ $= 1\,m^{-1} \cdot kg \cdot s^{-2}$ |
| Impuls | $p$ | Kilogrammmeter je Sekunde | $\frac{kg \cdot m}{s}$ | $1 \frac{kg \cdot m}{s} = 1\,m \cdot kg \cdot s^{-1}$ |
| Drehimpuls | $L$ | Kilogramm mal Quadratmeter je Sekunde | $\frac{kg \cdot m^2}{s}$ | $1 \frac{kg \cdot m^2}{s} = 1\,m^2 \cdot kg \cdot s^{-1}$ |
| Kraftstoß | $S$ | Newtonsekunde | $N \cdot s$ | $1\,N \cdot s = 1\,m \cdot kg \cdot s^{-1}$ |
| Massenträgheitsmoment | $J$ | Kilogramm mal Quadratmeter | $kg \cdot m^2$ | $1\,kg \cdot m^2 = 1\,m^2 \cdot kg$ |
| Arbeit Energie | $W, A$ $E$ | Joule | $J$ | $1\,J = 1\,N \cdot m =$ $1\,m^2 \cdot kg \cdot s^{-2}$ |
| Leistung | $P$ | Watt | $W$ | $1\,W = 1 \frac{J}{s} = 1\,m^2 \cdot kg \cdot s^{-3}$ |
| **Wärme** | | | | |
| **Temperatur** | $T, \vartheta$ | **Kelvin** Grad Celsius | **K** °C | **Basiseinheit** $0\,°C \triangleq 273{,}15\,K$ |
| Wärme | $Q$ | Joule | $J$ | $1\,J = 1\,m^2 \cdot kg \cdot s^{-2}$ |
| spezifische Wärmekapazität | $c$ | Joule je Kilogramm und Kelvin | $\frac{J}{kg \cdot K}$ | $1 \frac{J}{kg \cdot K} = 1\,m^2 \cdot s^{-2} \cdot K^{-1}$ |
| Längen-Temperatur-Koeffizient | $\alpha$ | Meter je Meter und Kelvin | $\frac{m}{m \cdot K}$ | $1 \frac{m}{m \cdot K} = 1\,m \cdot m^{-1} \cdot K^{-1}$ |
| Volumen-Temperatur-Koeffizient | $\gamma$ | Kubikmeter je Kubikmeter und Kelvin | $\frac{m^3}{m^3 \cdot K}$ | $1 \frac{m^3}{m^3 \cdot K} = 1\,m^3 \cdot m^{-3} \cdot K^{-1}$ |

| Physikalische Größe | Formelzeichen | Benennung | Einheitenzeichen | Beziehungen zu den Basiseinheiten |
|---|---|---|---|---|
| **Elektrizität und Magnetismus** | | | | |
| **Elektrische Stromstärke** | $I$ | **Ampere** | **A** | **Basiseinheit** |
| Elektrische Ladung | $Q$ | Coulomb | C | $1\,C = 1\,s \cdot A$ |
| elektrische Leistung Wirkleistung | $P$, $P_W$ | Watt | W | $1\,W = 1\,\dfrac{J}{s}$ $= 1\,m^2 \cdot kg \cdot s^{-3}$ |
| Scheinleistung | $S$, $P_s$ | Voltampere | VA | |
| Blindleistung | $Q$, $P_q$ | Var | var | |
| elektrische Spannung | $U$ | Volt | V | $1\,V = 1\,\dfrac{W}{A}$ $= 1\,m^2 \cdot kg \cdot s^{-3} \cdot A^{-1}$ |
| elektrische Feldstärke | $E$ | Volt je Meter | $\dfrac{V}{m}$ | $1\,\dfrac{V}{m} = 1\,m \cdot kg \cdot s^{-3} \cdot A^{-1}$ |
| elektrische Kapazität | $C$ | Farad | F | $1\,F = 1\,\dfrac{C}{V}$ $= 1\,m^{-2} \cdot kg^{-1} \cdot s^4 \cdot A^2$ |
| Dielektrizitätskonstante | $\varepsilon$ | Farad je Meter | $\dfrac{F}{m}$ | $1\,\dfrac{F}{m} = 1\,m^{-3} \cdot kg^{-1} \cdot s^4 \cdot A^2$ |
| elektrische Feldkonstante Influenzkonstante | $\varepsilon_0$ | | | |
| elektrischer Widerstand | $R$ | Ohm | $\Omega$ | $1\,\Omega = 1\,\dfrac{V}{A}$ $= 1\,m^2 \cdot kg \cdot s^{-3} \cdot A^{-2}$ |
| spezifischer elektrischer Widerstand | $\varrho$ | Ohmmeter | $\Omega \cdot m$ | $1\,\Omega \cdot m = 1\,\Omega\,\dfrac{m^2}{m}$ $= 1\,m^3 \cdot kg \cdot s^{-3} \cdot A^{-2}$ |
| magnetischer Fluß | $\Phi$ | Weber | Wb | $1\,Wb = 1\,V \cdot s =$ $1\,m^2 \cdot kg \cdot s^{-2} \cdot A^{-1}$ |
| magnetische Flußdichte (magnetische Induktion) | $B$ | Tesla | T | $1\,T = 1\,\dfrac{Wb}{m^2}$ $= 1\,kg \cdot s^{-2} \cdot A^{-1}$ |
| magnetische Feldstärke | $H$ | Ampere je Meter | $\dfrac{A}{m}$ | $1\,\dfrac{A}{m} = 1\,m^{-1} \cdot A$ |

## 1/3

| Physikalische Größe | Formelzeichen | Benennung | Einheitenzeichen | Beziehungen zu den Basiseinheiten |
|---|---|---|---|---|
| Induktivität | $L$ | Henry | H | $1\,H = 1\,\dfrac{Wb}{A} = 1\,m^2 \cdot kg \cdot s^{-2} \cdot A^{-2}$ |
| Permeabilität, magnetische Feldkonstante, Induktionskonstante | $\mu$<br>$\mu_0$ | Henry je Meter | $\dfrac{H}{m}$ | $1\,\dfrac{H}{m} = 1\,m \cdot kg \cdot s^{-2} \cdot A^{-2}$ |
| **Ionisierende Strahlung** | | | | |
| Energiedosis | $D$ | Gray | Gy | $1\,Gy = 1\,\dfrac{J}{kg} = 1\,m^2 \cdot s^{-2}$ |
| Aktivität | $A$ | Becquerel | Bq | $1\,Bq = 1\,s^{-1}$ |
| Exposition (Ionendosis) | $X$ | Coulomb je Kilogramm | $\dfrac{C}{kg}$ | $1\,\dfrac{C}{kg} = 1\,kg^{-1} \cdot s \cdot A$ |

## 1.3. Gesetze – Definitionen

**Physikalisches Gesetz**

Objektiver, allgemeingültiger, notwendiger und wesentlicher Zusammenhang zwischen physikalischen Gegenständen, Vorgängen und Zuständen, der sich unter gleichen Bedingungen stets wiederholt und der durch sprachliche Formulierungen oder Größengleichungen ausgedrückt wird.
Physikalische Gesetze beschreiben in der Natur gegebene, vom Menschen erkennbare Sachverhalte. Sie können vom Menschen durch unmittelbare Naturbeobachtungen oder aus Experimenten erkannt oder aus bereits bekannten Gesetzen durch logische Schlüsse, z. B. in Form mathematischer Ableitungen, gewonnen werden.

**Dynamische Gesetze – statistische Gesetze**

In physikalischen Gesetzen werden Zusammenhänge erfaßt, die das Verhalten von Einzelobjekten oder einer großen Anzahl von Einzelobjekten unter gegebenen Bedingungen beschreiben.

| Dynamische Gesetze | Statistische Gesetze |
|---|---|
| geben an, wie sich ein **Einzelobjekt** unter den gegebenen Bedingungen **notwendig** verhält. Ist der Anfangszustand gegeben und sind die äußeren Bedingungen bekannt, dann beschreibt das dynamische Gesetz alle Folgezustände des **Einzelobjekts** eindeutig. | geben an, wie sich eine **große Anzahl von Einzelobjekten** unter den gegebenen Bedingungen **notwendig** verhält. Ist der Anfangszustand gegeben und sind die äußeren Bedingungen bekannt, dann beschreibt das statistische Gesetz das Verhalten der **Gesamtheit der Einzelobjekte** eindeutig. Das Verhalten **eines** Einzelobjekts wird durch das Gesetz nicht erfaßt, d. h. statistische Gesetze erlauben keine Aussage darüber, ob und in welcher Weise das Einzelobjekt von einer Zustandsänderung betroffen wird. |
| **Weg-Zeit-Gesetz des freien Falles:** Es gibt an, welchen Weg ein Gegenstand (Einzelobjekt) unter den gegebenen Bedingungen in einer bestimmten Zeit zurücklegt (↗ S. 110) | **Statistisches Gesetz des Kernzerfalls:** Es gibt an, wie viele Atomkerne (große Anzahl von Einzelobjekten) einer vorgegebenen Menge von Atomkernen unter den gegebenen Bedingungen in einer bestimmten Zeit notwendig zerfallen werden. Es gibt nicht an, welche der Atomkerne zerfallen werden (↗ S. 292). |
| 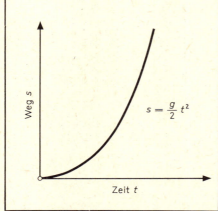 | 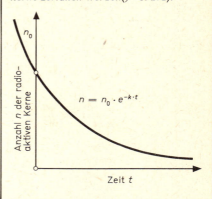 |

## Erfahrungssätze

Physikalische Gesetze, durch die die Erfahrungen der Menschen über den Zusammenhang zwischen physikalischen Größen in der Natur ausgedrückt werden, die nicht aus anderen Gesetzen hergeleitet und nur an der Erfahrung bestätigt werden können.

- actio = reaktio.
  Jeder Körper verharrt im Zustand der Ruhe oder der gleichförmig geradlinigen Bewegung, solange keine äußeren Kräfte auf ihn einwirken.

**1/3**

**Erhaltungssätze**

Physikalische Gesetze, in denen die Konstanz einer physikalischen Größe festgestellt wird.

- Energieerhaltungssatz der Mechanik: $E_{kin} + E_{pot}$ = konstant für reibungsfreie Vorgänge in einem abgeschlossenen mechanischen System.

**Gültigkeitsbereich – Definitionsbereich physikalischer Gesetze**

Der **Gültigkeitsbereich** eines physikalischen Gesetzes ist vom **Definitionsbereich** der entsprechenden Funktion zu unterscheiden.

| Physikalisches Gesetz $T = 2\pi \sqrt{\dfrac{l}{g}}$ (mathematisches Pendel) ||
|---|---|
| Das angegebene physikalische Gesetz kann als Funktion aufgefaßt werden: $T = f(l)$ ||
| **Gültigkeitsbereich** des physikalischen Gesetzes | **Definitionsbereich** der mathematischen Funktion |
| gilt nur für $l > 0$ für punktförmige Körper mit der Masse $m$, bei masselosem Faden, bei kleinen Auslenkungswinkeln ($\alpha < 5°$) | gilt für $0 \leq l < \infty$ |

**Definition**

Vom Menschen vorgenommene Bestimmung des Wesens von Dingen, Eigenschaften und Beziehungen bzw. des Inhalts und der Bedeutung von Begriffen, Worten oder Zeichen.
Die Definition eines Begriffes kann erfolgen
- durch eine wörtliche Beschreibung oder
- durch eine wörtliche Beschreibung **und** eine Definitionsgleichung (Einheit von Qualität und Quantität).

| Art des Begriffs | Beispiel |
|---|---|
| Begriff, dessen Bedeutung durch **wörtliche Beschreibung** festgelegt wird. | *Welle* – ein physikalischer Vorgang, bei dem sich eine physikalische Größe zeitlich und räumlich periodisch ändert und Energie ohne Stofftransport übertragen wird. |
| Begriff, dessen Bedeutung durch **wörtliche Beschreibung** und durch eine **Definitionsgleichung** festgelegt wird. | *Elektrischer Widerstand* – physikalische Größe, die die Eigenschaft eines elektrischen Leiters, den Stromfluß zu hemmen (Qualität), kennzeichnet. Sie ist mit der elektrischen Spannung und der elektrischen Stromstärke durch die Definitionsgleichung $R = \dfrac{U}{I}$ (Quantität) verknüpft |

## Definitionsgleichungen

Größengleichungen zur Definition abgeleiteter physikalischer Größen. Sie werden auf der Grundlage von Naturgesetzen, von Experimenten oder durch theoretische Definition gewonnen.

Folgende Möglichkeiten sind zu unterscheiden:

| Die abgeleitete physikalische Größe wird definiert | Beispiel |
|---|---|
| auf der Grundlage einer Proportionalität zwischen zwei anderen physikalischen Größen | Aus der Proportionalität $U \sim I$ wird die abgeleitete physikalische Größe $R = \dfrac{U}{I}$ definiert. |
| auf der Grundlage von zwei bestehenden Proportionalitäten zwischen drei anderen physikalischen Größen | Aus den Proportionalitäten $\Delta l \sim l$ und $\Delta l \sim \Delta T$ wird die abgeleitete physikalische Größe $\alpha = \dfrac{\Delta l}{l \cdot \Delta T}$ definiert. |
| auf Grund des voneinander unabhängigen Zusammenwirkens von zwei anderen physikalischen Größen | Aus dem voneinander unabhängigen Zusammenwirken von $F$ und $s$ wird die abgeleitete physikalische Größe $W = F \cdot s$ definiert. |
| als Verhältnis der Werte derselben physikalischen Größe für zwei verschiedene Sachverhalte | Aus dem Verhältnis der von einer Maschine verrichteten nutzbringenden Arbeit $W_n$ und der dafür aufzuwendenden Arbeit $W_a$ wird der Wirkungsgrad der Maschine $\eta = \dfrac{W_n}{W_a}$ definiert. |
| mit Hilfe eines Differentialquotienten (Augenblicksgröße) | Mit Hilfe der Ableitung des Weges $s$ nach der Zeit $t$ wird die Augenblicksgeschwindigkeit (Momentanwert) $v = \dfrac{ds}{dt}$ eines Körpers bzw. eines Massenpunktes definiert. |
| mit Hilfe eines bestimmten Integrals | Mit Hilfe des bestimmten Integrals wird die Arbeit einer Translation $W = \int_{s_1}^{s_2} \vec{F_s} \cdot \vec{ds}$ definiert |

# Methoden und Verfahren der Physik 2

## 2.1. Mittel zur Erkenntnisgewinnung

**Beobachten**

Zielgerichtete sinnliche Wahrnehmung bewußt ausgewählter Gegenstände, Vorgänge oder Zustände, z. B. im Experiment, bezüglich ihrer Existenz oder ihrer Veränderung.

■ Beobachte die Veränderung, die das Aussehen eines geraden Stabes beim Eintauchen in Wasser erfährt!
↗ Beschreiben, S. 20

**Messen**

Vergleichen einer zu messenden Größe mit einer Größe gleicher Art, deren Betrag als Einheit festgelegt ist; quantitative Form des Beobachtens.

■ Miß die Höhe einer Brückendurchfahrt!

Die Einheit $l_E = 1$ m ist in der Höhe der Brückendurchfahrt 4mal enthalten:
$h = 4 \cdot l_E$
$h = 4 \cdot 1$ m
$h = 4$ m

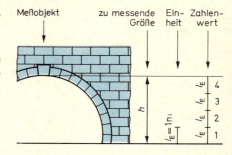

**Beschreiben**

Sprachliche oder schriftliche Darstellung beobachteter physikalischer Sachverhalte bezüglich ihrer äußeren wahrnehmbaren Merkmale in systematischer und geordneter Folge. Die Beschreibung gibt an, wie der Sachverhalt beschaffen ist, aber nicht, warum er so und nicht anders beschaffen ist.

■ Beschreibe, was beim Eintauchen eines Stabes in Wasser beobachtet werden kann!
Wenn man einen geraden Stab in Wasser taucht, dann erscheint er an der Grenzfläche zwischen Luft und Wasser gebrochen. Beim langsamen Herausziehen oder Senken des Stabes verschiebt sich die scheinbare „Bruchstelle" entlang des Stabes. Außerhalb des Wassers erscheint der Stab wieder in seiner ursprünglichen Form.

## Verallgemeinern

Verfahren zur Gewinnung von umfassenden Begriffen, allgemeinen Aussagen oder Gesetzen aus spezifischen Begriffen, Einzelaussagen oder speziellen Gesetzen (↗ S. 27).

## Erklären

Zurückführen von Beobachtungen auf die ihnen zugrundeliegenden Gesetze und Bedingungen, d. h. Feststellen, warum ein Sachverhalt so und nicht anders beschaffen ist.

■ Erkläre die scheinbare Brechung eines in Wasser getauchten geraden Stabes!

*Bedingungen:*
- Der Stab ist außerhalb des Wassers ungebrochen.
- Ein Teil des Stabes befindet sich in Luft, ein Teil in Wasser.
- Der Stab wird aus der Luft heraus beobachtet.

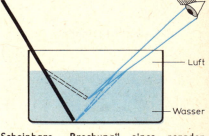

Scheinbare „Brechung" eines geraden Stabes

■ *Gesetze:*
- Wasser ist optisch dichter als Luft.
- Wenn Licht von Luft in Wasser übergeht, dann wird das Licht im Wasser zum Lot hin gebrochen (Brechungsgesetz).

Die scheinbare Brechung des Stabes beruht auf der Brechung des Lichtes.

Die zum **Erklären** benutzten Gesetzes- und Bedingungsaussagen können **gesichert** oder **mehr oder weniger gesichert** sein. Sind die zur Erklärung eines Sachverhaltes erforderlichen Gesetzes- oder Bedingungsaussagen noch nicht bekannt, dann wird versucht, eine **wissenschaftlich begründete Vermutung**, eine **Hypothese**, zu finden, die eine Erklärung möglich macht.

## Hypothese

Wissenschaftlich begründete Annahme (Vermutung), mit deren Hilfe Erscheinungen erklärt werden, die sich aus den bisher bekannten Gesetzes- und Bedingungsaussagen nicht erklären lassen.

■ Zu einer Zeit, als die Wärmeerscheinungen noch mit der Existenz eines „Wärmestoffs" erklärt wurden, stellten Bacon und Lomonossow die Hypothese auf: Wärme ist die Bewegung von Molekülen. Diese Hypothese wurde später von Davy, Rumford u. a. durch experimentelle Befunde begründet.

Für eine Hypothese gilt:
- sie darf den bisherigen wissenschaftlichen Erkenntnissen nicht widersprechen,
- sie sollte die Erklärung und Voraussage weiterer Erscheinungen ermöglichen.

**Ableiten**

Gewinnen neuer Aussagen aus gesicherten oder ungesicherten Aussagen

■ Leite aus der Kenntnis des Brechungsgesetzes ab, wie sich Licht beim Auftreffen auf eine Wasseroberfläche unter einem Winkel von $0°$ $\left(n = \dfrac{4}{3}\right)$ verhält!

Für $\alpha = 0°$ folgt $\sin \alpha = 0$. Daraus folgt $n \cdot \sin \beta = 0$. Da $n \neq 0$ folgt $\sin \beta = 0$. Daraus folgt $\beta = 0°$. Das Licht wird beim senkrechten Auftreffen auf die Wasseroberfläche nicht gebrochen.

Die Gültigkeit einer abgeleiteten Aussage wird vom Grad der Wahrheit oder Falschheit der Aussage bestimmt, aus der die neue Aussage hergeleitet wird.

**Voraussagen**

Gewinnen einer Aussage durch logisches Schließen über einen bisher objektiv nicht bekannten, real möglichen Sachverhalt, als Folgerung aus gesicherten oder als gesichert angenommenen Aussagen. Das Ergebnis ist eine Voraussage (Prognose).

■ Aus dem Brechungsgesetz folgt, daß $\sin \beta = \dfrac{\sin \alpha}{n}$.

Mit $n = \dfrac{3}{4}$ folgt, $\sin \beta = \dfrac{4}{3} \sin \alpha$ oder $\beta > \alpha$.

*Voraussage 1*: Beim Übergang des Lichtes von Wasser in Luft müßte das Licht vom Lot weggebrochen werden.

*Voraussage 2*: Es gibt einen Winkel $\alpha_G < \beta$, für den $\beta = 90°$ wird.

*Voraussage 3*: Für $\alpha > \alpha_G$ folgt $\beta > 90°$, d. h., daß keine Brechung auftreten dürfte.

**Bestätigen**

Form des Nachweises der Gültigkeit von Aussagen. Dabei werden aus der zu prüfenden Aussage auf deduktivem Wege Folgerungen abgeleitet. Die Gültigkeit der Folgerungen wird durch unmittelbare oder mittelbare Beobachtung in der Praxis, im Experiment oder an der Erfahrung geprüft. Aus der Gültigkeit der Folgerungen wird auf die Gültigkeit der zu prüfenden Aussage zurückgeschlossen.

■ Bestätige die Aussage, daß die Brechzahl des Lichtes von seiner Farbe abhängig ist!

*Folgerung*: Wenn die Aussage richtig ist, dann müßte sich das auf die Abbildung durch Sammellinsen auswirken.

*Experimentelle Prüfung:* Im Experiment wird ein Schwarz-Weiß-Diapositiv zunächst mit blauem und anschließend mit rotem Licht durchstrahlt und auf einem Schirm der abgebildete Pfeil scharf eingestellt. Eine scharfe Abbildung ist nur für verschiedene Abstände des Bildschirmes von der Linse möglich.
*Rückschluß:* Die Brechung hängt von der Farbe des Lichtes ab.

## Experiment

Grundlegendes Mittel der Erkenntnis und der Veränderung der Wirklichkeit; dabei wird durch geistige und manuelle Handlungen und unter Anwendung von Hilfsmitteln vom Experimentator ein Vorgang planmäßig ausgelöst, frei von störenden Einflüssen beobachtet, beeinflußt und beendet.

## Merkmale des Experiments

| Merkmale | Beispiel |
| --- | --- |
| **Bewußt** geschaffene Bedingungen | Die Experimentieranordnung wird gedanklich geplant: Horizontale Fahrbahn mit Wagen möglichst geringer Reibung, Umlenkrolle mit bekannter Masse in Spitzen gelagert, Körper mit bekannter Gewichtskraft usw. |
| **Veränderbarkeit** der Bedingungen | Variationsmöglichkeit der Bedingungen: Verändern der Masse des Wagens, der wirkenden Kraft, der Reibung, der Neigung der Fahrbahn usw. |
| **Kontrollierbarkeit** der Bedingungen | Kontrollierbarkeit der Übereinstimmung zwischen der gedanklich geplanten experimentellen Anordnung und den tatsächlich vorhandenen Bedingungen. |
| **Beobachtbarkeit** | Die bewirkten qualitativen oder quantitativen Veränderungen müssen, z. B. durch Messungen, beobachtbar sein. |
| **Wiederholbarkeit** des Experiments | Bei Gewährleistung der gleichen Bedingungen ergeben sich die gleichen Veränderungen, z. B. gleiche Beobachtungs- bzw. Meßdaten, unabhängig vom Beobachter, vom Zeitpunkt des Experiments usw. |
| **Isolierbarkeit** nebensächlicher oder störender Einflüsse | Experimente können unter natürlichen oder künstlichen Bedingungen ablaufen (Beobachtung der beschleunigten Bewegung beim freien Fall in der Natur oder an einer künstlichen Anordnung). Bei Experimenten unter künstlichen Bedingungen gelingt es meist besser, störende oder nebensächliche, das Ergebnis verfälschende Einflüsse zu isolieren (z. B. Luftreibung, Einfluß der Form des Körpers auf das Ergebnis usw.) oder diese zumindest zu kontrollieren. |

**2/1**

**Experimentelle Methode**

Wissenschaftliche Methode zur Bestätigung oder Widerlegung der Gültigkeit von Hypothesen oder Prognosen durch Experimente.

| Schrittfolge der experimentellen Methode | | |
|---|---|---|
| Schritte | Erläuterung | Beispiele |
| Voraussetzungen: | *Beobachtung:* Eine Flüssigkeit verdunstet. *Erklärung* dieser Beobachtung durch eine oder mehrere Hypothesen: *Hypothese:* Das könnte damit zu erklären sein, daß in jeder Flüssigkeit Teilchen vorhanden sind, deren kinetische Energie so groß ist, daß sie die zwischen den Teilchen wirkenden Bindungskräfte überwinden können. | |
| **1. Ableiten experimentell prüfbarer Folgerungen** aus den Hypothesen | Gewinnen einer experimentellen Fragestellung der Art: Wenn die Hypothese richtig ist, dann müßte sich bei folgendem Experiment folgendes ergeben ... | Wenn das richtig ist, dann müßten 1. das Verdunsten bei höheren Umgebungstemperaturen schneller erfolgen, da dann mehr Teilchen mit der entsprechenden höheren Energie vorhanden sind (Begründung) und 2. sich die verbleibende Flüssigkeit abkühlen, da durch den Abgang der Teilchen mit der größten kinetischen Energie die mittlere kinetische Energie der verbleibenden Teilchen geringer wird (Begründung). |
| | Planen der experimentellen Anordnung (gedankliche Konstruktion des experimentellen Aufbaus und Durchführung des Experiments) | Zur Prüfung der *1. Folgerung:* Beobachten einer gleichen Menge der gleichen Flüssigkeit bei unterschiedlichen Umgebungstemperaturen. Zur Prüfung der *2. Folgerung:* Eine leicht verdunstende Flüssigkeit, z. B. Äther, müßte auf der Hand zu einer Abkühlung führen. |
| **2. Durchführen von Experimenten** zum Prüfen der Folgerungen | Aufbauen der Experimentieranordnung | Zwei Uhrgläser mit der gleichen Menge Wasser werden gegeneinander durch eine Wand abgeschirmt. Das eine Uhrglas wird der Umgebungstemperatur ausgesetzt, die Luft um das andere Uhrglas wird mit einem Infrarotstrahler erwärmt. Auf die Rückseite der Hand wird eine kleine Menge Äther gebracht. |
| | Durchführen des Experiments (Variation der experimentellen Bedingungen) | Die Untersuchung wird durchgeführt und mit anderen Flüssigkeiten wiederholt. Anstelle von Wasser wird im 1. Experiment Äther, im 2. Experiment Rasierwasser benutzt. |

| Schritte | Erläuterung | Beispiel |
|---|---|---|
| | Aufnehmen der Beobachtungs- bzw. Meßdaten (Beobachten bzw. Messen, Protokollieren, Auswert.) | Im 1. Experiment wird bei der höheren Temperatur ein schnelleres Verdunsten festgestellt, im 2. Experiment wird eine spürbare Abkühlung registriert. |
| 3. Deuten der Ergebnisse | Formulieren der Ergebnisse | Die Verdunstungsgeschwindigkeit hängt von der Umgebungstemperatur ab; durch das Verdunsten erfolgt eine Abkühlung der verbleibenden Flüssigkeit. |
| | Vergleichen der Ergebnisse mit den Folgerungen aus den Hypothesen | Die Ergebnisse stimmen mit den Folgerungen überein. Die hypothetische Erklärung wird damit erhärtet. Zur Sicherung der Hypothese müßten weitere Folgerungen gezogen werden und weitere Überprüfungen durchgeführt werden. |

**Modell**

Vom Menschen auf der Grundlage von Analogien geschaffenes ideell vorgestelltes oder materiell realisiertes, einfacheres Ersatzobjekt, das ein komplizierteres Original vertritt. Modelle können auf stofflicher Grundlage konstruiert sein (als Modell einer Flüssigkeit kann z. B. Seesand verwendet werden), sie können aber auch als Denkmodell existieren.

**Denkmodell.** Gedankliche Widerspiegelung einer Klasse realer Objekte bezüglich einer oder mehrerer Eigenschaften im menschlichen Bewußtsein durch Idealisierung, d. h. unter Abstraktion von einer Vielzahl unterschiedlicher Eigenschaften.

Massepunkt, Lichtstrahl, ideales Gas, starrer Körper
Ein Modell ist durch folgende Besonderheiten gegenüber der Wirklichkeit (dem Original) gekennzeichnet.

| Besonderheiten des Modells | Beispiel |
|---|---|
| Für dasselbe Objekt können zur Untersuchung verschiedener Eigenschaften verschiedene Modelle geschaffen werden | Wenn man die Bewegung von Himmelskörpern untersucht, kann die **Erde** durch einen **Massepunkt** als Modell dargestellt werden. Wenn man Erdbebenwellen simulieren will, kann die **Erde** durch einen **elastischen Körper** (Gummiball) als **Modell** dargestellt werden. Wenn man die Abplattung der Erde untersucht, kann die **Erde** durch ein **elastisches, in Drehbewegung versetztes, kreisförmiges Metallband** als **Modell** dargestellt werden. |

## ➡ 2/1

| Besonderheiten des Modells | Beispiel | |
|---|---|---|
| Jedes Modell stimmt nur in einigen Merkmalen mit der Wirklichkeit überein | **Wirklichkeit** | **Modell** |
| | **Erde,** objektiv real existierender Körper mit räumlicher Ausdehnung, mit einer bestimmten Masse | **Massepunkt,** ideell vorgestelltes Gebilde ohne räumliche Ausdehnung (mathematischer Punkt) mit der dem Punkt zugeordneten Erdmasse |
| Jedes Modell ist nur innerhalb der angegebenen Grenzen gültig | Das Modell **Massepunkt** ist nicht mehr anwendbar, wenn die Formänderung von festen Körpern bei Einwirkung einer Kraft untersucht werden soll. | |
| Erkenntnisse aus Modellen müssen an der Wirklichkeit überprüft werden | Die mit dem **Modell** Massepunkt gewonnenen Erkenntnisse, z. B. über das Verhalten von Körpern unter der Wirkung von Kräften, müssen experimentell oder durch Beobachtung in der Praxis überprüft werden. | |

### Modellmethode

Wissenschaftliche Methode zur Gewinnung von Erkenntnissen unter Verwendung von Modellen.
Die Modellmethode ist eine Methode der schrittweisen Annäherung der Erkenntnis an das Wesen eines Sachverhalts. Ein Teilschritt der Modellmethode ist die Entwicklung eines Modells.

### Schrittfolge der Modellmethode

Die Modellmethode umfaßt den Weg von bestimmten Beobachtungen über das Schaffen des Modells und über die Arbeit mit dem Modell bis zum Ziehen von Folgerungen aus dem Modell und dem Überprüfen der Folgerungen an der Wirklichkeit.

| Schritte | Beispiel |
|---|---|
| **1. Konstruieren eines Modells** als Ersatzobjekt für das kompliziertere Original auf der Grundlage bereits bekannter wesentlicher Eigenschaften des Originals | Als Ersatzobjekt für die Untersuchung der Eigenschaften von Gasen wird ein Modellgas mit folgenden Eigenschaften benutzt:<br>– die Gasteilchen werden durch Stahlkugeln ersetzt<br>– die ständige Bewegung der Gasteilchen wird durch Schütteln ersetzt |

| Schritte | Beispiel |
|---|---|
| 2. **Erarbeiten neuer Erkenntnisse** durch Untersuchungen am Modell und Übertragen der gewonnenen neuen Erkenntnisse durch Analogieschluß auf das Original | Am Modellgas wird die Energieverteilung untersucht. Das Ergebnis lautet: Die Modellteilchen haben eine unterschiedliche kinetische Energie ($M_1$), die Energieverteilung ist unsymmetrisch ($M_2$).<br>Analogieschluß: Gasteilchen besitzen ebenfalls die Eigenschaften $M_1$ und $M_2$ |
| 3. **Prüfen** der am Modell gefundenen Erkenntnisse am Original mit dem Ziel<br>– der Bestätigung oder Widerlegung dieser Erkenntnisse<br>– einer Abänderung und Verbesserung des benutzten Modells | Der Verdunstungsvorgang ist ein Beleg für die Gültigkeit der aus dem Modell gezogenen Folgerung $M_1$. Mittels „Molekülstrahlen" kann die Gültigkeit der Folgerung $M_2$ nachgewiesen werden. |

Die Schrittfolge zeigt: Analogie und Analogieschluß bilden die Grundlage der Modellmethode.

## Induktive Verallgemeinerung

Wissenschaftliche Methode, die darauf gerichtet ist, durch Verallgemeinern das Gemeinsame in einer mehr oder weniger großen Anzahl von Einzelaussagen (z. B. experimentelle Befunde, Meßwerte, Erfahrungswerte usw.) aufzudecken. Das Ergebnis einer induktiven Verallgemeinerung muß in der Praxis, im Experiment, an der Erfahrung usw. überprüft werden.
↗ Verallgemeinern, S. 21

| Schrittfolge der induktiven Verallgemeinerung | |
|---|---|
| Schritte | Beispiel |
| 1. **Formulieren der Aufgabe** | Aufgabenstellung: Welcher Zusammenhang besteht zwischen dem Druck und dem Volumen eines Gases bei konstanter Temperatur? |
| 2. **Sammeln von Beobachtungsmaterial** mit Hilfe von Experimenten oder durch Sammeln von Einzelbeispielen | Einzelbeispiele: Durch Verkleinern des Volumens wird der Druck in einem Luftpumpenzylinder so groß, daß der Ventilgummi vom Ventil abgehoben wird. $p_0 = 0{,}2\,\text{MPa}$; $V_0 = 2{,}5 \cdot 10^{-3}\,\text{m}^3$<br><br>Experiment: |

➡ **2/1**

| Schritte | Beispiel |
|---|---|
| 3. **Durchführen von Einzelmessungen und Auswerten der Meßergebnisse** (Meßwertetabelle, grafische Darstellung) | Einzelmessungen: Für $T =$ konstant<br><br>$p$ in MPa    $V$ in m³    $p \cdot V$ in N·m<br>0,1    $5{,}0 \cdot 10^{-3}$    500<br>0,2    $2{,}5 \cdot 10^{-3}$    500<br>0,3    $1{,}65 \cdot 10^{-3}$    495<br>0,4    $1{,}25 \cdot 10^{-3}$    500<br>0,5    $1{,}0 \cdot 10^{-3}$    500 |
| 4. **Induktive Verallgemeinerung (Ausführen des induktiven Schlusses)** Verallgemeinerung der Einzelaussagen zu einer allgemeinen Aussage | Induktive Verallgemeinerung (Induktiver Schluß)<br>$p_1 \cdot V_1 = p_2 \cdot V_2 = \cdots = p_n \cdot V_n$ (für $T_n =$ konst.)<br>$p \cdot V =$ konstant (für $T =$ konstant) |
| 5. **Prüfen** der allgemeinen Aussage durch Experimente oder Anwendung auf weitere Fälle | Prüfen des durch induktives Schließen gewonnenen Zusammenhanges zwischen dem Druck und dem Volumen einer abgeschlossenen Gasmenge: |

a) durch Berechnen eines speziellen Beispiels unter Benutzung der

Aussage: $p_1 \cdot V_1 = p_2 \cdot V_2$

Gesucht: $V_2$

Gegeben:
$p_1 = 0{,}25$ MPa
$p_2 = 0{,}45$ MPa
$V_1 = 2{,}00 \cdot 10^{-3}$ m³

Lösung:

$$V_2 = \frac{p_1 \cdot V_1}{p_2}$$

$$V_2 = \frac{0{,}25 \text{ MPa} \cdot 2{,}00 \cdot 10^{-3} \text{ m}^3}{0{,}45 \text{ MPa}}$$

$V_2 \approx 1{,}1 \cdot 10^{-3}$ m³

b) durch ein an a) anschließendes Experiment

Eingestellt:
$p_1 = 0{,}25$ MPa
$V_1 = 2{,}00 \cdot 10^{-3}$ m³

Abgelesen:
$p_2 = 0{,}45$ MPa
$V_2 = 1{,}1 \cdot 10^{-3}$ m³

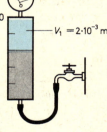
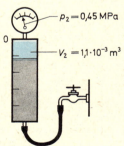

Auswertung des Experiments:
Der berechnete Wert und der im Experiment für $V_2$ ermittelte Wert stimmen überein. Das Produkt aus Druck und Volumen ist konstant. Das Ergebnis dieser Überprüfung ist eine weitere Bestätigung der Gültigkeit der allgemeinen bzw. der speziellen Aussage.

## Deduktive Ableitung

Wissenschaftliche Methode, die darauf gerichtet ist, aus gesicherten (wahren) oder mehr oder weniger gesicherten (als wahr vorausgesetzten) theoretischen Aussagen neue Aussagen mit Hilfe logisch zwingender Schlüsse zu gewinnen.
Aus gesicherten Aussagen deduktiv abgeleitete Aussagen bedürfen aus **logischer Sicht keiner Prüfung** in der Praxis.
Aus mehr oder weniger gesicherten theoretischen Aussagen abgeleitete Aussagen **müssen** an der Praxis, im Experiment oder an der Erfahrung **geprüft** werden.

| Schrittfolge der deduktiven Ableitung | |
|---|---|
| Schritte | Beispiel |
| **1. Formulieren der Aufgabe** | Aufgabenstellung: Wie groß ist die Induktionsspannung $U$ zwischen den Enden eines geraden Leiterstücks der Länge $l$, das in einem homogenen magnetischen Feld der magnetischen Flußdichte $\vec{B}$ senkrecht zu den Feldlinien um die Strecke $\Delta s$ bewegt wird? |
| **2. Zusammenstellen der allgemeinen Aussagen und der Bedingungen** | 1. Kraft auf einen Leiter in einem konstanten Magnetfeld, der von einem Strom der Stärke $I$ durchflossen wird<br>$F = B \cdot I \cdot l$ (1)<br>2. Umwandlung mechanischer Energie bei der Bewegung des Leiterstückes um die Strecke $\Delta s$ im Magnetfeld in elektrische Energie. Für die dabei verrichteten Arbeiten gilt auf Grund des Energieerhaltungssatzes<br>$W_{mech} = W_{el}$ (2)<br>$W_{mech} = F \cdot \Delta s$ (3)<br>$W_{el} = U_{ind} \cdot I \cdot \Delta t$ (4) |
| **3. Durchführen mathematischer oder gedanklicher Operationen** (Umformen, Einsetzen, Kürzen, logische Schlüsse usw.) | Aus (3) und (1) folgt:<br>$W_{mech} = B \cdot I \cdot l \cdot \Delta s$ (5) |
| **4. Ausführen des deduktiven Schlusses:** Er führt zu der in den allgemeinen Aussagen bereits enthaltenen speziellen Aussage | Deduktiver Schluß: Wenn (2), dann folgt,<br>$B \cdot I \cdot l \cdot \Delta s = U_{ind} \cdot I \cdot \Delta t$ (6)<br>Mit $\Delta A = l \cdot \Delta s$ folgt aus (6) für<br>$U_{ind} = \dfrac{B \cdot \Delta A}{\Delta t}$ (7) |
| **5. Prüfen** der speziellen Aussage durch Anwenden in der Praxis, durch Experimente oder an der Erfahrung | Die auf deduktivem Wege gewonnenen Zusammenhänge werden experimentell geprüft durch den Nachweis, daß<br>$U \cdot \Delta t \sim B$<br>$U \cdot \Delta t \sim \Delta A$ |

## 2.2. Tabellen und grafische Darstellungen

**Tabellen**

Übersichtliche, geordnete Darstellungen von physikalischen Größen oder Konstanten, von grafischen, symbolischen, wörtlichen oder mathematischen Formulierungen in einer Anordnung von Zeilen und Spalten.

**Anlegen einer Tabelle.** Jedes Ordnen in Tabellen erfordert das Erkennen von zweckmäßigen Ordnungsmerkmalen.

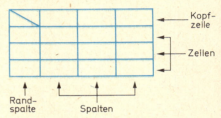

**Wertetabellen.** Tabellen, in denen physikalische Größen oder Konstanten erfaßt werden.

- Der Zusammenhang zwischen wirkender Kraft und Verlängerung einer Feder
- Die Abhängigkeit der Fallbeschleunigung vom Ort der Messung

| F in N | s in m | $\dfrac{F}{s}$ in $\dfrac{N}{m}$ |
|---|---|---|
| 10 | 0,02 | 500 |
| 20 | 0,04 | 500 |
| 30 | 0,06 | 500 |
| 40 | 0,08 | 500 |
| . | . | . |

| Höhe | $g$ in m · s$^{-2}$ |
|---|---|
| 0 (Äquator) | 9,78 |
| 0 (Pole) | 9,83 |
| 0 (45° geografische Breite) | 9,81 |
| 300 km über der Erde | 8,96 |
| 40 000 km über der Erde | 0,19 |

Bei Tabellen, die in einer Spalte gleichartige physikalische Größen enthalten, werden zur Vereinfachung Namen oder Formelzeichen und die Einheiten der physikalischen Größen im Kopf der Spalte angegeben.

**Grafische Darstellungen**

Hilfsmittel sowohl zur Veranschaulichung physikalischer Sachverhalte durch Symbole, Funktionsleitern, Schaubilder, Diagramme und Nomogramme als auch zur zeichnerischen Lösung physikalischer Aufgaben durch geometrische Konstruktionen.

- Vektoraddition von Kräften und Feldern, grafische Darstellung von Schwingungen und Wellen, ihrer Analyse und Überlagerung, Konstruktion optischer Strahlenverläufe

## Kennzeichen

### Symbolische Darstellung der Teile von Schaltzeichen

| Symbol | Bedeutung | Symbol | Bedeutung |
|---|---|---|---|
| ┼ | Positiv | — | Gleichspannung oder Gleichstrom, allgemein |
| — | Negativ | ∼ | Wechselspannung oder Wechselstrom, allgemein |
| ↗ | Verstellbarkeit, allgemein | | |
| ↗ | Verstellbarkeit, abgleichbar | ≃ | Gleich- oder Wechselstrom |
| ↗ | Verstellbarkeit, stetig | ≈ | Wechselspannung mittlerer Frequenz (Tonfrequenz) |
| ↗ | Verstellbarkeit, stufenweise | ≋ | Wechselspannung hoher Frequenz (Hochfrequenz) |

## Schaltzeichen

Symbole für elektrische Leitungen, elektrische oder elektronische Bauteile oder elektrische Geräte

| Symbol | Bedeutung | Symbol | Bedeutung |
|---|---|---|---|
| — | Leitung, allgemein | →—□ | Stecker |
| ┼ | Kreuzung von 2 Leitungen oder von 2 Leitern | —◁— | Steckverbindung mit Schutzkontakt |
| ┼ | Leitung mit 2 Abzweigungen | ⊣⊢ | Galvanisches Element, allgemein |
| ⏚ | Erde, allgemein; Verbindung mit Erde | ⊣⊢⊢⊢ 48V | Batterie, bestehend aus galvanischen Elementen |
| ⏉ | Verbindung mit Masse | | |
| —○ —● | Kontakt einer trennbaren und einer nicht trennbaren elektrischen Verbindung, allgemein | —▭— | Stromsicherung, allgemein |
| | | —/ — | Schließer, allgemein; |
| >— —< | Buchse | —⦘— | Schalter |

31

| Symbol | Bedeutung | Symbol | Bedeutung |
|---|---|---|---|
| | Öffner, allgemein; Schalter | | Spule, allgemein |
| | | | Spule mit ferromagnetischem Kern |
| | Umschalter, allgemein | | Induktionsspule mit Gleitkontakt, Stufenregelung |
| | Relaiskontakte, Schließer und Öffner | | Einphasentransformator, allgemein |
| | Widerstand, allgemein | | Einphasentransformator, mit zwei getrennten Wicklungen |
| | Widerstand, verstellbar ohne Stromkreisunterbrechung | | Einphasenregeltransformator |
| | Widerstand als Spannungsteiler | | Einphasentransformator mit zwei getrennten Wicklungen mit Anzapfung am Mittelpunkt der Sekundärwicklung |
| | Widerstand, einstellbar | | |
| | Widerstand, stetig verstellbar | | Antenne, allgemein |
| | Widerstand, stufig verstellbar | | Dipol |
| | Widerstand, nicht linear | | Diode, allgemein |
| | Widerstand, temperaturabhängig (Thermistor, Kaltleiter) | | Diode, direkt geheizt |
| | Widerstand, temperaturabhängig, mit negativem Temperaturkoeffizienten (Heißleiter) | | Diode, indirekt geheizt |
| | | | Triode, direkt geheizt |
| | Kondensator, allgemein | | Triode, indirekt geheizt |
| | Kondensator, veränderbar | | |
| | Elektrolytkondensator, gepolt | | Spitzen- oder Flächentransistor pnp |

| Symbol | Bedeutung | Symbol | Bedeutung |
|---|---|---|---|
| | Spitzen- oder Flächentransistor npn | | Elektronenstrahlröhre, vereinfachte Darstellungsweise |
| | Feldeffekttransistor mit n-Kanal | | Oszillograf |
| | Feldeffekttransistor mit p-Kanal | | Glühlampe |
| | Edelgasgleichrichterröhre | | Lautsprecher |
| | Elektronen-Fotozelle | | Mikrofon |
| | Fotoelement (Solarzelle) | | Hörer |
| | Fotodiode | | Wecker, allgemein |
| | Lichtemitterdiode | | elektromagnetisches Triebwerk (Relais) |
| | Fototransistor, Typ pnp | | Antrieb durch Elektromotor |
| | Fotowiderstand | | Gleichstrommotor |
| | Gasentladungszähler (Zählrohr für ionisierende Strahlen) | | Thermoelement |
| | Niederspannungs-Leuchtstofflampe | | Meßinstrument, anzeig. allgemein, ohne Kennzeichnung der Meßgröße |
| | Ionisationskammer | | Strommesser, allgemein |
| | Halbleiterdetektor | | Spannungsmesser, allgemein |
| | Röntgenröhre, Röntgentriode | | Leistungsmesser, allgemein |
| | | | Elektrometer |

## 2/2

**Schaltungskurzzeichen**

Symbole zur zusammenfassenden Darstellung eines Bausteins, eines Gerätes oder einer Anlage

| Symbol | Bedeutung | Symbol | Bedeutung |
|---|---|---|---|
| ⟋⟍ | Wandler, allgemein | ≋ | Hochfrequenzgenerator |
| ▶│ | Gleichrichter | ▷▽ | Verstärker, allgemein |
| ≈ | Tonfrequenzgenerator | ⊙ | Oszilloskop |

**Sinnbilder**

Symbolische Darstellungen von Meßgeräten zur Kennzeichnung ihres Aufbaus und bestimmter technischer Daten

| Symbol | Bedeutung | Symbol | Bedeutung |
|---|---|---|---|
| ⌂ | Drehspulmeßwerk, mit Dauermagnet, allgemein | — | Gleichstrom |
| ⌂ | Drehspulmeßwerk mit eingebautem Gleichrichter | ∼ | Wechselstrom |
| ⟋⟍ | Dreheisenmeßwerk | ≂ | Gleich- und Wechselstrom |
| | Elektrodynamisches Meßwerk, eisenlos | ⊥ | Senkrechte Nennlage |
| | Hitzdrahtmeßwerk | ⊓ | Waagerechte Nennlage |
| ▶│ | Gleichrichter | ⚠ | Achtung! Gebrauchsanweisung beachten! |
| ☆2 | Prüfspannungszeichen mit Angabe der Prüfspannung in kV | 0,2 | Genauigkeit Klassenzeichen |

# Kennzeichnung von Meßgeräten durch Sinnbilder

| Demonstrations-Meßinstrument | | | |
|---|---|---|---|
| ≂ | Für Gleich- und Wechselstrom | ⊥ | Senkrechte Gebrauchslage |
| (Dreheisen-Symbol) | Dreheiseninstrument | ☆2 | Prüfspannung 2 kV |
| 2,5 | Klasse | | |
| **Vielfachmeßgerät Polytest W 1** | | | |
| ⊥ | Anschluß minus für elektrische Spannung, elektrischen Widerstand, elektrische Stromstärke | 5 | Klasse 5 (d. h. Betriebsmeßgerät mit ± 5% Anzeigefehler vom Meßbereichsendwert bei Messung von elektrischen Wechselstromgrößen bei 20 °C ± 10 K Raumtemperatur) |
| V Ω A | Anschluß plus für elektrische Spannung, elektrischen Widerstand, elektrische Stromstärke | Ω | elektrischer Widerstand |
| ⚠ | Achtung! Gebrauchsanweisung beachten | 5̌ | Klasse 5 (d. h. Betriebsmeßgerät mit ± 5% Anzeigefehler vom Meßbereichsendwert bezogen auf 42,5 mm Skalenlänge bei Messung elektrischer Widerstände bei 20 °C ± 10 K Raumtemperatur) |
| — | Gleichstrom | | |
| (Drehspul-Symbol) | Spitzengelagertes Drehspulmeßwerk mit Kernmagnet, ca. 150 µA | ☆2 | Prüfspannung 2 kV |
| 2,5 | Klasse 2,5 (d. h. Betriebsmeßgerät mit ± 2,5% Anzeigefehler vom Meßbereichsendwert bei Messung von elektrischen Gleichstromgrößen bei 20 °C ± 10 K Raumtemperatur) | NIII | Ausführungsklasse |
| ∼ | Wechselstrom | ⊓ | Waagerechte Nennlage |
| ▷⊦ | Gleichrichter | | |

### Schaltplan (Schaltbild)

Zeichnerische Darstellung der leitenden Verbindungen zwischen den Bauelementen elektrischer oder elektronischer Schaltungen durch Schaltzeichen, Schaltungskurzzeichen oder Sinnbilder.

### Blockschaltbild

Einfache übersichtliche Darstellung des Zusammenwirkens einzelner komplexer Baustufen einer technischen Anlage

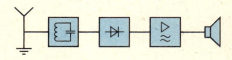

Blockschaltbild eines einfachen Rundfunkempfängers

### Funktionsleiter

Grafische Darstellung physikalisch gleichartiger Sachverhalte, die sich in ihren Zahlenwerten unterscheiden

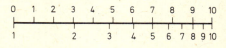

Am häufigsten verwendet man Funktionsleitern mit linearen oder logarithmischen Teilungen

### Diagramm

Grafische Darstellung des Zusammenhanges zwischen zwei Variablen in Form von **Schaubildern** oder in **Liniendiagrammen** mit gleich und unterschiedlich geteilten Achsen

### Schaubild

Grafische Darstellung von Größenverhältnissen oder Zusammenhängen durch bildliche Darstellungen, Strecken-, Streifen- oder Kreisdiagramme

■ Beispiele ↗ S. 172, 175

### Liniendiagramm

Grafische Darstellung von funktionalen Zusammenhängen in **Koordinatensystemen**. Die **abhängige Variable** wird meist auf der Ordinatenachse, die **unabhängige Variable** auf der Abszissenachse abgetragen

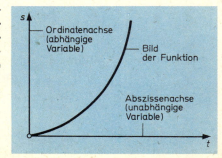

Die Koordinatenachsen können auf zwei Arten beschriftet werden:

Die Kurve wird mit Hilfe einer Menge von Wertepaaren einer Funktion konstruiert. Handelt es sich bei den Wertepaaren um physikalische Größen, dann besteht jeder Wert aus einem durch die Funktion bestimmten Zahlenwert und einer Einheit. Auf den Achsen werden die *Zahlenwerte* abgetragen.

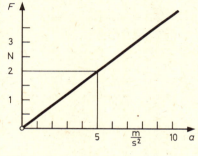

Bild der Funktion $F = m_1 \cdot a$; $m_1 =$ konstant $= 0,4$ kg

Die Kurve zeigt den prinzipiellen Zusammenhang zwischen zwei physikalischen Größen. Bestimmte Meßwerte mit bestimmten Einheiten liegen nicht vor. Auf den Achsen werden **physikalische Größen** abgetragen

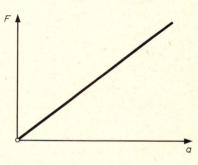

Bild der Funktion $F = m \cdot a$; $m =$ konstant

## Funktionsnetz

Hilfsmittel zur grafischen Darstellung erkannter oder vermuteter gesetzmäßiger Zusammenhänge zwischen zwei physikalischen Größen auf industriell oder selbst gefertigtem **Koordinatenpapier**.

## Lineares Netz

Funktionsnetz mit linearer Teilung beider Achsen (z. B. Millimeterpapier, Karopapier). Es ist besonders geeignet zur Darstellung von Funktionen der Form $y = m \cdot x + b$

- $v_t = v_0 + a \cdot t$

  $s_t = s_0 + v_0 \cdot t + \dfrac{a}{2} t^2$

**Darstellen auf Millimeterpapier** (Bilder auf S. 38)

- $v_t = v_0 + a \cdot t$

- $s_t = s_0 + v_0 \cdot t + \dfrac{a}{2} \cdot t^2$ für

  $s_0 = 0$ und $v_0 = 0$

Abszissenachse $t$
Ordinatenachse $v_t$

Abszissenachse $t^2 \cdot$
Ordinatenachse $s_t$

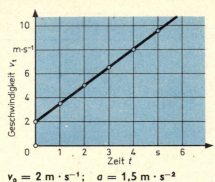
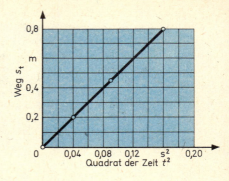

$v_0 = 2 \text{ m} \cdot \text{s}^{-1}$; $a = 1{,}5 \text{ m} \cdot \text{s}^{-2}$

**Wertetabelle**

| $t$ in s | 0 | 1 | 2 | 3 | 4 | 5 |
|---|---|---|---|---|---|---|
| $v_t$ in m·s⁻¹ | 2 | 3,5 | 5 | 6,5 | 8 | 9,5 |

**Wertetabelle**

| $t$ in s | 0 | 0,1 | 0,2 | 0,3 | 0,4 |
|---|---|---|---|---|---|
| $t^2$ in s² | 0 | 0,01 | 0,04 | 0,09 | 0,16 |
| $s$ in m | 0 | 0,05 | 0,20 | 0,45 | 0,80 |

Bemerkung: Die Punkte liegen auf einer Geraden. Aus dem Anstieg der Geraden können der Betrag und die Einheit der Konstanten bestimmt werden.

## Logarithmische Netze

Funktionsnetze mit logarithmischer Teilung einer und linearer Teilung der anderen Achse (halblogarithmisches Netz) oder logarithmischer Teilung beider Achsen (doppeltlogarithmisches Netz)

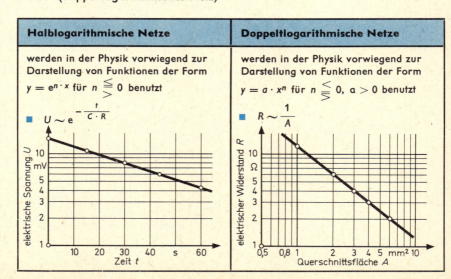

| Halblogarithmische Netze | Doppeltlogarithmische Netze |
|---|---|
| Diagramm der Entladespannung eines Kondensators | Diagramm der Abhängigkeit des elektrischen Widerstandes vom Querschnitt des Leiters |
| Wertetabelle | Wertetabelle |

| $t$ in s | 0 | 15 | 30 | 45 | 60 |
|---|---|---|---|---|---|
| $U$ in V | 15 | 11 | 8 | 5,9 | 4,3 |

| $A$ in mm² | 1 | 2 | 3 | 4 | ... |
|---|---|---|---|---|---|
| $R$ in Ω | 12 | 6 | 4 | 3 | ... |

Bemerkung: Die Punkte liegen bei beiden Darstellungen auf einer Geraden. Aus dem Anstieg der Geraden kann der Exponent der unabhängig Veränderlichen, aus dem Schnittpunkt mit der Ordinatenachse kann der Betrag der Konstanten bestimmt werden.

**Wahl des Koordinatennetzes**

Durch Wahl eines geeigneten Koordinatennetzes ist es möglich, bestimmte Zusammenhänge durch Geraden darzustellen.

Beispiel: $s = \dfrac{g}{2} \cdot t^2$

| Millimeterpapier $y = k \cdot x^2$ | Logarithmenpapier $\log y = \log k + 2 \log x$ |
|---|---|

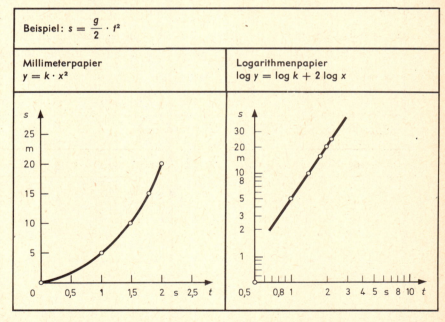

Aus der Darstellung im linearen Netz wird geschlossen, daß es sich bei dem gesuchten Zusammenhang um eine Potenzfunktion handelt.
Zur Prüfung dieser Annahme erfolgt eine Darstellung im doppeltlogarithmischen Netz. Es ergibt sich hier eine Gerade. Die Annahme hat sich bestätigt. Eine Gerade läßt sich einfacher und genauer zeichnen als die entsprechende Kurve im linken Bild.

## 2.3. Das Experiment im Physikunterricht

**Planen und Durchführen von Experimenten**

| Hauptschritte | Mögliche Teilschritte |
|---|---|
| 1. Gedankliches Erfassen der Aufgabenstellung | – Bestimmen des Gesuchten<br>– Angeben der Bedingungen<br>– Auswählen der geeignetsten unter mehreren experimentellen Varianten<br>– Auswählen der zweckmäßigsten Meßgeräte unter Beachtung der zu erwartenden Ergebnisse und der erforderlichen Genauigkeit<br>– Gedankliches Konstruieren der experimentellen Anordnung |
| 2. Aufbauen der Experimentieranordnung | – Umsetzen der gedanklichen Konzeption in eine experimentelle Anordnung<br>– Prüfen der Funktionstüchtigkeit der Geräte<br>– Beachten der Bedienvorschriften der verwendeten Geräte<br>– Beachten der Hinweise für den Arbeits-, Unfall- und Brandschutz (↗ S. 41) |
| 3. Durchführen der qualitativen oder quantitativen Beobachtungen | – Gewährleisten der Bedingungen für die Beobachtungen, Bereitstellen von Hilfsmitteln zur Beobachtung<br>– Genaues Ablesen der Meßwerte unter Beachtung der Meßgenauigkeit<br>– Registrieren eventueller Beobachtungs- bzw. Meßfehler |
| 4. Protokollieren der Beobachtungen | – Vorbereiten des Protokolls<br>– Aufnehmen der Ergebnisse der Beobachtungen in das Protokoll (↗ S. 44) |
| 5. Auswerten der Beobachtungen | – Verarbeiten der Beobachtungsergebnisse, z. B. Gesetzeserkenntnis, Angabe einer Stoffkonstanten usw.<br>– Grafisches Darstellen von Meßergebnissen<br>– Erkennen und Angeben des vermutlichen mathematischen Zusammenhanges aus den grafischen Darstellungen<br>– Durchführen der Fehlerbetrachtung (↗ S. 47) |
| 6. Darstellen des Ergebnisses | – Formulieren des Ergebnisses in qualitativer oder quantitativer Form<br>– Ziehen von Folgerungen aus dem Ergebnis, Angeben des Gültigkeits- bzw. Anwendungsbereiches, Einordnen der Erkenntnis in das bestehende System der Erkenntnisse<br>– Vergleichen des Ergebnisses mit der Aufgabenstellung |

↗ Experiment, S. 23
↗ Experimentelle Methode, S. 24
↗ Protokoll, S. 44

**Grundregeln für das Verhalten bei Schülerexperimenten**

1. Bei experimentellen Arbeiten ist **strenge Disziplin** erforderlich und **gegenseitige Rücksichtnahme** zu üben.
2. Auf jedem Arbeitsplatz ist **größte Ordnung** zu halten.
3. Die Experimentiervorrichtungen sind standfest, kurzschlußsicher und vor Überlastungen geschützt aufzubauen. Vor jedem Experiment sind die möglichen **Gefahrenquellen** zu bedenken. Mit den Geräten ist **sorgsam** umzugehen, sie sind Volkseigentum.
4. Die Experimentieranordnung ist so aufzubauen, daß keine Mitschüler durch umstürzende oder herabfallende Geräte **gefährdet** werden.
5. Alle, auch geringfügige Verletzungen sind dem Lehrer zu melden!
6. Besondere Vorsicht ist beim Umgang mit **Glasgeräten**, mit **elektrischem Strom** und mit **Chemikalien** geboten.
7. Dem Lehrer sind alle festgestellten **Mängel** an Apparaturen, Einrichtungen usw. zu melden!
8. Es ist zu gewährleisten, daß offene (Gasflammen usw.) und geschlossene Wärmequellen (elektrische Kochplatte) so aufgestellt werden, daß sie nicht **versehentlich berührt** oder umgestoßen werden können!
9. Der **Alarmplan** der Schule, der **polizeiliche** und **ärztliche Notruf** und die Rufnummer der **Feuerwehr** müssen jedem Schüler bekannt sein!

**Hinweise für den Arbeits-, Unfall- und Brandschutz**

Um Unfälle zu verhüten und die Gesundheit jedes Schülers zu schützen, erfordert der experimentelle Physikunterricht von jedem Schüler die Kenntnis und Beachtung einiger **Grundregeln des Arbeits- und Brandschutzes**.

**Hinweise für den Umgang mit elektrischem Strom**

1. Bei Schülerexperimenten dürfen ohne Berührungsschutz maximal Nennspannungen von 42 V Wechselstrom oder 60 V Gleichstrom verwendet werden!
2. Elektrische Schaltungen sind nach dem Aufbau anhand des Schaltplanes zu überprüfen und anschließend dem Lehrer zur Kontrolle vorzuweisen. Erst dann darf die Verbindung zur Spannungsquelle hergestellt werden. Nach Abschluß des Experiments ist zuerst die Verbindung zur Spannungsquelle zu unterbrechen.
3. Geschaltet wird stets nur mit einer Hand! Jede Berührung offener elektrischer Leitungen ist zu vermeiden!
4. Das Verschlingen oder Verknoten von Anschlußschnüren führt zu Kabelbrüchen und ist nicht gestattet!
Defekte Geräte oder Kabel dürfen nicht verwendet werden!
5. Anschlußschnüre dürfen nur an den Steckern aus Steckdosen, Meß- oder Telefonbuchsen gezogen werden!
6. Die Geräte sind nur solange wie unbedingt erforderlich unter Spannung zu halten!
7. Kondensatoren sind nach jedem Versuch restlos zu entladen!

### Hinweise für den Umgang mit Glasgeräten

1. Nur unbeschädigte Glasgeräte verwenden!
2. Glasstopfen sachgemäß lockern (Lehrer um Hilfe bitten)!
3. Beim Bohren von Gummistopfen sowie beim Einsetzen von Thermometern und Glasröhren in Stopfen und Schläuche sind Gleitmittel zu benutzen. Die Hände und die Unterlagen sind durch Tücher gegen Splitter bei eventuellem Glasbruch zu schützen!
4. Glasgeräte sind in Stativmaterial zwischen elastischen Stoffen (Gummi, Filz, Kork, Plaste usw.) einzuspannen!
5. Glasgefäße (mit Ausnahme Reagenzglas) dürfen nicht über die offene Flamme eines Brenners gestellt werden (Drahtnetz benutzen)!
6. Sehr kalte und sehr heiße Flüssigkeiten dürfen nur langsam und in kleinen Portionen in Glasgefäße gefüllt werden!
7. Beim Experimentieren ist besonders vorsichtig mit Glasgeräten, die unter erniedrigtem oder erhöhtem Druck stehen, umzugehen!

### Hinweise für den Umgang mit offenen Flammen

1. Spiritus- und Benzinbrenner dürfen nur in gelöschtem Zustand und nur vom Lehrer gefüllt und während des Betriebes nicht gekippt werden!
2. Brenner müssen so aufgestellt sein, daß eine zufällige Berührung oder ein Umkippen ausgeschlossen ist!
3. Das Löschen des Spiritusbrenners hat ausschließlich durch rasches Abdecken mit der Schutzkappe (Ersticken) zu erfolgen! Ausblasen ist verboten!
4. Die Abstellflächen für Brenner sind so zu wählen, daß Brände nicht entstehen können! Schultische sind durch nicht brennbare Unterlagen vor Brandbeschädigung zu schützen!

### Hinweise für die Erste Hilfe

Alle, auch geringfügige Verletzungen sind dem Lehrer zu melden!

### Unfälle mit elektrischem Strom

- Bei elektrischem Schlag sofort zurückfallen lassen, um die Verbindung zum Netz zu unterbrechen
- Sofortiges Ausschalten des Stromes, gegebenenfalls Sicherung herausdrehen
- Wegziehen des Verunglückten nur an trockenen bekleideten Körperteilen; wenn vorhanden, trockene Holzstangen benutzen
- Verläuft der Stromweg über die Füße und den feuchten Erdboden, isolierendes Material unter die Füße des Helfers schieben. Der Helfer muß gut isoliert sein, z. B. auf trockenem Holz oder Linoleum stehen, Hände mit trockenen Tüchern umwickeln, Hände durch Gummihandschuhe schützen

### Ohnmacht

- Bei gerötetem Gesicht Oberkörper hochlegen
- Bei blassem Gesicht Ohnmächtigen horizontal legen

- Enge Kleidung öffnen – frische Luft
- Gesicht, Brust kalt abwaschen – Riechmittel reichen
- Körper (Fußsohlen) reiben und bürsten

**Wunden, Verbrennungen**

- Eventuelle Blutungen stillen – Verschmutzungen vermeiden
- Schmutz der Wundumgebung entfernen (mit Jodtinktur oder Alkohol reinigen, immer von der Wunde nach außen) – Wunde nicht waschen
- Wunde nicht mit den Fingern berühren
- Sterilen Verband anlegen
- Grobe Fremdkörper nicht oder nur mit keimfreien Instrumenten aus der Wunde entfernen – Arzt hinzuziehen
- Brandwunden mit kaltem Wasser bis zur Schmerzlinderung kühlen, Brandblasen nicht öffnen, angeklebte Kleidungsstücke nicht abreißen

## 2.4. Physikalische Messungen

**Meßprozeß**

vom Menschen herbeigeführte Wechselwirkung eines Meßobjekts mit einer Meßapparatur, um festzustellen, wievielmal die entsprechende Einheit in der zu messenden Größe enthalten ist.

| Bestandteil | Erläuterung | Beispiel |
| --- | --- | --- |
| **Meßobjekt** | Eigenschaft (physikalische Größe), die gemessen werden soll | Durchmesser eines Drahtes |
| **Einheit** | physikalische Größe, mit der die zu messende Größe verglichen werden soll | Einheit der Länge: 1 Meter (1 m) |
| **Meß-apparatur** | Meßgeräte einschließlich der Mittel zur Registrierung der Meßwerte | Mikrometerschraube, Meßgenauigkeit $10^{-5}$ m ↗ S. 46 |
| **Meß-vorschrift** | Regeln zur Benutzung der Meßgeräte und zur Durchführung von Messungen | Regeln zur Benutzung der Mikrometerschraube |
| **Meßergebnis** | der beim Vergleichen von Meßobjekt und Einheit (ggf. nach Umrechnung auf Basiseinheit) gewonnene Zahlenwert | $d = 5 \cdot 10^{-4}$ m |

↗ Messen, S. 20

**Meßverfahren**

| Direktes Messen | Indirektes Messen |
|---|---|
| die durch Messen zu bestimmende physikalische Größe kann am Meßgerät unmittelbar abgelesen werden | die durch Messen zu bestimmende physikalische Größe ist nicht direkt ablesbar, sondern muß mit Hilfe eines bekannten Zusammenhanges aus direkt gemessenen physikalischen Größen berechnet werden |
| ■ Geschwindigkeit $v$ mittels Tachometer | ■ Geschwindigkeit $v$ einer gleichförmigen Bewegung durch Messen von Weg $s$ und Zeit $t$ und Berechnen aus $$v = \frac{s}{t}$$ |
| elektrischer Widerstand $R$ mittels Widerstandsmeßgerät | elektrischer Widerstand $R$ durch Messen von elektrischer Spannung $U$ und elektrischer Stromstärke $I$ und Berechnen aus $$R = \frac{U}{I}$$ |

**Regeln für das Messen**

1. Für die Qualität eines Meßergebnisses ist die Güte der Messungen wesentlicher als die Anzahl der Messungen.
2. Offensichtlich sehr stark von allen anderen Werten abweichende Meßwerte sind bei der Auswertung der Messung nicht zu berücksichtigen.
3. Meßergebnisse sollen nicht genauer angegeben werden, als es die Messung auf Grund der Genauigkeit der Meßmittel zuläßt.
4. Fehlerangaben sind stets aufzurunden, um im Fehlerbereich zu bleiben.
5. Der Größtfehler (↗ S. 51) einer Meßgeräteskalenteilung beträgt eine halbe Einheit der Skalenteilung.
6. Bei der Auswertung der Messung ist die Klassengenauigkeit der eingesetzten Meßgeräte zu beachten.
7. Bei Zeitmessungen muß die persönliche Reaktionszeit berücksichtigt werden. Sie beträgt beim Messen mit der Stoppuhr etwa 0,3 s.

**Protokoll**

Um physikalische Messungen miteinander vergleichen zu können, müssen Art der Messung und Meßergebnisse registriert werden. Dazu dient ein **Protokoll**.

**Inhalt eines Protokolls**

Name, Vorname, Versuchspartner, Datum

| Gliederung | Auswahl möglicher Teilschritte |
|---|---|
| **1. Aufgabenstellung** | Übernahme aus dem Lehrbuch, Aufgabenstellung des Lehrers, selbständige Erarbeitung |

| Gliederung | Auswahl möglicher Teilschritte |
|---|---|
| **2. Aufbau des Experiments** | – Beschreiben des experimentellen Aufbaus<br>– Skizze des experimentellen Aufbaus<br>– Angeben des Meßverfahrens<br>– Angeben der verwendeten Geräte (z. B. genaue Bezeichnung der Meßgeräte, Angaben des Meßbereichs und der Meßgenauigkeit bzw. der Skalenteilung) |
| **3. Durchführung des Experiments** | – Beschreiben des Ablaufs des Experiments |
| **4. Ergebnisse** | – Beschreiben der Beobachtungen<br>– Angeben der gemessenen Größen<br>– Erfassen der gemessenen Größen in Tabellen |
| **5. Auswertung** (↗ S. 45) | – Theoretische Verarbeitung der Ergebnisse<br>– grafisches Darstellen der Ergebnisse<br>– Erkennen und Formulieren mathematischer Zusammenhänge<br>– Formulieren des Ergebnisses in qualitativer und quantitativer Form |
| **6. Fehlerbetrachtung** (↗ S. 47) | – Fehlerkritik<br>– Fehlerabschätzung<br>– Fehlerrechnung |

Die Gliederung sollte eingehalten werden. Die Teilschritte treffen nicht für jede Aufgabenstellung in gleicher Weise zu.

**Auswerten physikalischer Messungen**

**1. Grafisches Darstellen der Meßergebnisse** (↗ Grafische Darstellungen, S. 30)
Übertragen der zusammengehörigen Meßwerte (Wertepaare) aus der Meßtabelle in ein Koordinatensystem und Einzeichnen der Kurve. Darstellen auf Millimeterpapier oder einem anderen Koordinatenpapier.

■ Meßergebnisse eines Experiments zur Ermittlung des Weg-Zeit-Gesetzes des freien Falls

| 1 | 2 | 3 |
|---|---|---|
| Nr. | $s_n$ in m | $t_n$ in s |
| 1 | 0 | 0 |
| 2 | 0,05 | 0,10 |
| 3 | 0,20 | 0,19 |
| 4 | 0,45 | 0,29 |
| 5 | 0,80 | 0,41 |

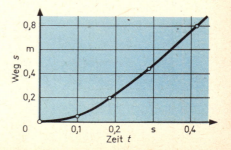

**2. Erkennen des vermutlichen Zusammenhanges** zwischen den ermittelten Wertepaaren

- Parabel, Gerade o. ä.

**3. Verarbeiten der Meßergebnisse** (↗ Genauigkeit physikalischer Größenangaben, S. 46)

- Berechnen von $t^2$ und von $\frac{s}{t^2}$

Die Zahlenwerte in Spalte 4 und Spalte 5 können erst berechnet werden, nachdem der Zusammenhang zwischen den Größen in Spalte 2 und 3 durch die grafische Darstellung der Meßergebnisse gefunden worden ist.

**4. Formulieren der Ergebnisse**
Die Messungen zeigen, daß der freie Fall einer Kugel eine gleichmäßig beschleunigte Bewegung ist.

| 4 | 5 |
|---|---|
| $t^2$ s in s² | $\frac{s_n}{t^2}$ in $\frac{m}{s^2}$ |
| 0 | — |
| 0,010 | 5,0 |
| 0,036 | 5,5 |
| 0,084 | 5,4 |
| 0,17 | 4,7 |

Zwischen dem zurückgelegten Weg und der verflossenen Zeit besteht der Zusammenhang

$s = \text{Konstante} \cdot t^2$ oder $\frac{s}{t^2} = \text{konstant}$

Aus der Meßtabelle ergibt sich für die Konstante etwa $5 \, m \cdot s^{-2}$.

**5. Durchführen einer Fehlerbetrachtung** (↗ Fehlerbetrachtungen, S. 47)

**Genauigkeit physikalischer Größenangaben**

**Näherungswerte.** Zahlenwerte gemessener oder vorgegebener physikalischer Größen, die bei der praktischen Durchführung von Messungen oder bei Berechnungen ermittelt werden und aus unterschiedlichen Gründen (mögliche oder notwendige Meßgenauigkeit, Meßfehler, verfügbare Meßmittel usw.) vom „wahren" Wert der Meßgröße abweichen.
Näherungswerte ergeben sich in der Praxis beim Messen, beim Zählen und bei mathematischen Operationen, z. B. beim Runden.

**Eingangswerte.** In die Rechnung eingehende Näherungswerte, die die Genauigkeit eines Ergebnisses beeinflussen.

**Rechnungsfehler.** Fehler, die die Genauigkeit eines Ergebnisses durch Runden im Verlaufe der Rechnung beeinflussen.
Es gilt:
- Der Rechnungsfehler muß stets kleiner sein als der Fehler der Eingangswerte, da sonst die Genauigkeit der Eingangswerte nicht voll genutzt wird.
- Das kann erreicht werden, indem bei der Rechnung 1 bis 2 Dezimalstellen mehr mitgeführt werden und erst im Ergebnis auf die den Eingangswerten entsprechende Genauigkeit gerundet wird.

**Runden und Rundungsregeln** (↗ Wiss Ma, S. 54)

**Regeln für das Rechnen mit Näherungswerten**

1. Die Genauigkeit eines Rechenergebnisses kann nie höher sein als die Genauigkeit der in die Rechnung eingehenden Eingangswerte.
2. Berechnungen auf der Grundlage von Meßergebnissen sind nur bis zu der Genauigkeit zu treiben, bis zu der die unmittelbar gemessenen Größen bestimmt werden konnten.
3. Beim Rechnen mit Näherungswerten verschiedener Genauigkeit kann das Ergebnis der Rechnung höchstens die Genauigkeit des Näherungswertes mit der geringsten Genauigkeit haben.
4. Beim Addieren und Subtrahieren von Näherungswerten ist das Ergebnis mit der Genauigkeit anzugeben, die der Summand mit der geringsten Genauigkeit hat.

■ $l = l_1 + l_2 + l_3 = 0{,}765 \text{ m} + 28{,}71 \text{ m} + 3{,}3 \text{ m} \approx 32{,}8 \text{ m}$

$\quad\quad\quad\quad\quad\quad\quad\quad\quad\quad\quad\quad\quad\quad\quad\quad$ Falsch: $l = 32{,}775$ m

5. Beim Multiplizieren und Dividieren von Näherungswerten ist das Ergebnis mit soviel geltenden Ziffern anzugeben, wie der Näherungswert mit der geringsten Anzahl geltender Ziffern hat.

■ $A = l_1 \cdot l_2 = 2{,}4 \text{ m} \cdot 3{,}78 \text{ m} \approx 9{,}1 \text{ m}^2$

$\quad\quad\quad\quad\quad\quad\quad\quad\quad\quad\quad\quad\quad\quad\quad\quad$ Falsch: $A = 9{,}072 \text{ m}^2$

6. In allen Zwischenergebnissen behalte man jeweils eine Ziffer mehr bei, als es die Regeln 4 bzw. 5 vorschreiben.

■ Eingangswerte: $s = 0{,}20$ m, $t = 0{,}19$ s
Zwischenergebnis: $t^2 = 0{,}0361 \text{ s}^2$
Endergebnis: $\frac{s}{t^2} \approx 5{,}5 \text{ m} \cdot \text{s}^{-2}$

Falsch: $\frac{s}{t^2} = 5{,}556 \text{ m} \cdot \text{s}^{-2}$

7. Die Angabe einer zu großen Stellenzahl bei physikalischen Ergebnissen ist ein Zeichen mangelnden physikalischen Verständnisses und mangelnder Kritik.

**Geltende Ziffern**

■ Alle Ziffern eines Näherungswertes mit Ausnahme der Nullen, die links von der ersten von Null verschiedenen Ziffer stehen.

$g \approx 9{,}806 \text{ m} \cdot \text{s}^{-2}$ $\quad$ 4 geltende Ziffern $\quad\quad$ $V \approx 150{,}0$ ml $\quad$ 4 geltende Ziffern
$g \approx 980{,}665 \text{ cm} \cdot \text{s}^{-2}$ $\quad$ 6 geltende Ziffern $\quad\quad$ $I \approx 0{,}305$ A $\quad$ 3 geltende Ziffern

**Fehlerbetrachtung**

Kritische Einschätzung der Genauigkeit von Meßergebnissen durch
– Fehlerkritik
– Fehlerabschätzung
– Fehlerrechnung

# 2/4

**Meßfehler**

Abweichung der Meßwerte $x_i$ vom tatsächlichen Wert der zu messenden Größe $x$. Er setzt sich zusammen aus groben, aus systematischen und zufälligen Fehlern.

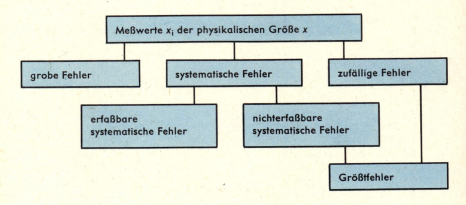

**Grobe Fehler**

Beruhen auf Irrtümern, auf Unachtsamkeit, auf falschen, unqualifizierten, nachlässigen, unaufmerksamen oder gestörten Ablesungen des Experimentators oder auf Defekten der verwendeten Meßmittel und sind prinzipiell vermeidbar. Sie sind als solche meist erkennbar und werden deshalb aus Meßreihen gestrichen. Sie werden manchmal auch als „uneigentliche Meßfehler" bezeichnet.

■ Irrtümer des Beobachters durch falsches Ablesen von Ziffern, Nichtbeachtung des Meßbereiches bei Skalenablesung, falsche Haltung des Meßzylinders, Parallaxefehler usw.

**Systematische Fehler**

Deren Ursache liegt in der Unvollkommenheit der Meßgeräte, der Maßverkörperungen, des Meßverfahrens oder in den Einflüssen von Umwelt und Beobachter. Sie sind nicht vermeidbar, theoretisch prinzipiell aber erkennbar, praktisch, wenn auch oft nur mit sehr großem Aufwand, erfaßbar bzw. korrigierbar. Sie lassen sich nach Größe und Vorzeichen bestimmen und machen den Meßwert unrichtig und werden deshalb manchmal auch als „Unrichtigkeiten" bezeichnet.

■ **Meßgeräte:** Fehlertoleranzen eines Meßgerätes (elektrische Meßgeräte für Schülerexperimente gehören zur Güteklasse 2,5. Das bedeutet, daß die Messung von vornherein, durch das benutzte Meßgerät bedingt, eine Meßunsicherheit von ± 2,5% aufweist).

**Maßverkörperungen:** Differenz zwischen wirklichem und Eichwert bei Wägestücken, bei Längenmeßgeräten, bei elektrischen Meßgeräten usw.

**Meßverfahren:** Direkte oder indirekte Messung (↗ S. 44) und deren Einfluß auf das Meßergebnis.

**Umwelteinflüsse:** Luftfeuchtigkeit, Temperatur.

**Beobachtungseinflüsse:** Handhabung der Meßgeräte, Umgang mit den Maßverkörperungen.

Um die systematischen Fehler abzuschätzen, muß das Meßverfahren einer Einschätzung und kritischen Überprüfung unterzogen werden.

## Zufällige Fehler

Deren Ursache liegt im Meßvorgang selbst. Sie treten bei Messungen, die wiederholt werden, auf und setzen sich zusammen aus unkontrollierbaren und unbeeinflußbaren zufälligen Einflüssen während der Meßvorgänge und Veränderungen der Meßmittel sowie aus subjektiven, auf den Beobachter zurückführbaren Fehlern (Beobachtungsfehler). Sie lassen sich nicht bestimmen und machen den Meßwert unsicher. Die Unsicherheit kann eingegrenzt werden. Sie werden deshalb manchmal auch als „Unsicherheiten" bezeichnet. Die zufälligen Fehler können den Meßwert positiv oder auch negativ beeinflussen; sie streuen um einen **Mittelwert**.

■ **Zufällige Einflüsse:** Erschütterungen, Temperaturschwankungen während des Meßvorganges, Schwankungen der Netzspannung.

**Subjektive Fehler:** Ablesefehler, Geschicklichkeit des Beobachters.
Die Ursachen der unterschiedlichen Meßergebnisse sind zahlenmäßig **nicht** erfaßbar und experimentell **nicht** trennbar.

## Meßreihe

Hilfsmittel zur Abschätzung der Fehler, die durch statistische Schwankungen des Meßwertes (zufällige Fehler) entstehen.

■ Der in der Tabelle angegebene Meßwert für die Fallzeit einer Kugel aus 0,8 m Höhe wurde durch fünfmaliges Messen der Zeit für diese Fallhöhe gewonnen.

**Meßgerät:** Polydigit; 1/100 s Meßgenauigkeit; Meßstab 1 m, 1-mm-Teilung

**Spalte 1:** Nummer $i$ der $n$ Einzelmessungen der Meßreihe

**Spalte 2:** Meßwerte der Einzelmessungen

**Spalte 3:** Absoluter Betrag der Differenz zwischen dem Mittelwert $\bar{t}$ und dem einzelnen Meßwert $t_i$ (↗ S. 51)

| 1 | 2 | 3 |
|---|---|---|
| $i$ | $t_i$ in s | $t_i - \bar{t}$ in s |
| 1 | 0,40 | 0,01 |
| 2 | 0,41 | 0,00 |
| 3 | 0,41 | 0,00 |
| 4 | 0,40 | 0,01 |
| 5 | 0,43 | 0,02 |
|   | 2,05 | 0,04 |

2/4

**Fehlerkritik**

Kritische Einschätzung der Genauigkeit von Meßergebnissen durch wörtliche Aufzählung der Fehlerursachen.

- Verweisen auf Wasserwert der Gefäße, Hinweis auf Einfluß der Lufttemperatur, Verweisen auf unterschiedliche, subjektiv bedingte, ungenaue Ablesungen, verbleibende Wasserreste in den Gefäßen bzw. im Meßzylinder, auftretende Reibung, Ableseparallaxe u. a.

**Fehlerabschätzung**

Kritische Einschätzung der Genauigkeit von Meßergebnissen, die mit systematischen Fehlern behaftet sind, durch Angabe der Meßgröße als Summe aus dem Meßwert und dem geschätzten Größtfehler (Fehlertoleranz – ↗ S. 51). Die Messung wird nur ein einziges Mal durchgeführt. Der Größtfehler dieser Messung wird abgeschätzt.

- Güte einer Waage, eines Thermometers, Gerätefehler u. a.

*Meßbeispiel*
Das Volumen einer Flüssigkeit wird mit einem Meßzylinder mit einem Meßbereich bis 250 ml und einer Skalenteilung 2 ml bestimmt; es sei 150,0 ml. Der Größtfehler des Meßfehlers beträgt eine halbe Einheit der Skalenteilung, also 1,0 ml. Es wird angenommen, daß die Temperatur der Flüssigkeit gleich der Eichtemperatur (20 °C) des Meßzylinders sei.

Meßgröße: $V = (150{,}0 \pm 1{,}0)$ ml

Relativer Fehler: $\dfrac{\Delta \bar{V}}{\bar{V}} = \dfrac{1{,}0 \text{ ml}}{150{,}0 \text{ ml}} = 0{,}007$

Prozentualer Fehler: $\delta\% = \dfrac{\Delta \bar{V}}{\bar{V}} \cdot 100\% = 0{,}7\%$

**Einfache Fehlerrechnung**

Kritische Einschätzung der Genauigkeit von Meßergebnissen, die durch statistische Schwankungen des Meßwertes fehlerbehaftet sind, durch Angabe der Meßgröße als Summe aus dem Mittelwert und der Fehlertoleranz $V = \bar{V} \pm \Delta \bar{V}$. Zur quantitativen Abschätzung des Fehlers, der durch die statistischen Schwankungen des Meßwertes entsteht und zur Bestimmung der Meßgröße werden der Mittelwert, der durchschnittliche, der relative und der prozentuale Fehler des Meßwertes berechnet.

| **Definition** und **Formel** zur Berechnung | Beispiel |
|---|---|
| **1. arithmetisches Mittel aller einzelnen Meßwerte oder Mittelwert**<br>wahrscheinlichster Wert für das Ergebnis unter den gemessenen Werten einer Meßreihe, falls die Einzelmessungen voneinander unabhängig und gleichwertig sind | $\bar{t} = \dfrac{1}{5} \cdot 2{,}05$ s<br>$\bar{t} = 0{,}41$ s |

| Definition und Formel zur Berechnung | Beispiel |
|---|---|
| **Formel zur Berechnung:** $$\overline{x} = \frac{1}{n} \sum_{i=1}^{n} x_i$$ | |
| **2. durchschnittlicher Fehler, absoluter Fehler oder Fehlertoleranz** Mittelwert der absoluten Abweichungen der Einzelmessungen $x_i$ vom Mittelwert $\overline{x}$ **Formel zur Berechnung:** $$\overline{\Delta x} = \frac{1}{n} \sum_{i=1}^{n} \left| x_i - \overline{x} \right|$$ | $\overline{\Delta t} = \frac{1}{5} \cdot 0{,}04\,s$ $\overline{\Delta t} = 0{,}008\,s$ $\overline{\Delta t} = 0{,}01\,s$ |
| **3. relativer Fehler oder Fehleranteil** Angabe über die Güte einer Messung im Vergleich zu anderen Messungen **Formel der Berechnung:** $\delta = \pm \dfrac{\overline{\Delta x}}{\overline{x}}$ | $\delta = \pm \dfrac{0{,}01\,s}{0{,}41\,s}$ $\delta = \pm 0{,}02$ |
| **4. prozentualer Fehler** relativer Fehler in Prozent **Formel zur Berechnung:** $\delta\% = \delta \cdot 100\%$ | $\delta\% = \pm 0{,}02 \cdot 100\%$ $\delta\% = \pm 2\%$ |
| **5. Meßgröße oder Meßergebnis der gemessenen Größe** physikalische Größe, deren Wert beim Messen erfaßt wird und die als Summe aus Mittelwert und Fehlertoleranz angegeben wird **Formel zur Berechnung:** $x = \overline{x} \pm \overline{\Delta x}$ oder $(\overline{x} - \overline{\Delta x}) \leq x \leq (\overline{x} + \overline{\Delta x})$ | $t = (0{,}41 \pm 0{,}01)\,s$ oder $0{,}40\,s \leq t \leq 0{,}42\,s$ |
| **6. Größtfehler** Unsicherheit eines Meßwertes bei einer Fehlerabschätzung. Der Größtfehler ist gleich der Summe aus – nicht erfaßbaren systematischen Fehlern (sie werden aus den verwendeten Meßgeräten, aus dem Meßverfahren usw. abgeschätzt) und – zufälligen Fehlern (sie werden bei einer genügend großen Anzahl von Meßwerten durch eine statistische Fehlerbetrachtung bzw. bei wenigen Meßwerten durch eine Abschätzung ermittelt) | Der Größtfehler einer Meßgeräteskalenteilung beträgt eine halbe Einheit der Skalenteilung. Z. B. Skalenteilung eines Thermometers 1 K, Größtfehler 0,5 K |

## 2.5. Lösen physikalischer Aufgaben

| Schrittfolge | | Bemerkungen |
|---|---|---|
| **(1) Aufgabenstellung** ⇩ | | Die Aufgaben können in Form von Textaufgaben oder lediglich durch Angabe physikalischer Größen gestellt sein. |
| ■ Eine homogene Kugel der Masse $m = 1$ kg und mit dem Radius $r$ rollt unter dem Einfluß ihrer Gewichtskraft auf einer geneigten Ebene mit der Länge $s$ herab. Die geneigte Ebene bildet mit der Horizontalen den Winkel $\varphi = 30°$. Welche Geschwindigkeit hat der Schwerpunkt der Kugel nach dem Durchlaufen der Strecke $s = 60$ cm? | | |
| **(2) Analysieren der Aufgabenstellung** ⇩ | Erkenne das physikalische Problem! ↓ Fertige eine Skizze zur zu lösenden Aufgabe an! ↓ Schreibe die gesuchten Größen heraus! ↓ Schreibe die gegebenen Größen heraus! | Aus dem gegebenen Text oder den gegebenen physikalischen Größen muß das zu lösende Problem abgehoben werden. Die Skizze dient zur Verdeutlichung des Problems. Die in der Aufgabe enthaltenen Informationen werden in die Skizze eingetragen. |
| Gesucht: $v$ Gegeben: $m = 1{,}0$ kg $\varphi = 30°$ $s = 0{,}60$ m | (Skizze der geneigten Ebene mit Kugel bei A oben und B unten, Höhe $h$, Strecke $s$, Winkel $\varphi$, Kraft $m \cdot g$) | $\sin \varphi = \frac{h}{s}$ |
| **(3) Vorbereiten der Lösung** ⇩ | Suche nach einer Lösungsidee! ⇩ | Sie wird häufig gefunden, indem man das Problem bekannten Lösungsverfahren unterordnet, analoge Probleme und deren Lösung aufsucht, auf grundlegende Gesetze zurückführt (Energiesatz, Trägheitsgesetz, Impulssatz usw.) |

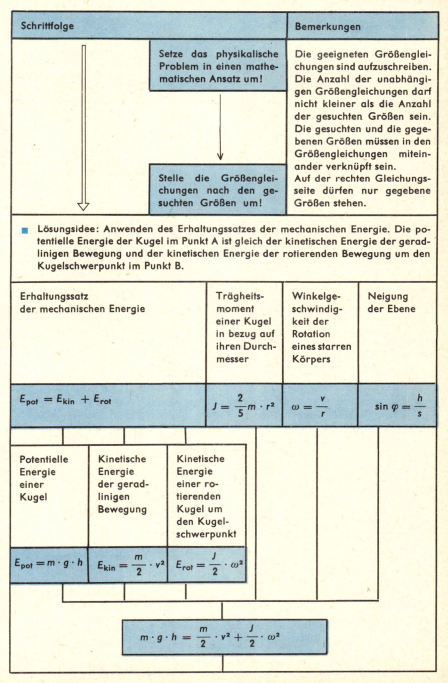

| Schrittfolge | | Bemerkungen |
|---|---|---|

$$m \cdot g \cdot s \cdot \sin\varphi = \frac{m}{2} \cdot v^2 + \frac{1}{2} \cdot \frac{2}{5} m \cdot r^2 \cdot \frac{v^2}{r^2}$$

$$g \cdot s \cdot \sin\varphi = \frac{7}{10} v^2 \qquad v = \sqrt{\frac{10}{7} \cdot g \cdot s \cdot \sin\varphi}$$

| | | |
|---|---|---|
| **(4) Durchführen der numerischen oder grafischen Lösung** | Setze die Zahlenwerte und Einheiten der gegebenen physikalischen Größen in die Größengleichungen ein und ermittle das Ergebnis oder führe die grafische Lösung aus! | Das Ergebnis muß evtl. in einer anderen Einheit angegeben werden und daher umgerechnet werden. Zum Berechnen können elektronische Taschenrechner, Rechenstab, Logarithmentafel, Nomogramme, grafische Lösungsverfahren usw. eingesetzt werden. |
| | Führe eine Überschlagsrechnung durch! | Sie dient zum Abschätzen des Ergebnisses und zum Prüfen des Stellenwertes. |

■ $v = \sqrt{\frac{10}{7} \cdot 9{,}81\ m \cdot s^{-2} \cdot 0{,}60\ m \cdot 0{,}5}$

$v = \sqrt{\frac{10}{7} \cdot 9{,}81 \cdot 0{,}60 \cdot \frac{1}{2}\ m^2 \cdot s^{-2}} = \sqrt{4{,}2\ m^2 \cdot s^{-2}} \approx 2{,}1\ m \cdot s^{-1}$

Eine Überschlagsrechnung ergibt: $v \approx \sqrt{10 \cdot 1 \cdot \frac{1}{2}\ m^2 \cdot s^{-2}};\ v \approx \sqrt{5}\ m \cdot s^{-1}$

| | | |
|---|---|---|
| **(5) Angeben des Ergebnisses** | Gib den Zahlenwert und die Einheit an! | |
| | Setze das mathematische Ergebnis in eine physikalische Aussage um! | |
| | Formuliere den Ergebnissatz! | |

Die Geschwindigkeit der Kugel im Punkt B beträgt etwa $2{,}1\ m \cdot s^{-1}$

| Schrittfolge | | Bemerkungen |
|---|---|---|
| **(6) Prüfen des Ergebnisses** | Führe eine Probe durch! | Gleichungsprobe zum Prüfen von Fehlern beim Durchführen der Rechnung, Einheitenprobe zwischen der Einheit der gesuchten und der Einheit der errechneten Größe, Vergleich des Rechenergebnisses mit dem Ergebnis der Überschlagsrechnung. |
| | Diskutiere das Ergebnis im Hinblick auf die Aufgabenstellung, einschließlich spezieller Fälle oder von Grenzfällen! | |
| | Schätze das Ergebnis bezüglich seiner praktischen Bedeutung ein! | Ist das Ergebnis seinem Betrage und seiner physikalischen Aussage nach sinnvoll? Deckt es sich mit entsprechenden Erfahrungswerten? Kann das praktisch möglich sein? |

■ $m \cdot g \cdot h = \frac{1}{2} \cdot m \cdot v^2 + \frac{1}{2} J \cdot \omega^2$

$h = \frac{1}{2} \cdot \frac{v^2}{g} + \frac{1}{2} \cdot \frac{2}{5} \cdot \frac{v^2}{g}$

$h = \frac{7}{10} \cdot \frac{v^2}{g} = \frac{7 \cdot 4{,}2 \text{ m}^2 \cdot \text{s}^{-2}}{10 \cdot 9{,}81 \text{ m} \cdot \text{s}^{-1}} = 0{,}30 \text{ m}$

mit $\quad s = \frac{h}{\sin \varphi} \quad$ folgt $s = \frac{0{,}30 \text{ m}}{0{,}5} = 0{,}60 \text{ m}$.

Da sich die Bewegung der Kugel aus einer Translations- und einer Rotationsbewegung zusammensetzt, müßte die Geschwindigkeit, die die Kugel nach dem Durchlaufen der geneigten Ebene erreicht, kleiner sein als die beim freien Fall aus der Höhe $h$ erreichte Geschwindigkeit. Beim freien Fall tritt keine Rotation der Kugel um eine Schwerpunktachse auf.

Die Endgeschwindigkeit der Kugel beim freien Fall berechnet sich nach

$v = \sqrt{2 \cdot g \cdot h} = \sqrt{2 \cdot 9{,}81 \text{ m} \cdot \text{s}^{-2} \cdot 0{,}30 \text{ m}} = \sqrt{5{,}89 \text{ m}^2 \cdot \text{s}^{-2}}$

$v \approx 2{,}4 \text{ m} \cdot \text{s}^{-1}$

Das für die Bewegung auf der geneigten Ebene gefundene Ergebnis ist sinnvoll.

# Erhaltungssätze 3

## 3.1. Grundbegriffe

**Abgeschlossenes System**

Idealisierte Anordnung von Körpern (Systemelemente), bei denen zwischen dem System und der Umgebung über die Systemgrenze hinweg keine Wechselwirkung, das heißt, weder ein Stoffaustausch noch ein Energieaustausch stattfindet.
Experimentell sind abgeschlossene Systeme nur annähernd realisierbar.
↗ Thermodynamisches System, S. 81
↗ Stoffliches System, Wiss Ch S. 68

**Erhaltungssätze**

Erfahrungssätze über die zeitliche Konstanz der Werte bestimmter physikalischer Größen (Erhaltungsgrößen) bei Vorgängen in abgeschlossenen Systemen.
Diese Sätze sind eine wesentliche physikalische Grundlage für die philosophische Aussage von der Erhaltung der Materie, die sich in ständiger Umwandlung befindet, aber unerschaffbar und unzerstörbar ist.

*Übersicht zu einigen Erhaltungssätzen*

| Erhaltungssatz | Mathematische Formulierung |
|---|---|
| Energieerhaltungssatz | $\Sigma E = $ konstant |
| Masseerhaltungssatz<br><br>gilt wegen der Masse-Energie-Beziehung nur, wenn keine Energieänderungen auftreten. | $\Sigma m = $ konstant |
| Impulserhaltungssatz | $\Sigma (m \cdot \vec{v}) = $ konstant |
| Drehimpulserhaltungssatz | $\Sigma (J \cdot \vec{\omega}) = $ konstant |
| Ladungserhaltungssatz | $\Sigma Q = $ konstant |

**Erhaltungsgröße**

Physikalische Größe, die sich während des Ablaufs von physikalischen Vorgängen in einem abgeschlossenen System nicht ändert und damit von der Zeit nicht abhängig ist.
↗ Erhaltungsgrößen, S. 9

## 3.2. Energieerhaltungssatz

**Energie**

Zustandsgröße, die das in einem abgeschlossenen System, z. B. in Körpern und Feldern, enthaltene Arbeitsvermögen kennzeichnet.

**Energieformen**

– Mechanische Energie $E_{mech}$, $E_{pot}$, $E_{kin}$, $E_{rot}$ (↗ S. 128)

– Elektromagnetische Energie $E_{el}$, $E_{magn}$ (↗ S. 203)

– Energie der Lichtquanten $E_{str}$ (↗ S. 87)

– Innere Energie $U$ (↗ S. 163), auch thermische Energie

– Bindungsenergie (i. w. S.) auch als innere Energie anzusehen, S. 60)

– Chemische Energie $E_{chem}$ (↗ S. 60)

– Kernbindungsenergie $E_B$ (↗ S. 60 und 287)

**Satz von der Erhaltung der Energie**

> Energie kann nicht erzeugt oder vernichtet werden, sondern nur auf andere Systeme übertragen und in andere Energieformen umgewandelt werden.
> $\Sigma E =$ konstant

**Zusammenhang zwischen Arbeit und Energie**

Die Energie (Zustandsgröße) eines Systems kann sich dadurch ändern, daß am oder vom System Arbeit (Prozeßgröße) verrichtet wird. $\Delta E = W$

**Arbeitsformen (Prozeßgrößen)**

– Mechanische Arbeit $W_{mech}$ (↗ S. 124 bis 126)

– Wärme $Q$ (↗ S. 153)

– Elektrische Arbeit $W_{el}$ (↗ S. 192)

**Satz von der Erhaltung der mechanischen Energie**

> In einem abgeschlossenen reibungsfreien mechanischen System ist die Summe aus potentieller und kinetischer Energie und Rotationsenergie konstant. $E_{mech} = E_{pot} + E_{kin} + E_{rot}$
> $E_{pot} + E_{kin} + E_{rot} = $ konstant

## 1. Hauptsatz der Thermodynamik

Voraussetzung: Die kinetische und die potentielle Energie des Systems sind zu vernachlässigen; es erfolgt keine Übertragung von stoffgebundener Energie und Strahlungsenergie.

> Die Änderung der Energie eines thermodynamischen Systems ist gleich der Summe der über die Systemgrenze übertragenen Wärme und Arbeit.

$\Delta U = Q + W$
$U_e - U_a = Q + W$

$U_e, U_a$: Innere Energie, Endzustand, Anfangszustand
$Q$: Wärme, Zufuhr positiv, Abgabe negativ
$W$: Arbeit, Zufuhr positiv, Abgabe negativ

| Beispiel | Arbeit und Energie | Symbol | Größengleichung |
|---|---|---|---|
| Arbeit eines Gases beim Ausdehnen durch Erwärmung | Wärme | $Q$ | $Q = m \cdot c_p \cdot \Delta T$ |
| | Innere Energie des idealen Gases | $U$ | $U = N \cdot \overline{E}_{kin}$ |

Ein Perpetuum mobile, eine Maschine, die ohne Zufuhr von Energie mechanische Arbeit verrichtet (↗ S. 165), kann es nicht geben.

## 2. Hauptsatz der Thermodynamik

> Wärme kann niemals von selbst von einem System niederer Temperatur auf ein System höherer Temperatur übergehen.

Ein Perpetuum mobile zweiter Art, eine Maschine, die einem Wärmebehälter dauernd Wärme entzieht und mechanische Arbeit abgibt (↗ S. 168), kann es nicht geben.

## Elektromagnetische Energie

> Die Summe der Energie des elektrischen Feldes $E_{el}$, des magnetischen Feldes $E_{magn}$ und der Stromarbeit $W_{el}$ (Stromwärme) ist konstant.
> $E_{el} + E_{magn} + W_{el} = \text{konstant}$

| Beispiel | Arbeit und Energie | Symbol | Größengleichung |
|---|---|---|---|
| Elektrischer Schwingkreis | Arbeit des elektrischen Stromes | $W_{el}$ | $W_{el} = U \cdot I \cdot t$ |
| | Energie des elektrischen Feldes (↗ Kondensator, S. 201) | $E_{el}$ | $E_{el} = \frac{1}{2} C \cdot U^2$ |
| | Energie des magnetischen Feldes (↗ Spule, S. 209) | $E_{magn}$ | $E_{magn} = \frac{1}{2} L \cdot I^2$ |
| | Energie der Lichtquanten (↗ S. 87) | $E_{str}$ | $E_{str} = h \cdot f$ |

Der Zusammenhang wird in vereinfachter Form für das System „Elektrischer Schwingkreis" formuliert.
Bedingung: Abgeschlossenes System (elektrischer Schwingkreis), Strahlungsenergie wird nicht abgegeben.

Im Schwingkreis (↗ S. 219), dem Energie zugeführt wurde, findet eine periodische Umwandlung zwischen beiden Energiearten statt. Wegen der am Widerstand R der Leiter verrichteten elektrischen Arbeit $W_{el}$ nehmen $E_{el}$ und $E_{magn}$ exponentiell ab (Dämpfung). Die Arbeit des elektrischen Stromes erzeugt Wärme.

## 3/2

### Bindungsenergie

Die Energie der chemischen Bindung und die Kernbindungsenergie können in andere Energieformen umgewandelt werden.

| Beispiel | Energie | Symbol | Größengleichung |
|---|---|---|---|
| **Kernreaktion** <br> (Diagramm: $E$ über Verlauf, $E_B$ markiert) | Ruhenergie | $E_0$ | $E_0 = m_0 \cdot c^2$ |
| | Kernbindungsenergie | $E_B$ | $E_B = \Delta m \cdot c^2$ <br> $\Delta m = (Z \cdot m_{po} + N \cdot m_{no}) - m_{oK}$ |
| **Chemische Reaktion** <br> (Diagramm: $E$ über Verlauf, $E_{chem1}$, $E_{chem2}$, $Q$ markiert) | Chemische Energie bei exothermer Reaktion | $E_{chem}$ | $E_{chem1} = E_{chem2} + Q$ |
| | bei endothermer Reaktion | | $E_{chem1} + Q = E_{chem2}$ |

↗ Masse-Energiebeziehung, S. 83, Kernbindungsenergie, S. 287

### Wirkungsgrad bei Energieumwandlung

Die zugeführte Energie $E_{zu}$ und die Summe aller abgegebenen Energieformen $E_{ab}$ sind gleich.

$$E_{zu} = \sum_{i=1}^{n} E_{ab,i}$$

Für die technische Anwendung interessiert nur der nutzbare Teil der Energie.

> Der Wirkungsgrad $\eta$ ist gleich dem Quotienten aus der nutzbaren Energie und der zugeführten Energie.

$$\eta = \frac{E_{nutz}}{E_{zu}} \; ; \; \eta \leq 1$$

- **Transformator**
Auf der Sekundärseite wird nutzbare elektrische Energie abgegeben, außerdem tritt nicht nutzbare thermische Energie und Energie des magnetischen Streufeldes auf.

↗ Mechanischer Wirkungsgrad, S. 130, Wirkungsgrad einer Wärmekraftmaschine, S. 171, Thermischer Wirkungsgrad, S. 172

## 3.3. Weitere Erhaltungssätze

**Masseerhaltungssatz**

| Zwischen der Masse der Ausgangsstoffe $m_a$ und der Masse der Endstoffe $m_e$ gibt es keine wägbaren Unterschiede. | $\Sigma m_a = \Sigma m_e$ |
|---|---|

Durch die Masse-Energie-Beziehung wird der Satz von der Erhaltung der Masse mit dem Energieerhaltungssatz verbunden. Sind z. B. chemische Reaktionen mit Energieabgabe oder Energieaufnahme verbunden, so muß nach der Masse-Energie-Beziehung auch eine Massenänderung eintreten. Diese ist kleiner als die technisch erreichbare Wägegenauigkeit.

**Impulserhaltungssatz**

| Der Impuls eines abgeschlossenen physikalischen Systems ist konstant. | $\Sigma (m \cdot \vec{v}) =$ konstant (Bedingung $F_a = 0$) |
|---|---|

Der Impuls ist ein Vektor $\vec{p} = m \cdot \vec{v}$

Wirken zwischen einzelnen Teilen eines Systems nur innere Kräfte, so ergibt die vektorielle Addition der Einzelimpulse wieder den ursprünglichen Impuls für das Gesamtsystem.

- Rakete, Rückstoß bei Feuerwaffen, Wasser- und Luftfahrzeugen.

**Drehimpulserhaltungssatz**

| Der Drehimpuls eines abgeschlossenen physikalischen Systems ist konstant. | $\Sigma (J \cdot \vec{\omega}) =$ konstant (Bedingung $M_a = 0$) |
|---|---|

Im abgeschlossenen System hat eine Vergrößerung des Trägheitsmomentes $J$ eine Verringerung der Winkelgeschwindigkeit $\vec{\omega}$ zur Folge und umgekehrt.

- Pirouette, Salto, Planeten- und Satellitenbewegung
  ↗ Drehimpuls, S. 124

**Ladungserhaltungssatz**

| In einem abgeschlossenem physikalischen System bleibt die Summe aller negativen und positiven Ladungen stets konstant. | $\Sigma Q =$ konstant |
|---|---|

- Alle Vorgänge der Ladungstrennung, Paarzerstrahlung.

# Teilchen — Felder          4

## 4.1. Grundbegriffe

**Körper**

Begrenzter makroskopischer Raumbereich, der von Masseteilchen ausgefüllt ist; Gegenstand physikalischer Untersuchungen. Körper haben Volumen, Masse und bestehen aus Stoff.

- Kristall, Regentropfen, Luftblase

**Stoff**

Im makroskopischen Raumbereich eine Anhäufung von Teilchen (Struktureinheiten wie Atome, Moleküle, Kationen, Anionen), die untereinander in Wechselwirkung stehen;
befindet sich im festen, flüssigen oder gasförmigen Aggregatzustand.
Ein Stoff besitzt typische Eigenschaften, die den Struktureinheiten, aus denen er aufgebaut ist, nicht zukommen (z. B. Dichte, Härte, Festigkeit, Aggregatzustand, Schmelztemperatur) und die meist auch nicht Summe der Teilcheneigenschaften darstellen.
↗ Stoff, Wiss Ch, S. 10

**Aufbau der Stoffe**

| Stoffe bestehen aus Teilchen | ■ Kohlenstoff besteht aus Kohlenstoffatomen (C) <br> ■ Ammoniak besteht aus Ammoniakmolekülen ($NH_3$) <br> ■ Natriumchlorid (Kochsalz) besteht aus Natrium- und Chlorid-Ionen ($Na^+ + Cl^-$) |
|---|---|
| Der Zusammenhalt der Stoffe wird durch Kräfte vermittelt | ■ Kohäsionskraft <br> ■ Adhäsionskraft |
| Die Teilchen befinden sich in ständiger, unregelmäßiger Bewegung | ■ Brownsche Bewegung <br> ■ Diffusion |

↗ Molekül, Wiss Ch, S. 40, Ionen, Wiss Ch, S. 38

**Physikalische Felder**

Zustände des Raumes, die durch Existenz von Massen, Magnetpolen oder elektrischen Ladungen und Strömen hervorgerufen werden und Kraftwirkungen vermitteln. Sie erfüllen den Raum zwischen den Körpern und auch zwischen Teilchen kontinuierlich. Elektromagnetische Felder und veränderliche Gravitationsfelder können auch losgelöst von physikalischen Körpern, d. h. auch im Vakuum existieren und breiten sich mit Lichtgeschwindigkeit aus. Das Feld ist neben dem Stoff eine Erscheinungsform der Materie.

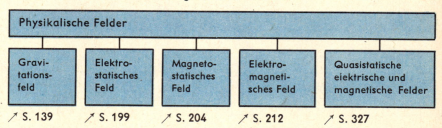

| Physikalische Felder | | | | |
|---|---|---|---|---|
| Gravitationsfeld | Elektrostatisches Feld | Magnetostatisches Feld | Elektromagnetisches Feld | Quasistatische elektrische und magnetische Felder |
| ↗ S. 139 | ↗ S. 199 | ↗ S. 204 | ↗ S. 212 | ↗ S. 327 |

**Eigenschaften der Körper, ihrer Teilchen und Felder**

**Grundeigenschaften.** Sie sind Zeugnis der materiellen Einheit der Welt. Jeder Körper besteht aus Stoff und ist mit seinem ihm wesenseigenen Feld verbunden.

Felder sind Objekte der Vermittlung von Wechselwirkungen zwischen Teilchen bzw. Körpern (außer bei direkter Berührung zweier Körper). Das Feld ist an den Wechselwirkungen beteiligt.

Körper werden von Feldern durchdrungen, die Felder beeinflussen sich gegenseitig. Wo ein Körper ist, kann auch ein Feld sein. Elektrische und magnetische Felder lassen sich mit bestimmten Mitteln abschirmen.

| Gemeinsame Eigenschaften | Unterschiedliche Eigenschaften |
|---|---|
| Körper, Teilchen und Felder existieren unabhängig vom Bewußtsein der Menschen. | Eine genaue räumliche Lokalisierung ist nur für Körper möglich. |
| Teilchen und Felder können nicht aus dem Nichts entstehen, sie können auch nicht verschwinden, wohl aber sich ineinander umwandeln. | Felder besitzen keine Ruhmasse. |
| Körper, Teilchen und Felder besitzen Masse, Energie, Impuls und andere physikalische Eigenschaften. | Körper bzw. Teilchen können sich mit beliebiger Geschwindigkeit $v$ bewegen, jedoch ist stets $v < c$. |
| Teilchen und Felder haben eine ihnen eigene Struktur. | Statische Felder bewegen sich mit den Körpern, von denen sie ausgehen. Änderungen im Feld breiten sich immer mit Lichtgeschwindigkeit $c$ aus. |
| Sowohl Teilchen als auch Felder haben Korpuskel- und Welleneigenschaften. | |
| Für Körper, Teilchen und Felder gelten die Gesetze der Erhaltung der Energie, der Masse, der Ladung usw. (unter Berücksichtigung der Ruhenergie und der Impulsmassen | Körper bzw. Teilchen können sich beschleunigt bewegen. Felder, die an diese gebunden sind, verlieren ihren statischen Charakter. |

## 4/1

**Eigenschaften von Feldern**

| Eigenschaften der Felder | Gravitationsfeld | elektrostatisches Feld |
|---|---|---|
| Quellen | Masse der Körper | ruhende elektrische Ladung |
| Wechselwirkungen mit Körpern | wirkt auf alle Körper infolge deren Masse $m$ | wirkt auf Ladungsträger der Ladung $Q$ |
| Feldgrößen für Intensität der Wechselwirkung | $\vec{a} = \dfrac{\vec{F}}{m}$ | $\vec{E} = \dfrac{\vec{F}}{Q}$ |
| Richtung der Kräfte auf Körper im Feld | $\vec{F} \parallel \vec{a}$ | $\vec{F} \parallel \vec{E}$ |
| Beispiele für Felder | Feld einer Punktmasse $M$ $a = k \dfrac{M}{r^2}$ | Feld einer Punktladung $Q$ $E = \dfrac{Q}{4\pi \cdot \varepsilon_0 \cdot \varepsilon_r \cdot r^2}$ |
| Feldkonstante | $k = 6{,}67 \cdot 10^{-11}$ m³ · kg⁻¹ · s⁻² | $\varepsilon_0 = 8{,}854 \cdot 10^{-12}$ A · s · V⁻¹ · m⁻¹ |
| Stoffspezifische Feldgrößen | | $\varepsilon_r$ |
| Energie von Feldern | Änderung der potentiellen Energie eines Körpers im Feld einer Punktmasse $M$ $E_{pot} = k \cdot m \cdot M \left( \dfrac{1}{r_1} - \dfrac{1}{r_2} \right)$ | in einem Kondensator gespeicherte Energie $E_{el} = \dfrac{1}{2} C \cdot U^2$ |
| Ausbreitungsgeschwindigkeit | $v = c$ | an Ladungsträger gebunden |
| Relative Intensität der Wechselwirkung, bezogen auf Elektronen | $10^{-40}$ | 1 |
| Abhängigkeit der Beschleunigung eines Körpers im Feld von seiner Masse | unabhängig | abhängig |
| Verhalten bei Überlagerung | Superpositionsprinzip gilt | Superpositionsprinzip gilt |
| Einfluß auf Stoffe im Feld | noch nicht festgestellt | Elektrisierung |

| magnetostatisches Feld | elektromagnetisches Feld |
|---|---|
| bewegte elektrische Ladung (Magnete oder konstante elektrische Ströme) | beschleunigt bewegte elektrische Ladung (Wechselströme) |
| wirkt auf Magnete, stromführende Leiter und bewegte Ladungsträger | wirkt auf Magnete, Ladungsträger und stromführende Leiter, wird von Stoffen absorbiert oder ionisiert sie |
| $B = \dfrac{F}{Q \cdot v}$ mit $\vec{F} = Q \cdot \vec{v} \times \vec{B}$ | zeitlich veränderliche, voneinander abhängige Größen $\vec{E}$ und $\vec{B}$ |
| $\vec{F} \perp \vec{B} \perp \vec{I}$ | $\vec{F} \perp \vec{B} \perp \vec{I}$ |
| Feld einer vom Strom $I$ durchflossenen Spule $B = \mu_0 \cdot \mu_r \cdot I \dfrac{N}{l}$ | Hertzsche Wellen, Licht |
| $\mu_0 = 1{,}257 \cdot 10^{-6}$ V·s·A$^{-1}$·m$^{-1}$ | $\varepsilon_0$ und $\mu_0$ |
| $\mu_r$ | $\varepsilon_r$ und $\mu_r$ |
| Im Innern einer Spule gespeicherte Energie $E_{mag} = \dfrac{1}{2} L \cdot I^2$ | Gesamtenergie $E = E_{el} + E_{magn}$ |
| an Magnete oder elektrische Ströme gebunden | $v = c$ |
| 1 | 1 |
| abhängig | abhängig |
| Superpositionsprinzip gilt | Superpositionsprinzip gilt (kohärente Wellenfelder interferieren) |
| Magnetisierung | Induktion |

4/1

**Teilchen**

Nach den Vorstellungen der klassischen Physik die Bausteine der Stoffe und der aus ihnen bestehenden Körper. Sie sind diskrete Mikroobjekte und treten als Moleküle, Atome, Ionen, Elektronen u. a. auf.
Die Begriffe Korpuskel und Partikel werden bedeutungsgleich mit Teilchen verwendet.
Der Begriff Elementarteilchen wird in der modernen Physik für alle mikrophysikalischen materiellen Objekte verwendet, unabhängig davon, ob sie bei Wechselwirkungen Teilchen- oder Feldstruktur zeigen.
So spricht man auch vom Photon als einem Teilchen des elektromagnetischen Feldes.
↗ Elementarteilchen, S. 274
↗ Welle-Teilchen, S. 85

**Kohäsionskraft**

Kraft, durch die die Teilchen *eines* Körpers zusammengehalten werden. Die Kohäsionskraft ist bei festen Körpern groß, bei Flüssigkeiten geringer und bei Gasen am kleinsten. Daraus folgt eine unterschiedliche Verschiebbarkeit der Teilchen und die große Kompressibilität der Gase.

■ Zusammenhalt der Atome und Ionen im Kristallgitter.

**Adhäsionskraft**

Kraft, durch die die Teilchen *verschiedener*, sich berührender Körper zusammengehalten werden.

■ Haften von Kreide an der Tafel, Leim am Holz, Kitt am Fenster, Wasser an der Gefäßwand.

**Kapillarität.** Erscheinung, die beobachtet werden kann, wenn eine Flüssigkeit in einer engen Röhre (Kapillare) infolge der Adhäsionskraft emporsteigt.

**Strahlung**

Erscheinungsform der freien, räumlichen und zeitlichen Ausbreitung der Energie durch Wellen oder durch Teilchen im leeren oder im mit einem Stoff erfüllten Raum.

■ Wellenstrahlung: Röntgenstrahlung
■ Teilchenstrahlung: radioaktive $\alpha$- und $\beta$-Strahlung

## 4.2. Physikalische Erscheinungen beim Zusammentreffen von Körpern und Feldern

**Allgemeine Erscheinungen bei Wechselwirkungen**

Wechselwirkungen zwischen Körpern und Feldern sind gesetzmäßig ablaufende Vorgänge, an denen die Eigenschaften der beteiligten materiellen Objekte erkannt werden können. Sie werden deshalb zur Bestimmung und Messung der Eigenschaften von Körpern und Feldern bewußt herbeigeführt. Bei Wechselwirkungen finden Umwandlungen der Feldenergie in andere Energieformen und umgekehrt statt. Bei Wechselwirkungen zwischen Körpern, die auf unmittelbarer Berührung beruhen, z. B. beim Austausch von thermischer Energie zwischen zwei Flüssigkeiten oder beim mechanischen Stoß, ist keine Feldenergie beteiligt.

**Wechselwirkungen zwischen Gravitationsfeldern und Körpern**

| Wechselwirkung | Beispiel |
| --- | --- |
| **Gegenseitige Anziehung aller Körper** | Mond und Erde, freier Fall der Körper, Verformung von Körpern, Schwingung eines Pendels |
| **Beschleunigung aller bewegten Körper** | krummlinige Bahnen der Himmelskörper und künstlichen Weltraumkörper |
| **Wirkungen der Gravitationsfelder auf Photonen** | Ablenkung des Lichts, Veränderung der Energie von Photonen (Rotverschiebung im Gravitationsfeld) |

**Wechselwirkungen zwischen elektrostatischen Feldern und Körpern**

| Wechselwirkung | Beispiel |
| --- | --- |
| **Ladungstrennung in Körpern** | Glühemission, Dissoziation, Ionisation |
| **Elektrisierung der Körper** | Influenz |
| **Bewegung elektrisch geladener makrophysikalischer Körper im Feld** (Bewegung in Richtung der Feldkraft) | Elektrostaubfilter |
| **Bewegung elektrisch geladener Teilchen** (mikrophysikalischer Körper) | Strom in Metallen und Halbleitern<br>Strom in Gasen und im Vakuum<br>Strom in wäßrigen Lösungen von Säuren, Basen und Salzen |

➡ 4/2

**Wechselwirkungen zwischen magnetostatischen Feldern und Körpern**

| Wechselwirkung | Beispiel |
|---|---|
| **Magnetisierung von Körpern,** die aus bestimmten Stoffen bestehen | ferromagnetische Stoffe, Hart- und weichmagnet. Werkstoffe |
| **Ablenkung magnetisierter Körper** | Kompaßnadel |
| **Bewegung magnetisierter Körper im Feld** | Magnetkissenbahn, Linearmotor |
| **Änderung der Richtung bewegter elektrischer Ladungsträger** (Lorentzkraft) | Elektronenstrahlröhre |
| **Kräfte auf stromführende Leiter** | Elektromotor |

**Wechselwirkungen zwischen elektromagnetischen Feldern und Körpern**

| Wechselwirkung | Beispiel |
|---|---|
| **Erscheinungen beim Übergang in Körper** | Reflexion am Spiegel<br>Brechung in optischen Linsen<br>Beugung des Sonnenlichts am Mondrand<br>Polarisation des Lichts in Filtern<br>Druck auf Körper (Lichtmühle)<br>Absorption des Feldes durch den Stoff – (Absorptionsspektrum durch Kochsalz)<br>Photoeffekt – Lichtschranke<br>Ionisation – Leuchtröhre<br>Lumineszenz – sogenannte Leuchtfarben<br>Änderung der Ausbreitungsgeschwindigkeit bei optisch dichteren und dünneren Medien – Kronglas und Diamant |
| **Chemische Wirkungen des Feldes auf den Stoff** | Fotochemie<br>Fotosynthese |
| **Physiologische Wirkungen** | Kurzwellen |

**Wechselwirkungen zwischen Feldern**

| Wechselwirkung | Beispiel |
|---|---|
| **Gleichartige Felder überlagern sich** | Gravitationsfelder der Planeten des Sonnensystems |
| **Felder interferieren bei Überlagerung** | optische, akustische Interferenzerscheinungen |

Veränderliche elektromagnetische Felder werden aufgrund ihrer Masse in Gravitationsfeldern abgelenkt.
Wechselwirkungen zwischen Gravitationsfeldern und konstanten elektrischen und magnetischen Feldern konnten noch nicht gemessen werden.

# Schwingungen und Wellen 5

Grundlegende Vorgänge, die in verschiedenen Teilgebieten der Physik unter spezifischen Bedingungen auftreten und beschrieben werden können, z. B. in der *Mechanik* (↗ S. 14), *Elektrizitätslehre* (↗ S. 179), *Optik* (↗ S. 242) sowie *Atom-* und *Kernphysik* (↗ S. 272).

In diesem Abschnitt sollen allgemeine Eigenschaften und Zusammenhänge für diese Vorgänge dargestellt werden.

## 5.1. Grundbegriffe

**Schwingung und Welle**

| Vorgang | Schwingung | Welle |
|---|---|---|
| Definition | Eine Schwingung ist ein physikalischer Vorgang, der durch die *zeitlich periodische Änderung* einer physikalischen Größe beschrieben werden kann. | Eine Welle ist ein physikalischer Vorgang, bei dem Energie übertragen, jedoch kein Stoff transportiert wird und der durch *zeitliche und räumliche periodische Änderungen* einer physikalischen Größe beschrieben werden kann. |
| Gleichung | $y = f(t)$<br>$y = y_{max} \cdot \sin \omega \cdot t$ | $y = f(s, t)$<br>$y = y_{max} \cdot \sin \left[ 2\pi \left( \dfrac{s}{\lambda} - \dfrac{t}{T} \right) + \varphi \right]$ |
| Entstehung | Eine Schwingung entsteht, wenn einem *schwingungsfähigen System* (Schwinger) Energie zugeführt wird. Zwischen gekoppelten Energiespeichern kann diese *Energie ausgetauscht* werden. | Eine Welle entsteht, wenn sich ein Schwingungsvorgang im Raum infolge *Kopplung* schwingungsfähiger Objekte (Teilchen, Felder) ausbreitet. Dabei wird *Energie übertragen*. |

# 5/1

| Merkmal | Energieumwandlung | Energieübertragung |
|---|---|---|
| Grafische Darstellung | *Harmonische Schwingung*<br><br>Der Momentanwert einer Größe ändert sich periodisch mit der Zeit $t$.<br><br>[Kurve: $y$ über $t$, mit $T$ und $y_{max}$]<br><br>Jeder Schwingungszustand wiederholt sich in gleichen Zeiten $T$. | *Harmonische Welle* (lineare Welle)<br>Der Momentanwert einer Größe ändert sich zu einer bestimmten Zeit $t_0$ ($t_0 =$ konstant) mit der Entfernung $s$ vom Erregerzentrum<br><br>[Kurve: $y$ über $s$, mit $\lambda$, $y_{max}$, Erregerzentrum, Ausbreitungsrichtung]<br><br>Jeder Schwingungszustand wiederholt sich in gleichen räumlichen Abständen $\lambda$.<br>Der Momentanwert einer Größe ändert sich gleichzeitig periodisch mit der Zeit $t$ an einem bestimmten Ort $s_0$ ($s_0 =$ konstant).<br><br>[Kurve: $y$ über $t$, mit $T$ und $y_{max}$]<br><br>Jeder Schwingungszustand wiederholt sich in gleichen Zeiten $T$. |
| Beispiel | Mechanische Schwingung (Pendelschwinger, horizontaler Federschwinger) ↗ S. 134<br>elektromagnetische Schwingung, ↗ S. 74<br>Wechselstrom, ↗ S. 193 | Mechanische Welle, ↗ S. 76<br>elektromagnetische Welle, ↗ S. 222<br>Hertzsche Wellen, ↗ S. 222 |

**Kenngrößen einer Schwingung**

| Kenngröße | Formelzeichen | Definition | Grafische Darstellung bzw. mathematische Beziehung |
|---|---|---|---|
| **Momentanwert** | z. B. $y$ | Physikalische Größe, die sich zeitlich periodisch ändert (z. B. Auslenkung oder Elongation, Wechselstromstärke) | [Sinuskurve $y$ über $t$]<br>$y = f(t)$ |

| Kenngröße | Formel-zeichen | Definition | Grafische Darstellung bzw. mathematische Beziehung |
|---|---|---|---|
| **Amplitude** (Maximalwert) | z. B. $y_{max}$ | Höchstwert der sich zeitlich periodisch ändernden physikalischen Größe | |
| **Phasenkonstante** (Nullphasenwinkel) | $\varphi$ | Argument für den Momentanwert zur Zeit $t = 0$ | |
| **Schwingungsdauer** (Periode) | $T$ | Zeitdauer einer vollen Schwingung | |
| **Frequenz** | $f$ | Quotient aus Schwingungsanzahl $n$ und Zeit $t$ | $f = \dfrac{n}{t}$; $f = \dfrac{1}{T}$ |
| **Kreisfrequenz** | $\omega$ | Produkt aus $2\pi$ und der Frequenz | $\omega = 2 \cdot \pi \cdot f$ <br> $\omega = \dfrac{2 \cdot \pi}{T}$ |

## Kenngrößen einer Welle

| Kenngröße | Formel-zeichen | Definition | Grafische Darstellung bzw. mathematische Beziehung |
|---|---|---|---|
| **Momentanwert** | z. B. $y$ | Physikalische Größe, die sich zeitlich und örtlich periodisch ändert (z. B. Elongation, elektrische Feldstärke) | |

**5/1**

| Kenngröße | Formel-zeichen | Definition | Grafische Darstellung bzw. mathematische Beziehung |
|---|---|---|---|
| **Amplitude** (Maximalwert) | z. B. $y_{max}$ | Höchstwert der sich zeitlich und örtlich periodisch ändernden physikalischen Größe | Sinuskurve mit markiertem $y_{max}$ über $t$ |
| **Entfernung** | s | Von einem bestimmten Schwingungszustand zurückgelegter Weg | Sinuskurve mit markiertem $s$ über $s$ |
| **Phasenkonstante** | $\varphi$ | Argument für den Momentanwert zur Zeit $t = 0$ am Ort $s = 0$ | Sinuskurve mit $\varphi$ über $\omega \cdot t$ |
| **Schwingungsdauer** (Periode) | T | Zeitdauer einer vollen Schwingung an einem bestimmten Ort | Sinuskurve mit $T$ über $t$ |
| **Frequenz** | f | Reziproker Wert der Schwingungsdauer; Verhältnis von Ausbreitungsgeschwindigkeit und Wellenlänge | $f = \dfrac{1}{T}$ <br> $f = \dfrac{v}{\lambda}$ |
| **Kreisfrequenz** | $\omega$ | Produkt aus $2\pi$ und der Frequenz f | $\omega = 2 \cdot \pi \cdot f;$ <br> $\omega = \dfrac{2\pi}{T}$ |
| **Wellenlänge** | $\lambda$ | Abstand zweier in Ausbreitungsrichtung aufeinanderfolgender gleicher Schwingungszustände | Sinuskurve mit $\lambda$ über $s$ |
| **Ausbreitungsgeschwindigkeit** | v | Geschwindigkeit, mit der sich ein Schwingungszustand im Raum ausbreitet | $v = \lambda \cdot f$ |

## 5.2. Schwingungen

### Harmonische und nichtharmonische Schwingung

Schwingungen, die nach der Art der beschreibenden Funktion $y = f(t)$ unterschieden werden.

| Vorgang | Harmonische Schwingung | Nichtharmonische Schwingung |
|---|---|---|
| Merkmal | Durch Sinus- oder Kosinusfunktion darstellbar $$y = y_{max} \cdot \sin(\omega \cdot t + \varphi)$$ oder $$y = y_{max} \cdot \cos(\omega \cdot t + \varphi)$$ | Nicht unmittelbar durch eine Sinus- oder Kosinusfunktion darstellbar |
| Beispiel | Wechselstrom, Fadenpendelschwingung | Klang von Musikinstrumenten |

### Ungedämpfte und gedämpfte Schwingung

Schwingungen, die nach der Art der Zeitabhängigkeit der Amplitude, z. B. $y_{max}$, unterschieden werden.

| Vorgang | Ungedämpfte Schwingung | Gedämpfte Schwingung |
|---|---|---|
| Merkmal | $y_{max}$ ist konstant; Ursache ist eine periodische Energiezufuhr zum schwingungsfähigen System, so daß die Gesamtenergie des Systems erhalten bleibt | $y_{max}$ nimmt ab (z. B. nach einer Exponentialfunktion); Ursache ist eine einmalige Energiezufuhr zum schwingungsfähigen System, wobei danach das System Energie (z. B. Wärme) an die Umgebung abgibt – Dämpfung $$y_{max} \cdot e^{-\delta t}$$ |
| Beispiel | Röhrengenerator | Pendelschwingung, elektrischer Schwingkreis |

## 5/2

**Freie und erzwungene Schwingung**

Schwingungen, die nach der Art der Energiezufuhr unterschieden werden.

| Vorgang | **Freie Schwingung** | **Erzwungene Schwingung** |
|---|---|---|
| Merkmal | Einmalige Energiezufuhr zum schwingungsfähigen System. Es treten Eigenschwingungen mit der Eigenfrequenz $f_0$ des Systems auf | Periodische Energiezufuhr zum schwingungsfähigen System. Es treten erzwungene Schwingungen des Systems (Eigenfrequenz $f_0$) mit der Erregerfrequenz $f_E$ auf; Resonanzfall: $f_0 = f_E$ |
| Beispiel | Pendelschwingung Schwingkreis | Dipol |

**Mechanische und elektromagnetische Schwingung**

Schwingungen, die nach der Art der beschreibenden Größen unterschieden werden.

| Vorgang | **Mechanische Schwingung** | **Elektromagnetische Schwingung** |
|---|---|---|
| Merkmal | Mit Größen der Mechanik beschreibbar; z. B. Elongation $y$, Auslenkungswinkel $\alpha$, Geschwindigkeit $\vec{v}$ | Mit Größen des elektromagnetischen Feldes beschreibbar; z. B. elektrische Spannung $u$, elektrische Feldstärke $\vec{E}$, magnetische Flußdichte $\vec{B}$ |
| Beispiel | Pendelschwinger | Geschlossener Schwingkreis |
| Energiezufuhr | Einmalige Energiezufuhr $\rightarrow$ der Schwinger erhält potentielle Energie (gehobener Pendelkörper) | $t = 0$ Einmalige Energiezufuhr $\rightarrow$ die elektrische Energie wird im elektrischen Feld des Kondensators gespeichert (geladener Kondensator) |

| Vorgang | Mechanische Schwingung | | Elektromagnetische Schwingung |
|---|---|---|---|
| Energie-wandlung | Die potentielle Energie ist in kinetische Energie des sich bewegenden Schwingers umgewandelt worden | $t = \dfrac{T}{4}$ | Der bei der Entladung auftretende Strom hat in der Spule ein Magnetfeld aufgebaut. Die elektrische Feldenergie ist in magnetische Feldenergie umgewandelt worden |
| | Infolge der Trägheit hat der Schwinger seine Bewegung über den Ruhepunkt fortgesetzt. Wieder ist potentielle Energie vorhanden usw. | $t = \dfrac{T}{2}$ | Infolge der Selbstinduktion in der Spule fließt der Strom nach Ladungsausgleich weiter. Das führt zu entgegengesetzter Auflagung des Kondensators. Wieder ist elektrische Feldenergie vorhanden usw. |
| Periode | $T = 2\pi \sqrt{\dfrac{l}{g}}$ | | $T = 2\pi \sqrt{L \cdot C}$ |
| Dämpfung | Es tritt durch den Reibungswiderstand der Luft eine gedämpfte Schwingung auf | | Es tritt durch den ohmschen Widerstand des Schwingkreises eine gedämpfte Schwingung auf |

## 5.3. Wellen

**Transversal-, Longitudinal- und Oberflächenwelle**

Wellen, die nach der Art des Zusammenhanges zwischen *Schwingungsrichtung und Ausbreitungsrichtung* unterschieden werden.

| Vorgang | Transversalwelle | Longitudinalwelle | Oberflächenwelle |
|---|---|---|---|
| Merkmal | Schwingungs- und Ausbreitungsrichtung stehen senkrecht aufeinander | Schwingungs- und Ausbreitungsrichtung fallen zusammen | Schwinger bewegen sich auf Kreisbahnen, deren Ebenen parallel zur Ausbreitungsrichtung liegen |
| Beispiel | Seilwellen, Hertzsche Wellen | Schallwellen | Wasserwellen |

## 5/2

### Mechanische und elektromagnetische Welle

Wellen, die nach der Art der beschreibenden Größen unterschieden werden.

| Vorgang | Mechanische Welle | | Elektromagnetische Welle |
|---|---|---|---|
| Merkmal | Mit Größen der Mechanik beschreibbar; z. B. Elongation $y = f(s, t)$ Druck $p = f(s, t)$ | | Mit Größen des elektromagnetischen Feldes beschreibbar; z. B. elektrische Feldstärke $\vec{E} = f(\vec{s}, t)$ magnetische Flußdichte $\vec{B} = f(\vec{s}, t)$ |
| Beispiel | | Schallwelle | Hertzsche Welle |
| | Erregerzentrum | Schallquelle (Klingel) | Sendedipol |
| | Ausbreitungsart | Räumliche Longitudinalwelle | Räumliche Transversalwelle |
| | Ausbreitung | Nur in einem Stoff mit der stoffabhängigen Geschwindigkeit $\vec{v}$ | Im Stoff (Isolatoren) und im Vakuum, mit der Ausbreitungsgeschwindigkeit $\vec{c}$ |
| | Kopplung | Kopplung der schwingungsfähigen Systeme (Teilchen) durch Kohäsionskräfte | Kopplung von elektrischen und magnetischen Feldern- elektromagnetisches Feld |
| | Energieübertragung | Übertragung mechanischer Energie | Übertragung der Energie des elektromagnetischen Feldes |

### Huygenssches Prinzip

Prinzip zum Erklären der Ausbreitung sowie der Eigenschaften von Wellen (↗ S. 77)
Danach ist jeder Punkt einer Welle als Ausgangspunkt einer kreis- bzw. kugelförmigen *Elementarwelle* aufzufassen. Durch Interferenz (↗ S. 138) setzen sich diese Elementarwellen zu *Wellenfronten* zusammen. Die Normale einer Wellenfront gibt deren Ausbreitungsrichtung an.

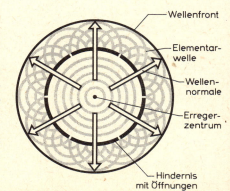

- Wellenfront
- Elementarwelle
- Wellennormale
- Erregerzentrum
- Hindernis mit Öffnungen

## Eigenschaften von Wellen

Wellen unterschiedlicher Art haben gemeinsame Eigenschaften. Häufig kann von einigen dieser Eigenschaften (z. B. Interferenz) ausgehend auf den Wellencharakter eines physikalischen Vorganges geschlossen werden.
↗ Welle – Teilchen – Verhalten von Licht, S. 85

| Eigenschaft | Definition | Beispiel |
|---|---|---|
| **Reflexion von Wellen** | Ändern der Ausbreitungsrichtung beim Auftreffen auf ein Hindernis<br><br>Gesetz:<br><br>$$\alpha = \alpha'$$<br><br>Wellennormale der einfallenden Welle, Einfallslot und Wellennormale der reflektierten Welle liegen in einer Ebene | Reflexion von Schallwellen und Lichtwellen an Grenzflächen von Körpern<br><br>Reflexion von Hertzschen Wellen an elektrisch leitenden Flächen |
| **Brechung von Wellen** | Ändern der Ausbreitungsrichtung beim Durchgang durch die Grenzflächen zweier Stoffe mit den Ausbreitungsgeschwindigkeiten $v_1$ und $v_2$;<br><br>Gesetz:<br><br>$$\frac{\sin \alpha}{\sin \beta} = \frac{v_1}{v_2};$$<br><br>Wellennormale der einfallenden Welle, Einfallslot und Wellennormale der gebrochenen Welle liegen in einer Ebene | Brechung von Lichtwellen beim Übergang vom optisch dünneren in ein optisch dichteres Medium und umgekehrt, von Hertzschen Wellen beim Übergang von Luft in Paraffin und umgekehrt<br><br>Brechung von Wasserwellen an der Grenze von tiefem und flachem Wasser |

| Eigenschaft | Definition | Beispiel |
|---|---|---|
| **Beugung von Wellen** | Ändern der Ausbreitungsrichtung an einem Spalt oder an einer Kante, wobei die Welle in das dahinterliegende abgeschirmte Gebiet greift | Beugung von Elektronenstrahlen beim Auftreffen auf einen Doppelspalt, von Röntgenwellen im Kristallgitter<br><br>Beugung von Wasserwellen an einem schmalen Spalt |
| **Interferenz von Wellen** | Überlagern von sich wechselseitig nicht beeinflussenden Wellen. Je nach der Größe des Gangunterschiedes $\Delta\lambda$ tritt *Verstärkung* oder *Schwächung* ein (Interferenzstreifen).<br><br>$\Delta\lambda = k \cdot \lambda$<br>($k = 0, 1, 2, \ldots$): Verstärkung<br><br>$\Delta\lambda = (2k+1)\dfrac{\lambda}{2}$<br>($k = 0, 1, 2, \ldots$): Auslöschung<br><br>Interferenz kann durch Reflexion, Brechung und Beugung hervorgerufen werden | Interferenz von Elektronenstrahlen durch Beugung<br><br>Interferenz von Lichtwellen am Doppelspalt |

| Eigenschaft | Definition | Beispiel |
|---|---|---|
| Polarisation von Wellen | Aussondern bevorzugter Schwingungsrichtungen von Wellen durch Polarisatoren. Polarisation kann durch Reflexion und Brechung auftreten | Polarisation von Lichtwellen durch ein Polarisationsfilter (z. B. Turmalin) – Linear polarisiertes Licht als Nachweis der Transversalität der Lichtwellen<br><br>Polarisation der Lichtwellen durch Reflexion und Brechung an einer Glasplatte |

## Spektrum elektromagnetischer Wellen

Unter Beachtung des jeweiligen Frequenz- und Wellenlängenbereiches elektromagnetischer Wellen können speziellere Wellenarten unterschieden werden.

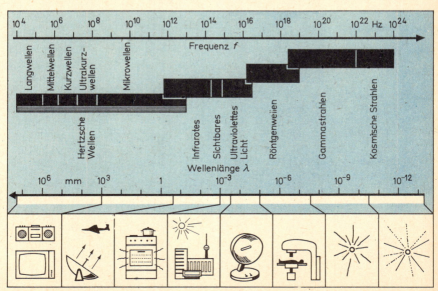

# 6 Relativität — Quanten

## 6.1. Spezielle Relativitätstheorie

**Spezielle Relativitätstheorie**

Theorie, die auf zwei Prinzipien beruht:
- Spezielles Relativitätsprinzip: Die Gesetze der Physik sind in allen Inertialsystemen (↗ S. 81) gleich;
- Prinzip von der Konstanz der Vakuum-Lichtgeschwindigkeit (↗ S. 82)

Ihre Aussagen sind gesicherter Bestandteil der Physik.

**Allgemeine Relativitätstheorie**

Theorie der Gravitation, die auf zwei Prinzipien beruht:
- Prinzip der Gleichheit von schwerer und träger Masse (↗ Masse, S. 102) und
- Äquivalenzprinzip: Die Wirkung in einem Gravitationsfeld ist äquivalent der Wirkung in einem beschleunigten Bezugssystem.

Ihre Folgerungen sind im wesentlichen bestätigt.
Sie ist Gegenstand weiterer Forschungen.

**Wissenschaftliche Bedeutung der speziellen Relativitätstheorie**

Die spezielle Relativitätstheorie führte zu der Erkenntnis, daß die in der klassischen Mechanik als konstant angesehenen Größen Masse, Länge und Zeit von der Wahl des Bezugssystems abhängig sind.
Die Mechanik und die gesamte Physik wird so formuliert, daß sie alle Erscheinungen bis zu Vorgängen mit Lichtgeschwindigkeit richtig beschreibt. Die klassische Mechanik bleibt als Sonderfall für kleine Geschwindigkeiten in der speziellen Relativitätstheorie enthalten.
Eine fundamentale Erkenntnis der speziellen Relativitätstheorie ist die Masse-Energie-Beziehung (↗ S. 83).

**Philosophische Bedeutung der speziellen Relativitätstheorie**

Die Vorstellung von einem absoluten unveränderlichen Raum und einer absoluten gleichmäßig fließenden Zeit ist durch die spezielle Relativitätstheorie widerlegt.
Besonders die Relativität der Zeit- und Längenmessung bestätigt die Erkenntnis des dialektischen Materialismus, daß Raum und Zeit als Erscheinungsformen der Materie untrennbar mit der Materie und der Bewegung als ihrer Daseins-

weise verbunden sind. Die Länge eines Körpers und die Dauer eines Vorganges ist davon abhängig, welche Relativbewegung das Bezugssystem des messenden Beobachters ausführt.

**Bezugssystem**

Ein als Bezugssystem gewählter materieller Körper oder ein starres System von Körpern. Nach der Festlegung eines Nullpunktes und bestimmter Richtungen wird damit als gedankliche Konstruktion ein Koordinatensystem verbunden. Zusammen mit einer Uhr werden Ort und Zeit im Bezugssystem meßbar.

**Zueinander gleichförmig bewegte Bezugssysteme**

System S' bewegt sich in Bezug auf ein anderes System S mit konstanter Geschwindigkeit.

■ System S kann sein ein Bahndamm mit Gleis und einer Uhr im Punkt 0; System S' ein Zug, der in positiver x-Richtung mit konstanter Geschwindigkeit fährt. Im Punkt 0', in der Mitte des Zuges, befindet sich eine Uhr. Die x'-Achse fällt mit der x-Achse zusammen. Bei der Koinzidenz beider Nullpunkte $0 = 0'$, sollen beide Uhren $t = t' = 0$ zeigen.

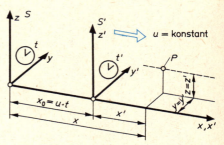

Darstellung der beiden Koordinatensysteme. Der Körper P soll nur Bewegungen parallel zur x-Achse ausführen.

**Klassisches Additionsgesetz der Geschwindigkeiten**

$$v = v' + u$$

$v$: Geschwindigkeit von S aus gemessen
$v'$: Geschwindigkeit in S'
$u$: Geschwindigkeit von S

■ Die Bewegung eines Objektes P im System S' mit der Geschwindigkeit $v'$ und die Bewegung des Systems S mit der Geschwindigkeit $u$ addieren sich für einen Beobachter in S zu der Geschwindigkeit $v$ des Objektes.

**Inertialsystem**

Bezugssystem, in dem ein kräftefreier Körper ruht oder sich geradlinig gleichförmig bewegt. Durch mechanische Messungen wie Fallversuche und Pendelversuche innerhalb eines Systems kann nicht festgestellt werden, ob das System ruht oder sich gleichförmig bewegt.

■ Ruhendes bzw. gleichförmig bewegtes Zugabteil oder Flugzeug.

## 6/1

**Prinzip von der Konstanz der Vakuum-Lichtgeschwindigkeit**

> Die Lichtgeschwindigkeit im Vakuum ist in allen Inertialsystemen unabhängig von der Bewegung der Lichtquelle und des Beobachters stets gleich. Sie ist eine Grenzgeschwindigkeit für die Energieübertragung und für die Bewegung von Körpern. $c = (299\ 792\ 456{,}2 \pm 1{,}1)\ \text{m} \cdot \text{s}^{-1}$

↗ Michelson-Experiment, S. 326

### Relativität der Gleichzeitigkeit

Ereignisse, die in einem Inertialsystem gleichzeitig stattfinden, erfolgen in einem anderen relativ dazu bewegtem Inertialsystem nicht gleichzeitig.

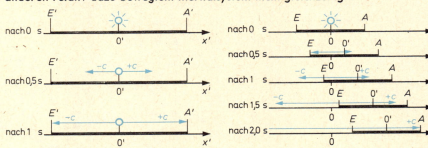

Das Lichtsignal trifft gleichzeitig in A' und E' ein.

Das Lichtsignal trifft zuerst in E und später in A ein.

Bis 1905 nahm man eine absolute, für alle Systeme gleichmäßig ablaufende Zeit an.

### Relativität der Zeit- und Längenmessung

Für einen physikalischen Vorgang in dem mit konstanter Geschwindigkeit $u$ bewegten System S' wird von einem Beobachter in S für diesen Vorgang eine größere Zeit $t$ gemessen (Zeitdehnung).

$$t = \frac{t'}{\sqrt{1 - u^2/c^2}}$$

- $t$: Zeit im System S
- $t'$: Zeit im System S'
- $u$: Geschwindigkeit des Systems S'
- $c$: Lichtgeschwindigkeit

Die Zeitdehnung ist experimentell sehr genau bestätigt.

- Mittlere Lebensdauer von Myonen im ruhenden System und bei der Bewegung in der Lufthülle der Erde.
- Atomuhr in einem die Erde umrundenden Flugzeug.

Auch die Ergebnisse von Längenmessungen in S' und von S aus sind verschieden in Abhängigkeit von der Relativgeschwindigkeit zwischen S' und S.

## Zusammenhang zwischen klassischer Mechanik und spezieller Relativitätstheorie

Der Faktor $1/\sqrt{1 - u^2/c^2}$ enthält in mathematischer Form die Aussage, daß $c$ eine obere Grenze für Geschwindigkeiten ist. Er nimmt für $u \ll c$ den Wert 1 an. Damit ist die klassische Mechanik als Sonderfall für kleine Geschwindigkeiten in der umfassenderen Theorie, der speziellen Relativitätstheorie, enthalten.

## Relativistisches Additionsgesetz der Geschwindigkeiten

Die Addition der Geschwindigkeiten $v'$ und $u$ ergibt als größten Wert die Lichtgeschwindigkeit $c$.
Für kleinere Werte $v'$ und $u$ geht es in das klassische Additionsgesetz der Geschwindigkeiten über.

$$v = \frac{v' + u}{1 + \frac{v' \cdot u}{c^2}}$$

- $v$: Geschwindigkeit eines Objektes im System S
- $v'$: Geschwindigkeit eines Objektes im System S′
- $u$: Geschwindigkeit des Systems S′
- $c$: Lichtgeschwindigkeit

Experimentelle Messungen haben das Gesetz sehr genau bestätigt.

## Relativistische Masseänderung

Die Masse $m$ eines Körpers mit der Ruhmasse $m_0$ nimmt mit wachsender Geschwindigkeit $v$ zu und wächst für $v \longrightarrow c$ gegen unendlich.

$$m = \frac{m_0}{\sqrt{1 - \frac{v^2}{c^2}}}$$

↗ Masse, S. 102

Die Masseänderung ist experimentell genau bestätigt.

■ In Beschleunigern erreichten Elektronen die 40000-fache Ruhmasse.

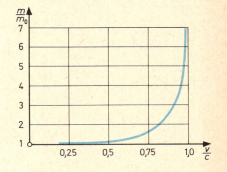

Massezunahme in Abhängigkeit von der Geschwindigkeit

## Masse-Energie-Beziehung

Masse und Energie, Ruhmasse und Ruhenergie, Masseänderung und Energieänderung sind zueinander proportional. Der Proportionalitätsfaktor ist das Quadrat der Lichtgeschwindigkeit.

$E = m \cdot c^2$
$E_0 = m_0 \cdot c^2$
$\Delta E = \Delta m \cdot c^2$

▶ **6/2**

Masse und Energie sind zwei verschiedene, miteinander untrennbar verbundene Eigenschaften der Materie.
Diese Beziehung gilt für alle mit Energieumwandlungen verbundenen Vorgänge und ist experimentell genau bestätigt.

■ Massendefekt und Energieabgabe bei Kernfusion und bei der Kernspaltung (z. B. von Uran 235).
↗ Bindungsenergie, S. 60, Kernbindungsenergie, S. 287

### Paarzerstrahlung

Vorgang, bei dem sich ein Elektron und ein Positron in zwei Gammaquanten umwandeln. Damit geht Materie von der Erscheinungsform Stoff in die Erscheinungsform Feld über. Die Erhaltungssätze für Masse, Energie, Ladung und Impuls, die Masse-Energie-Beziehung sowie die Erkenntnis von der Unerschaffbarkeit und Unzerstörbarkeit der Materie sind dabei bestätigt.

■ Das Positron $+{}^{0}_{1}e$ hat die gleiche Masse, aber die entgegengesetzte Ladung wie das Elektron $-{}^{0}_{1}e$, es ist das Antiteilchen des Elektrons.
↗ Elementarteilchen, S. 274

*Bilanz der Paarzerstrahlung*

|  | 1 Elektron | + | 1 Positron | ⟶ | 2$\gamma$-Quanten |
|---|---|---|---|---|---|
|  | $-{}^{0}_{1}e$ | + | $+{}^{0}_{1}e$ | ⟶ | 2$\gamma$ |
| Masse | $9{,}1 \cdot 10^{-31}$ kg Ruhmasse | + | $9{,}1 \cdot 10^{-31}$ kg Ruhmasse |  | $= 18{,}2 \cdot 10^{-31}$ kg Masse der Strahlung |
| Energie | 0,51 MeV Ruhenergie | + | 0,51 MeV Ruhenergie |  | = 1,02 MeV Strahlungsenergie |
| Ladung | $-1$ | + | $+1$ |  | $= 0$ |
| Impuls | $p = 0$ Teilchen (Stoff) | + | $p = 0$ Teilchen (Stoff) |  | $p_1 + p_2 = 0$ Strahlung (Feld) |

Nur die Gesamtenergie $E$ in der Gleichung
$E = E_0 + \Delta E$ ist Erhaltungsgröße. Die Ruhenergie $E_0$ (Ruhmasse) der Ausgangsteilchen wandelt sich vollständig in Strahlungsenergie $E_{\text{str}} = \Delta E$ um, die nach der Gleichung $\Delta E = \Delta m \cdot c^2$ die Masse $\Delta m$ besitzt. Dann ist $E_0 = 0$.

## 6.2. Quantenhafte Absorption von Licht

### Quanten

In der Atomphysik die Mikroobjekte, die man bei Betrachtungen von Feldern unter Beachtung des Welle-Teilchen-Verhaltens voraussetzen muß. Im beson-

deren versteht man darunter die Photonen (Lichtquanten), die dem elektromagnetischen Feld zuzuordnen sind und die keine Ruhmasse besitzen.
↗ Welle-Teilchen-Verhalten von Licht, S. 85, Elektronenstoß-Experiment, S. 322

**Mikroobjekt**

Elementarteilchen, die in der Quantenphysik als Teilchen wie auch als Welle in ihrer Wechselwirkung betrachtet werden.
↗ Welle-Teilchen-Verhalten von Mikroobjekten, S. 96

**Absorption von Licht**

Vorgang des vollständigen oder teilweisen Verschwindens von Licht. Die Energie des Lichtes wird dabei in eine andere Energieform umgewandelt.

**Quantenhafte Absorption von Licht**

Effekt des Absorbierens von Licht in diskreten, sehr kleinen Energiebeträgen. (↗ Lichtquanten, S. 87)

**Teilchenmodell**

Modell für Mikroobjekte, das solche Eigenschaften charakterisiert, die auch kleine Körper („Teilchen") besitzen. Beim Teilchenmodell werden die Eigenschaften kleiner Körper (z. B. Billardkugeln, Stahlkugeln) zur Untersuchung, Beschreibung und Erklärung des Verhaltens von Mikroobjekten benutzt.
Aussagen des Teilchenmodells:
– Teilchen befinden sich zu jedem Zeitpunkt an einem bestimmten Ort und besitzen eine bestimmte Geschwindigkeit.
– Teilchen erfüllen den Raum nicht kontinuierlich.
– Jedes Teilchen bewegt sich auf einer bestimmten Bahn.

**Wellenmodell**

Modell für Mikroobjekte, das solche Eigenschaften charakterisiert, die auch Wellen besitzen. Beim Wellenmodell werden die Eigenschaften von Wellen (z. B. Wasserwellen, Schallwellen) zur Untersuchung, Beschreibung und Erklärung des Verhaltens von Mikroobjekten benutzt.
Aussagen des Wellenmodells:
– Wellen sind räumlich ausgedehnt.
– Wellen sind durch die räumliche und zeitliche periodische Änderung einer physikalischen Größe gekennzeichnet.
– Bei der Überlagerung von Wellen treten Interferenzmuster auf.

**Welle-Teilchen-Verhalten von Licht**

Begriff, der kennzeichnet, daß Licht einige Eigenschaften besitzt, die auch Wellen besitzen, und einige Eigenschaften, die auch Teilchen besitzen. Das Licht ist ein

kompliziertes Mikroobjekt. Weder das Wellenmodell noch das Teilchenmodell allein sind geeignet, die vielfältigen Erscheinungen, die im Zusammenhang mit Licht auftreten, zu erklären.
↗ Mikroobjekt, S. 85, Teilchenmodell, S. 85, Wellenmodell S. 85

## Äußerer lichtelektrischer Effekt

Effekt, der auftritt, wenn kurzwelliges Licht auf eine Metalloberfläche auftrifft und aus ihr Elektronen herauslöst (↗ S. 313).
Für den äußeren lichtelektrischen Effekt gilt die *Einsteinsche Gleichung*:

$$h \cdot f = \frac{1}{2} m_e \cdot v^2 + W_A$$

$h$: Plancksches Wirkungsquantum
$m_e$: Masse des Elektrons
$v$: Geschwindigkeit des Elektrons
$W_A$: Austrittsarbeit

**Experimentelle Untersuchung des äußeren lichtelektrischen Effektes.**
Für das Erkennen des Wesens des Lichtes sind von Bedeutung:
– die Abhängigkeit des Fotostromes von der Beleuchtungsstärke und der Frequenz des eingestrahlten Lichtes
– die Abhängigkeit der Energie der Fotoelektronen von der Frequenz des eingestrahlten Lichtes.

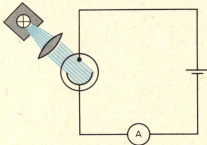

Schaltplan zur Untersuchung der Abhängigkeit des Fotostroms von der Beleuchtungsstärke und der Frequenz des eingestrahlten Lichtes.

Schaltplan zur Untersuchung der Abhängigkeit der Energie der Fotoelektronen von der Frequenz des eingestrahlten Lichtes.

| Experimentelle Ergebnisse | Deutung mit dem Wellenmodell | Deutung mit dem Teilchenmodell |
|---|---|---|
| 1. Der Fotostrom (die Anzahl der herausgelösten Elektronen) nimmt mit der Beleuchtungsstärke des eingestrahlten Lichtes zu. | *möglich:* Der größeren Intensität (Wellenamplitude) entspricht eine größere Energie. Dadurch können mehr Elektronen herausgelöst werden. | *möglich:* Der größeren Intensität entspricht eine größere Anzahl von Teilchen. Diese können mehr Elektronen herauslösen. |

| Experimentelle Ergebnisse | Deutung mit dem Wellenmodell | Deutung mit dem Teilchenmodell |
|---|---|---|
| 2. Der Fotostrom tritt nur bei Bestrahlung mit kurzwelligem Licht auf. Langwelliges Licht bewirkt selbst bei großer Beleuchtungsstärke keinen Strom. | *nicht möglich:* Eine Vergrößerung der Intensität (Wellenamplitude) bedeutet eine Vergrößerung der Energie. Sie müßte in jedem Falle einen Fotostrom hervorrufen. | *möglich:* Nur bestimmte Teilchen (entsprechend der Lichtfarbe) vermögen Elektronen herauszulösen. Eine Vergrößerung der Anzahl ungeeigneter Teilchen führt zu keinem Erfolg. |
| 3. die kinetische Energie der Fotoelektronen ist von der Beleuchtungsstärke unabhängig. | *nicht möglich:* Die Energie einer Welle ist dem Quadrat der Amplitude und dem Quadrat der Frequenz proportional. | *möglich:* siehe unter 2. |
| 4. Die vom Licht übertragene Energie ist der Frequenz proportional. $E \sim f$ | *nicht möglich:* siehe unter 3. | *nicht möglich:* Die physikalische Größe Frequenz ist dem Teilchenmodell fremd. |

Die bei der Untersuchung des äußeren lichtelektrischen Effektes gewonnenen experimentellen Ergebnisse sind weder mit dem Wellenmodell (↗ S. 85) noch mit dem Teilchenmodell (↗ S. 85) allein vollständig deutbar. Zu einzelnen Inhalten des Wellenmodells stehen sie z. T. in schroffem Widerspruch. Aus diesen Ergebnissen folgte die Annahme von Lichtquanten.

## Lichtquanten (Photonen)

Einzelne, nicht weiter zerlegbare „Energieportionen", aus denen das Licht besteht.

| | |
|---|---|
| Jedes Lichtquant besitzt eine bestimmte Energie, die der Frequenz f proportional ist. | $E = h \cdot f$ |

Beim lichtelektrischen Effekt tritt jeweils **ein** Photon nur mit **einem** Elektron des Katodenmaterials in Wechselwirkung. Dabei überträgt es seine gesamte Energie auf das Elektron und hört somit auf zu existieren.
↗ Elementarteilchen, S. 274, lichtelektrischer Effekt, S. 86

## Austrittsarbeit $W_A$

Arbeit, die zum Herauslösen eines Elektrons aus dem Metall erforderlich ist.

## 6/2

Mögliche Fälle:

| $h \cdot f < W_A$ | Die Energie des Lichtquants ist kleiner als die Austrittsarbeit. | Das Elektron kann nicht aus dem Metall herausgelöst werden. |
|---|---|---|
| $h \cdot f_G = W_A$ | Die Energie des Lichtquants ist gleich der Austrittsarbeit. | Das Elektron wird aus dem Metall herausgelöst, aber nicht beschleunigt. |
| $h \cdot f > W_A$ | Die Energie des Lichtquants ist größer als die Austrittsarbeit. | Die überschüssige Energie verbleibt als kinetische Energie beim herausgelösten Elektron. |

| Kinetische Energie der Fotoelektronen | $\frac{1}{2} m_e \cdot v^2 = h \cdot (f - f_G)$ |
|---|---|

### Grenzfrequenz $f_G$

Frequenz, bei der die Energie des auftreffenden Lichtes gerade ausreicht, die Elektronen aus der Katode herauszulösen.

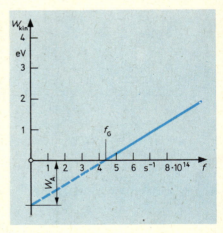

Abhängigkeit der kinetischen Energie der Fotoelektronen von der Frequenz

### Plancksches Wirkungsquantum

Eine für die Mikrophysik bedeutsame Naturkonstante.

| Plancksches Wirkungsquantum | $h = 6{,}6256 \cdot 10^{-34} \, W \cdot s^2$ |
|---|---|

Das Metall der Katode einer Fotozelle wird nacheinander mit Licht verschiedener Frequenzen $f_1$ und $f_2$ bestrahlt. Zur Kompensation der kinetischen Energie der jeweils aus der Katode herausgelösten Elektronen müssen die Gegenspannungen $U_1$ bzw. $U_2$ angelegt werden.

Es gilt:

| Plancksches Wirkungsquantum | $h = e \cdot \dfrac{(U_1 - U_2)}{(f_1 - f_2)}$ |

Die systematische Einführung des Planckschen Wirkungsquantums in die Physik führte zu den Quantentheorien. Sie gehen davon aus, daß Größen mit der Dimension einer Wirkung (Energie · Zeit) in der Natur nur als ganzzahlige Vielfache des Planckschen Wirkungsquantums vorkommen.

### Einsteinsche Gerade

Gerade im Energie-Frequenz-Diagramm der Fotoelektronen, als Ausdruck der linearen Beziehung zwischen der kinetischen Energie der Fotoelektronen und der Frequenz des eingestrahlten Lichtes in der Einsteinschen Gleichung. Ihr Anstieg ist gleich dem Planckschen Wirkungsquantum $h$.
↗ Einsteinsche Gleichung, S. 86

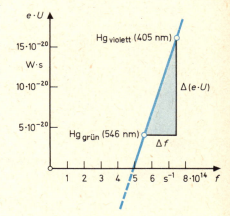

Bestimmung des Planckschen Wirkungsquantums aus der Einsteinschen Geraden

## 6.3. Quantenhafte Emission von Licht

### Emission von Licht

Vorgang des Aussendens von Licht.

### Quantenhafte Emission von Licht

Effekt des Aussendens von Licht in sehr kleinen Portionen.
↗ Lichtquanten, S. 87

### Zerlegung des Lichtes

Prozeß der Aufspaltung des Lichtes in einzelne Farben, durch Dispersion oder Interferenz.
Licht ist in der Regel ein Gemisch von Lichtquanten verschiedener Frequenzen. Die spektrale Zerlegung dient der Bestimmung der einzelnen Bestandteile.

**6/3**

## Spektren

Farbbänder bzw. Anordnungen farbiger Linien, die bei der Zerlegung des Lichtes entstehen. Die Spektren sind eine Darstellung der Intensität des Lichtes als Funktion der Frequenz bzw. Wellenlänge. (↗ Spektren, S. 266)

### Kontinuierliche Spektren

Spektren, die durch spektrale Zerlegung des Lichtes entstehen, das glühende feste Körper, glühende Flüssigkeiten oder angeregte Gase unter sehr hohem Druck aussenden. Infolge der starken gegenseitigen Beeinflussung der atomaren Bausteine existieren praktisch unendlich viele unterschiedliche Übergänge von höheren in niedrigere Energiezustände, so daß diese Körper Licht aller Frequenzen emittieren.
↗ Spektren, S. 266

### Linienspektren

Spektren, die durch spektrale Zerlegung des Lichtes entstehen, das atomare Gase bei geringem Druck aussenden. Die Linien sind in einzelnen **Spektralserien** angeordnet. Diese entsprechen den Übergängen der Atome von höheren Energiezuständen auf den jeweils niedrigeren Energiezustand (↗ S. 91).
Die bekannteste Spektralserie ist die **Balmerserie** des Wasserstoffs. An ihr wurde zuerst nachgewiesen, daß die Spektrallinien (↗ S. 313) gesetzmäßig angeordnet sind.
↗ Spektren, S. 266

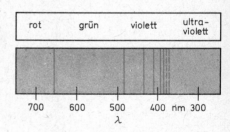

Linienspektrum des Wasserstoffs im sichtbaren Bereich (Balmerserie)

### Bandenspektren

Spektren, die durch spektrale Zerlegung des Lichtes entstehen, das molekulare Gase bei geringem Druck aussenden. Die komplizierte Struktur der Moleküle bedingt eine Vielzahl von Linien, die in Gruppen angeordnet sind.

### Emissionsspektren

Spektren, die durch spektrale Zerlegung des Lichtes entstehen, das leuchtende Körper aussenden.

Ein Emissionsspektrum kann ein vollständig ausgebildetes Farbband sein, aus mehreren oder vielen scheinbar unregelmäßig angeordneten Linien bestehen, oder aus dicht beieinanderliegenden Gruppen von Linien.
↗ Kontinuierliche Spektren, S. 90
↗ Linienspektren, S. 90
↗ Bandenspektren, S. 90

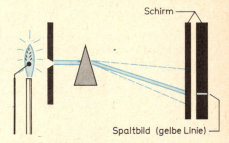

Helle farbige Linie auf dunklem Grund

## Absorptionsspektren

Spektren, die durch spektrale Zerlegung von ursprünglich weißem Licht entstehen, nachdem dieses einen Körper durchdrungen hat, der Teile des Lichtes (das Licht, das er selbst aussendet) absorbiert. Ein Absorptionsspektrum ist die Gesamtheit der dunklen Linien bzw. der Gruppen von Linien im Farbband.
Im Spektrum des Sonnenlichtes nennt man die dunklen Linien Fraunhofersche Linien.

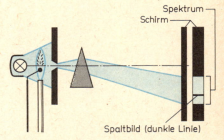

Dunkle Linie im kontinuierlichen Spektrum

↗ Linienspektren, S. 90, Bandenspektren, S. 90, Fraunhofersche Linien, S. 91

## Fraunhofersche Linien

Dunkle Linien im Spektrum der Sonne. Sie entstehen durch teilweise Absorption des von der Sonne ausgestrahlten Lichtes in ihrer äußeren Gashülle und in der Atmosphäre der Erde.

## Energieniveaus der Atomhülle

Stellen mögliche bestimmte Energiezustände dar, in denen sich ein Atom befinden kann.

**Grundzustand.** Energetisch stabiler Zustand, wenn das Atom keinen starken äußeren Einflüssen (z. B. hohe Temperatur) unterliegt. In diesem Zustand kann das Atom beliebig lange verharren.

**Angeregter Zustand.** Energetisch instabiler Zustand, in den das Atom z. B. durch Aufnahme von Stoßenergie anderer Atome gerät, ohne daß sich die kinetische Energie des Atoms wesentlich ändert.
In diesem Zustand kann das Atom nur kurzzeitig verbleiben. Es geht unter Energieabgabe in den Grundzustand zurück.
↗ Energieniveauschema, S. 92

## Energieniveauschema (Termschema)

Grafische Darstellung der Energiezustände der Atomhülle. Auf der Ordinatenachse sind die einzelnen diskreten Energiezustände $E_0$ (Grundzustand), $E_1$, $E_2$, $E_3$ usw. (angeregte Zustände) aufgetragen und durch waagerechte Linien markiert. Die Abstände zwischen den Linien entsprechen der Energie, die zugeführt oder abgegeben wird, wenn das Atom von dem einen Energiezustand in den anderen übergeht.
↗ Energieniveau, Wiss Ch, S. 32

Energieniveauschema des Wasserstoffatoms

## Energieniveauschema des Wasserstoffs

Grafische Darstellung der Energiezustände des Wasserstoffatoms. Das Schema ermöglicht es, die **Anordnung der Linien im Wasserstoffspektrum** zu erklären. Die Aufnahme von Energie wird durch die Pfeile in Richtung größerer Ordinatenwerte dargestellt, die Abgabe durch die Pfeile in Richtung kleinerer Ordinatenwerte. Jedem Pfeil entspricht eine Spektrallinie.
Für ihre Frequenz gilt $f = \Delta E/h$

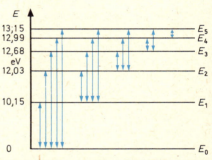

Mögliche Änderungen der Energiezustände des Wasserstoffatoms

## Spontane Emission des Lichtes

Aussenden eines Lichtquants durch ein Atom oder Molekül ohne äußeren Einfluß. Da der Grundzustand der stabilste Energiezustand ist, kehren die angeregten Atome bereits nach $10^{-8}$ s von selbst in diesen zurück.

## Induzierte Emission des Lichtes

Aussenden eines Lichtquants durch ein Atom oder Molekül, das sich unter dem Einfluß äußerer elektromagnetischer Strahlung vollzieht. Dabei wird das angeregte Atom oder Molekül zum Emittieren von Licht veranlaßt, noch bevor es von selbst in den Grundzustand übergeht.

| Art der Emission | spontane Emission | induzierte Emission |
|---|---|---|
| Vorkommen | bei allen herkömmlichen Lichtquellen | beim Laser |

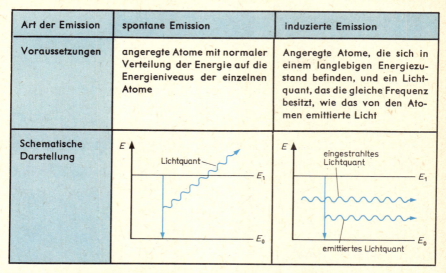

| Art der Emission | spontane Emission | induzierte Emission |
|---|---|---|
| Voraussetzungen | angeregte Atome mit normaler Verteilung der Energie auf die Energieniveaus der einzelnen Atome | Angeregte Atome, die sich in einem langlebigen Energiezustand befinden, und ein Lichtquant, das die gleiche Frequenz besitzt, wie das von den Atomen emittierte Licht |
| Schematische Darstellung | | |

Die induzierte Emission kann vor allem in solchen Fällen Bedeutung erlangen, wo es sich um relativ langlebige angeregte Zustände ($10^{-2}$ s) handelt.

## Laser

Lichtquelle, in der das Licht durch induzierte Emission (↗ S. 92) erzeugt wird.

| Einteilung | Bezeichnung | Merkmale |
|---|---|---|
| Nach dem Aggregatzustand des Energiespeichers | Festkörperlaser | Der Energiespeicher ist z. B. ein mit Chrom-Ionen dotierter Rubinkristall. Die Anregung erfolgt auf optischem Wege |
| | Flüssigkeitslaser | Energiespeicher sind z. B. organische Moleküle, die in Wasser gelöst sind. Die Anregung erfolgt auf optischem Wege. |
| | Gaslaser | Energiespeicher sind z. B. Edelgasgemische. Die Anregung erfolgt durch Elektronenstöße im elektrischen Leitungsvorgang. |
| Nach der Dauer der Laserstrahlung | kontinuierliche Laser | Sie senden ständig Laserstrahlung aus (Beispiel: Helium-Neon-Laser). |
| | Impulslaser | Sie senden nur kurzzeitig Laserstrahlung großer Leistung aus (Beispiel: Rubinlaser). |

## 6/3

*Bestandteile des Lasers*

| Energiequelle | beim Rubinlaser eine Xenon-Blitz-Lampe |
|---|---|
| Energiespeicher | Stoff mit geeignetem Energieniveauschema, z. B. $Al_2O_3$ dotiert mit dreiwertigen Chrom-Ionen $Cr^{+++}$ |
| Resonator Energieausgeber | zwei einander gegenüberliegende Spiegel, davon ein teildurchlässiger Spiegel |

**Aufbau eines Rubinlasers**
1,4 – Resonator
2  – Energiequelle
3  – Energiespeicher
4  – Energieausgeber

Laser-Lichtbündel (kohärentes Licht)

**Energieniveauschema des Lasers**

Es enthält neben dem Grundzustand mindestens 2 dicht beieinanderliegende angeregte Energieniveaus. Vom energiereicheren zum energieärmeren angeregten Niveau gelangen die Atome durch strahlungsfreie Übergänge. Das energieärmere Niveau ist so beschaffen, daß die Atome in ihm eine relativ lange Zeit verharren können.
↗ induzierte Emission, S. 92
↗ Energieniveauschema, S. 92

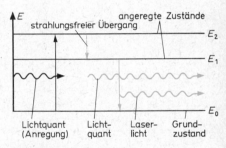

Entstehung des Laserlichtes

**Wirkungsprinzip des Rubinlasers**

Durch kräftiges Aufblitzen der Xenonlampe werden die Ionen im Rubinkristall angeregt. Nachfolgend gehen sehr viele Ionen strahlungsfrei vom Energiezustand $E_2$ in den Energiezustand $E_1$ über. Geeignete Photonen rufen die induzierte Emission hervor. Bedingt durch die verspiegelten Enden werden die Photonen zwischen den Stirnflächen des Rubinstabs hin- und herreflektiert. Ein Teil der Photonen verläßt dabei ständig den teildurchlässigen Spiegel.

**Eigenschaften der Laserstrahlung**

Die Laserstrahlung zeichnet sich durch besondere Eigenschaften aus. Sie
– ist nahezu parallel,
– besitzt eine hohe Leucht- und damit Energiedichte,
– ist monochromatisch (einfarbig),
– ist kohärent.
↗ Kohärenz, S. 262

## Anwendungen der Laserstrahlung

Sie nutzen die besonderen Eigenschaften der Laserstrahlung aus.

| Anwendung | Benutzte Eigenschaft | Anwendungsbereiche |
|---|---|---|
| Längenmessung | Kohärenz | Forschung<br>Technik |
| Entfernungsmessung | Parallelität | Landesverteidigung<br>Weltraumforschung |
| Nachrichtenübermittlung | Parallelität, Monochromasie und hohe Frequenz | Landesverteidigung<br>Fernmelde- und Nachrichtenwesen<br>Weltraumforschung |
| Eingriffe in lebende Organismen | hohe Energiedichte durch gute Fokussierungsmöglichkeit | Medizin |
| Materialbearbeitung, -zerstörung | hohe Energiedichte | Forschung<br>Technik<br>Militärwesen |

## Anregung von Atomen und Molekülen

Übergang vom Grundzustand in einen energetisch höheren (angeregten) Zustand. Die Anregung kann auf verschiedene Art erfolgen.
↗ Energieniveauschema, S. 92

| Art der Anregung | Merkmale | Beispiele |
|---|---|---|
| thermische Anregung | Die Anregung wird durch die hohe Temperatur bedingt und erfolgt durch die Stöße schneller Gasatome bzw. -moleküle. | Sie tritt z. B. in Flammen auf. |
| Anregung durch Licht | Sie vollzieht sich bei Bestrahlung mit Licht mindestens so hoher Frequenz, wie die Atome bzw. Moleküle beim Übergang zum Grundzustand selbst emittieren. (↗ Energieniveauschema, S. 92) | Sie tritt z. B. bei der Entstehung von Absorptionsspektren (↗ S. 91) und beim Rubinlaser (↗ S. 93) auf. |
| Anregung durch die kinetische Energie von Elektronen | Sie wird durch Stöße schneller Elektronen bedingt. | Sie tritt beim elektrischen Leitungsvorgang in Gasen auf (↗ Stoßionisation, S. 227, Zählrohr, S. 277, ↗ Elektronenstoßexperiment, S.322) |

## 6.4. Welle-Teilchen-Verhalten von Mikroobjekten

**Verhalten einiger Mikroobjekte**

| Mikro-objekt | häufig beschrieben mit dem | besitzt auch gewisse | nachgewiesen |
|---|---|---|---|
| **Elektron Proton Neutron Atom Molekül** | Teilchenmodell | Wellen-eigenschaften | durch Interferenzerscheinungen von dünnen Bündeln dieser Mikroobjekte |
| **Photon** | Wellenmodell | Teilchen-eigenschaften | beim äußeren lichtelektrischen Effekt |

**Welle-Teilchen-Verhalten von Röntgenstrahlung**

Charakteristisches Verhalten von Röntgenstrahlung, das teilweise mit dem Teilchenmodell (↗ S. 85) und teilweise mit dem Wellenmodell (↗ S. 85) beschrieben werden kann.

Welleneigenschaften zeigen sich u. a. bei der Beugung von Röntgenstrahlung an den Gitterbausteinen einer Metallfolie.

■ Teilcheneigenschaften treten beim Nachweis von Röntgenstrahlung mit einem Zählrohr auf.

↗ Zählrohr, S. 277

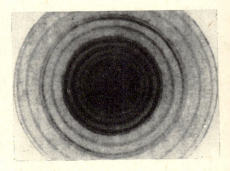

Interferenzbild bei der Beugung von Röntgenstrahlung an Silberfolie

**Welle-Teilchen-Verhalten von Elektronen**

Charakteristisches Verhalten von Elektronen, das teilweise mit dem Teilchenmodell (↗ S. 85) und teilweise mit dem Wellenmodell (↗ S. 85) beschrieben werden kann.

■ Teilcheneigenschaften zeigen sich z. B.
  – bei der Ladungstrennung durch Reibung (↗ S. 180),
  – bei elektrischen Leitungsvorgängen in Festkörpern (↗ S. 228),
  – in Gasen (↗ S. 231),
  – im Vakuum (↗ S. 232),
  – beim glühelektrischen und lichtelektrischen Effekt (↗ S. 86),

- bei der Katodenstrahlung (↗ S. 238),
- bei der Betastrahlung (↗ S. 292),
- beim Elektronenmikroskop (↗ S. 211).

Welleneigenschaften der Elektronen treten bei der Beugung von Elektronen beim Durchgang durch Metallfolie auf.

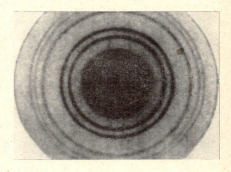

Interferenzbild bei der Beugung von Elektronen an Silberfolie

## Doppelspaltexperiment mit Mikroobjekten

Experiment, das belegt, daß die Mikroobjekte sowohl gewisse Wellen- als auch Teilcheneigenschaften besitzen.

■ Ein dünnes Bündel der Mikroobjekte (z. B. Photonen, Elektronen) durchdringt mit sehr geringer Intensität einen Doppelspalt. Von der fotografischen Schicht werden die einzelnen Auftreffstellen als dunkle Punkte registriert. Nach längerer Zeit tritt deutlich ein Interferenzmuster auf. Es ist die Gesamtheit aller Auftreffstellen der Mikroobjekte.

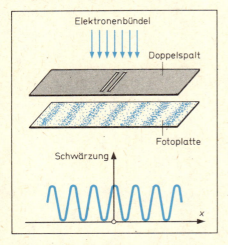

Schema des Doppelspaltexperiments mit Mikroobjekten

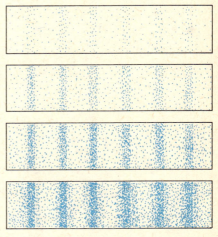

Allmähliches Ausbilden des Interferenzmusters beim Doppelspaltexperiment

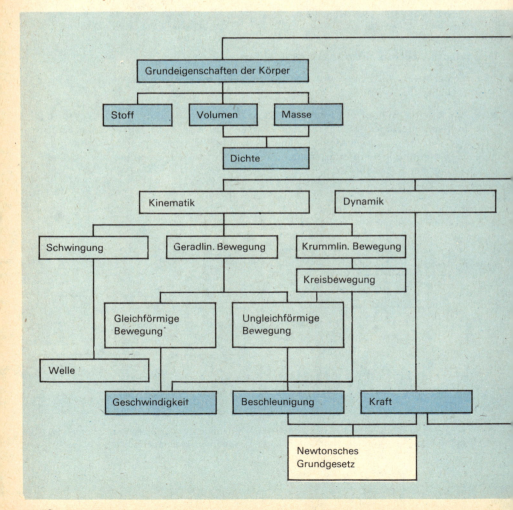

# Mechanik 7

Die Mechanik ist das Teilgebiet der Physik, in dem physikalische Eigenschaften der Körper, Bewegungen von Körpern sowie Bewegungsänderungen und deren Ursache, die Kräfte, untersucht und beschrieben werden.

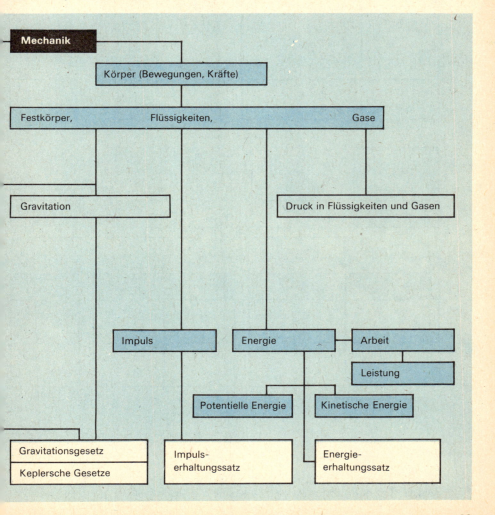

## 7/1

**Zusammenhang zwischen wichtigen physikalischen Größen und Einheiten der Mechanik**

Die Übersicht zeigt, wie aus den Basisgrößen Zeit, Länge und Masse andere Größen abgeleitet sind.

| Kraft | Arbeit, Energie | Leistung | Impuls, Kraftstoß |
|---|---|---|---|
| $F = m \cdot \dfrac{dv}{dt}$ | $W = \int\limits_{s_1}^{s_2} F_s \cdot ds$ | $P = \dfrac{dW}{dt}$ | $p = m \cdot v$ |
| $F = m \cdot a$ | $W = F \cdot s \cdot \cos(F, s)$ | $P = F \cdot v$ | $S = \int\limits_{t_1}^{t_2} F \cdot dt$ |
| | $E_{kin} = \dfrac{m}{2} \cdot v^2$ | | $\int\limits_{t_1}^{t_2} F \cdot dt = m \cdot v_2 - m \cdot v_1$ |
| 1 N | 1 J, 1 N · m<br>1 W · s | 1 W, 1 J · s$^{-1}$,<br>1 N · m · s$^{-1}$ | 1 kg · m · s$^{-1}$,<br>1 N · s |

| Größe | Zeit | Länge | Masse |
|---|---|---|---|
| Formelzeichen | $t$ | $s$ | $m$ |
| Einheit | 1 s | 1 m | 1 kg |

| Geschwindigkeit | Beschleunigung | Fläche | Volumen | Dichte |
|---|---|---|---|---|
| $\vec{v} = \dfrac{\vec{ds}}{dt}$ | $\vec{a} = \dfrac{d^2\vec{s}}{dt^2} = \dfrac{\vec{dv}}{dt}$ | $A$ | $V$ | $\varrho = \dfrac{m}{V}$ |
| 1 m · s$^{-1}$ | 1 m · s$^{-2}$ | 1 m² | 1 m³ | 1 g · cm$^{-3}$<br>1 kg · dm$^{-3}$ |

## 7.1. Statik

**Statik**

Teilgebiet der Mechanik, in dem der Ruhezustand eines starren Körpers unter dem Einfluß der auf ihn wirkenden Kräfte beschrieben wird.

## Starrer Körper

Denkmodell, das als Ersatzobjekt für einen Körper dient, von dessen stofflichen Eigenschaften abstrahiert wird. Er ist als System von starr verbundenen Massepunkten anzusehen, die ihren gegenseitigen Abstand beibehalten. Das Modell wird bei reiner Rotation und bei der Kombination von Rotation und Translation angewandt.
↗ Körper, S. 62

## Massepunkt

Denkmodell, das als Ersatzobjekt für einen Körper dient, wenn durch Idealisierung das Volumen vernachlässigt wird. Man denkt sich den Körper als einen Punkt, in dem die gesamte Masse des Körpers vereinigt ist. (↗ Modell, S. 25)

## Massemittelpunkt

Punkt eines starren Körpers, der sich so bewegt, als sei der Körper ein Massepunkt, der die Masse des gesamten starren Körpers hat. An ihm greift die resultierende Kraft an. Er wird auch *Schwerpunkt* genannt.

## Volumen V

Physikalische Größe zur Bestimmung des Raumes, den ein Körper einnimmt.
Einheiten: 1 m³ (ein Kubikmeter), 1 dm³ (ein Kubikdezimeter), 1 l (ein Liter), 1 ml (ein Milliliter),
1 m³ = 1 000 l, 1 dm³ = 1 l, 1 cm³ = 1 ml

*Volumenmessung*

| | unregelmäßig geformte feste Körper | regelmäßig geformte feste Körper | Flüssigkeiten | Gase |
|---|---|---|---|---|
| Meßverfahren | Flüssigkeitsverdrängung (Differenzmessung, Überlaufmethode) | Messen und Berechnen | Messen mit Meßzylinder | Messung des vom Gas ausgefüllten Raumes |

7/1

**Masse m**

Physikalische Größe, durch die die Eigenschaft eines Körpers, *träge* und *schwer* zu sein, gekennzeichnet wird.

$$m = \frac{F}{a}$$

m: Masse eines Körpers
F: Kraft, mit der der Körper beschleunigt wird
a: Beschleunigung, die der Körper erfährt

Einheiten: 1 kg (ein Kilogramm), 1 t (eine Tonne)
1 t = 1 000 kg
1 kg ist die Masse des internationalen Kilogrammprototyps.
↗ Newtonsches Grundgesetz, S. 124
↗ Trägheitsgesetz, S. 118

**Massebestimmung eines Körpers**

Vergleichen der Masse des Körpers mit Wägestücken bekannter Masse auf Waagen. Bei bewegten Körpern wird die Masse durch Bestimmen der Quotienten $\frac{F}{a}$ oder mit Hilfe des Impulses ermittelt.
↗ Newtonsches Grundgesetz, S. 124

**Dichte ϱ**

Physikalische Größe, die die auf das Volumen bezogene Masse eines Körpers kennzeichnet. Sie ist eine Stoffkonstante.

$$\varrho = \frac{m}{V}$$

ϱ: Dichte des Stoffes
m: Masse des Körpers
V: Volumen des Körpers

Einheiten: $1 \text{ kg} \cdot \text{m}^{-3}$ (ein Kilogramm je Kubikmeter), $1 \text{ g} \cdot \text{cm}^{-3}$ (ein Gramm je Kubikzentimeter).
$1 \text{ kg} \cdot \text{m}^{-3} = 10^{-3} \text{ g} \cdot \text{cm}^{-3}$
$1 \text{ kg} \cdot \text{m}^{-3}$ ist die Dichte eines Körpers, der das Volumen $1 \text{ m}^3$ und die Masse 1 kg hat.

**Dichtebestimmung**

Bei Flüssigkeiten kann die Dichtebestimmung mittels Aräometers erfolgen. Aus der Eintauchtiefe des Aräometers ermittelt man die Dichte der Flüssigkeit. Je kleiner die Dichte der Flüssigkeit ist, desto tiefer taucht das Aräometer ein.
↗ Dichte einiger Stoffe, Wiss Fo, S. 115

**Kraft F**

Physikalische Größe zur Beschreibung einer Wechselwirkung zwischen zwei

Körpern. Sie kann eine Verformung oder eine Änderung des Bewegungszustandes bewirken. Die Kraft ist eine vektorielle Größe.

Einheit: 1 N (ein Newton)
1 N ist die Kraft, die einem Körper der Masse 1 kg die Beschleunigung $1 \text{ m} \cdot \text{s}^{-2}$ erteilt.
(Nicht mehr zulässige Einheit: 1 kp; 1 kp = 9,81 N)

In einigen Teilgebieten der Physik wird die Kraft besonders bezeichnet:
Gewichtskraft (↗ S. 118),
Reibungskraft (↗ S. 119)

*Kraftwirkung*

| Statische Kraftwirkung | Dynamische Kraftwirkung |
|---|---|
| Verformen eines Körpers | Änderung des Bewegungszustandes eines Körpers |
| Spannen einer Feder | Anfahren eines Fahrzeuges |

## Kraftmessung

| Statische Kraftmessung | Dynamische Kraftmessung |
|---|---|
| Federkraftmesser (Zugkraftmesser, Druckkraftmesser) | Messen von Masse und Beschleunigung und Berechnen der Kraft mit Hilfe des Newtonschen Grundgesetzes (↗ S. 124) |

## Wechselwirkungsgesetz

| Bei einer Wechselwirkung zwischen zwei Körpern greift an jedem der beiden Körper eine Kraft an. Diese beiden Kräfte haben gleiche Beträge, eine gemeinsame Wirkungslinie und sind entgegengesetzt gerichtet. | Kraft = Gegenkraft<br>actio = reactio<br>$\vec{F}_1 = -\vec{F}_2$ |
|---|---|

↗ Erfahrungssatz, S. 17

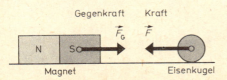
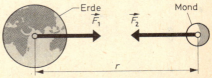

## ➡ 7/1

**Statisches Gleichgewicht.** Im statischen Gleichgewicht befindet sich ein frei beweglicher Massepunkt dann, wenn die Summe aller auf ihn wirkenden Kräfte $\vec{F}_k$ gleich Null ist.

Gleichgewichtsbedingung: $\sum_{k=1}^{n} \vec{F}_k = 0$ ( ↗ Kraftmoment, S. 121).

## Zusammensetzen und Zerlegen von Kräften

Kräfte werden vektoriell addiert.

| Zusammensetzen | | | | |
|---|---|---|---|---|
| Fall | Winkel zwischen den Kräften | Zeichnerische Darstellung | Resultierende Kraft $F_R$ | |
| | | | Richtung | Betrag |
| Allgemeiner Fall | beliebiger Winkel | | | $F_R = \sqrt{F_1^2 + F_2^2 + 2F_1 \cdot F_2 \cdot \cos(F_1, F_2)}$ |
| Sonderfälle | rechter Winkel (90°) | | | $F_R = \sqrt{F_1^2 + F_2^2}$ |
| | Winkel: 180° $F_2 \neq F_1$ | | | $F_R = F_2 - F_1$ |
| Zerlegen | | | | |
| Allgemeiner Fall | $\alpha \neq 0°$ | | | |

## Druck $p$

Physikalische Größe, die die Wirkung einer Kraft in Abhängigkeit von der gedrückten Fläche charakterisiert.

$p$: Druck
$F$: Druckkraft senkrecht auf die gedrückte Fläche
$A$: Fläche, auf die die Kraft wirkt

Einheiten: $1\ N \cdot m^{-2}$ (ein Newton je Quadratmeter), 1 Pa (ein Pascal)

1 bar (Bar)  1 mbar = 1 hPa
1 Pa = 1 N · m⁻²  (nur in der Meteorologie zulässig)
1 bar = 100 kPa

1 Pa ist der Druck, der auftritt, wenn eine Kraft von 1 N auf eine Fläche von 1 m² senkrecht wirkt.
(Nicht mehr zulässige Einheit: 1 at; 1 at = 98,1 kPa)

■ Räder bzw. Kettenfahrzeug; Mensch ohne bzw. mit Schneeschuhen; Luftdruck im Reifen.

## 7.2. Kinematik

**Kinematik**

Teilgebiet der Mechanik, in dem Bewegungen beschrieben werden. Dabei werden die Ursachen für Änderungen des Bewegungszustandes nicht behandelt.
↗ Dynamik, S. 117

**Mechanische Bewegung**

Ortsveränderung eines Körpers relativ zu einem anderen Körper.
Beim Beschreiben von Bewegungen wird von einem als ruhend angenommenen Bezugssystem ausgegangen. Jede Bewegung ist daher relativ, da das ruhende Bezugssystem im allgemeinen frei gewählt werden kann.

■ Bewegung der Erde um die Sonne, Bewegung eines Satelliten um die Erde, Bewegung einer Person in einem Fahrzeug.

Die Beschreibung einer Bewegung kann im allgemeinen in Form von *Gleichungen* oder *grafischen Darstellungen* (Diagrammen) erfolgen.

| | | |
|---|---|---|
| $s = f(t)$ | Weg-Zeit-Gleichung | Weg-Zeit-Diagramm |
| $v = f(t)$ | Geschwindigkeit-Zeit-Gleichung | Geschwindigkeit-Zeit-Diagramm |
| $a = f(t)$ | Beschleunigung-Zeit-Gleichung | Beschleunigung-Zeit-Diagramm |

↗ Diagramme, S. 36

**Translation**

Bewegung eines Körpers auf einer Geraden. Alle Punkte des Körpers werden in einer bestimmten Zeit $t$ um die gleiche Strecke $s$ parallel verschoben.

**7/2**

*Einteilung von Bewegungen nach der Änderung der Geschwindigkeit*

|  |  | Betrag der Geschwindigkeit | |
|---|---|---|---|
|  |  | Konstant | Veränderlich |
| Richtung der Geschwindigkeit | Konstant | Geradlinig, gleichförmig<br><br>■ Paket auf Förderband | Geradlinig, gleichmäßig beschleunigt ($a$ = konstant)<br><br>■ Freier Fall<br><br>Geradlinig, ungleichmäßig beschleunigt ($a$ = veränderlich)<br><br>■ Fahrzeug auf gerader Strecke, lineare Schwingung |
|  | Veränderlich | Krummlinig gleichförmig<br><br>■ Anker eines Synchronmotors | Krummlinig, gleichmäßig oder ungleichmäßig beschleunigt<br><br>■ Fahrzeug auf kurvenreicher Strecke, Drehschwingung |

Alle Bewegungen, bei denen sich der Betrag oder die Richtung der Geschwindigkeit oder beide ändern, heißen beschleunigte Bewegungen.

## Geschwindigkeit v

Physikalische Größe, die den Bewegungszustand eines Körpers kennzeichnet. Sie gibt an, in welchem Verhältnis die Ortsveränderung zur dafür benötigten Zeit steht. Die Geschwindigkeit ist eine vektorielle Größe.

$$\vec{v} = \frac{\vec{ds}}{dt}$$

$v$: Geschwindigkeit
$s$: Weg
$t$: Zeit

Einheiten: 1 m · s$^{-1}$ (ein Meter je Sekunde), 1 km · h$^{-1}$ (ein Kilometer je Stunde), 1 m · s$^{-1}$ = 3,6 km · h$^{-1}$; 1 kn = 1 sm · h$^{-1}$ = 1,852 km · h$^{-1}$

1 m · s$^{-1}$ ist die Geschwindigkeit eines sich gleichförmig bewegenden Körpers, der in der Zeit 1 s den Weg 1 m zurücklegt.

*Einteilung beschleunigter Bewegungen*

| | Geradlinige, gleichmäßig beschleunigte Bewegung | Geradlinige, ungleichmäßig beschleunigte Bewegung | Gleichförmige Kreisbewegung | Krummlinige Bewegung |
|---|---|---|---|---|
| **Geschwindigkeit $\vec{v}$** Gleichung | $\vec{v} = \vec{a} \cdot t$ | $\vec{v} = \dfrac{d\vec{s}}{dt}$ | $v = \dfrac{s}{t}$ ; $v = \dfrac{2\pi \cdot r}{T}$ | $\vec{v} = \dfrac{d\vec{s}}{dt}$ |
| Betrag | ändert sich gleichmäßig | ändert sich | konstant | ändert sich |
| Richtung | in Bewegungsrichtung | in Bewegungsrichtung | in Bewegungsrichtung | in Bewegungsrichtung |
| **Beschleunigung $\vec{a}$** Gleichung | $\vec{a} = \dfrac{\vec{v}}{t} = \dfrac{2\vec{s}}{t^2}$ | $\vec{a} = \dfrac{d\vec{v}}{dt}$ | $\vec{a_r} = \omega^2 \cdot \vec{r}$ ; $a_r = \dfrac{v^2}{r}$ | $\vec{a} = \dfrac{d\vec{v}}{dt}$ |
| Betrag | konstant | ändert sich | konstant | ändert sich |
| Richtung | in Bewegungsrichtung | in Bewegungsrichtung | rechtwinklig zur Bewegungsrichtung | ändert sich |
| **Kraft $\vec{F}$** Gleichung | $\vec{F} = m \cdot \vec{a}$ | $\vec{F} = m \cdot \dfrac{d\vec{v}}{dt}$ | $\vec{F} = m \cdot \omega^2 \cdot \vec{r}$ ; $F = m \cdot \dfrac{v^2}{r}$ | $\vec{F} = m \cdot \dfrac{d\vec{v}}{dt}$ |
| Betrag | konstant | ändert sich | konstant | ändert sich |
| Richtung | in Bewegungsrichtung | in Bewegungsrichtung | rechtwinklig zur Bewegungsrichtung | ändert sich |
| Vektorielle Darstellung | | | | |
| Beispiel | Freier Fall | Lineare Schwingung | Punkt am Anker eines Synchronmotors | Wagen auf der Achterbahn |

## Beschleunigung a

Physikalische Größe, die die Änderung der Geschwindigkeit in Abhängigkeit von der Zeit beschreibt. Die Beschleunigung ist eine vektorielle Größe.

$$\vec{a} = \frac{d\vec{v}}{dt}$$

$$\vec{a} = \frac{d^2\vec{s}}{dt^2}$$

$a$: Beschleunigung
$v$: Geschwindigkeit
$t$: Zeit

Einheit: $1 \, m \cdot s^{-2}$ (ein Meter je Quadratsekunde).

$1 \, m \cdot s^{-2}$ ist die Beschleunigung eines Körpers, dessen Geschwindigkeit sich in 1 s um $1 \, m \cdot s^{-1}$ ändert.

Verringert sich der Betrag der Geschwindigkeit eines Körpers, so ist die Beschleunigung der Geschwindigkeit entgegengerichtet. Die Beschleunigung erhält dann ein negatives Vorzeichen.

## Gleichförmige Bewegung

Bewegung eines Körpers, die durch eine konstante Geschwindigkeit gekennzeichnet ist.

### Weg-Zeit-Gesetz

$$s \sim t$$
$$s = v_0 \cdot t + s_0$$

$t$: Zeit
$s$: zurückgelegter Weg
$s_0$: zur Zeit $t = 0$ zurückgelegter Weg
$v_0$: konstante Geschwindigkeit

### Geschwindigkeit-Zeit-Gesetz

$$v_0 = \frac{s - s_0}{t}$$
$$v_0 = konstant$$

$t$: Zeit
$s - s_0$: zurückgelegter Weg
$v_0$: Geschwindigkeit

↗ Kreisbewegung, S. 114

Weg, Geschwindigkeit und Beschleunigung als Funktionen der Zeit

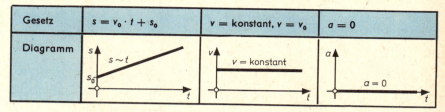

## Gleichmäßig beschleunigte Bewegung

Bewegung, bei der sich die Geschwindigkeit in Abhängigkeit von der Zeit gleichmäßig ändert.

### Weg-Zeit-Gesetz

$s \sim t^2$

$s = \dfrac{a_0}{2} t^2 + v_0 \cdot t + s_0$

$s$: zurückgelegter Weg zur Zeit $t$
$s_0$: zurückgelegter Weg zur Zeit $t = 0$
$v_0$: Geschwindigkeit zur Zeit $t = 0$
$a_0$: Beschleunigung zur Zeit $t = 0$

### Geschwindigkeit-Zeit-Gesetz

$v \sim t$

$v = a_0 \cdot t + v_0$

$v$: Geschwindigkeit
$v_0$: Geschwindigkeit zur Zeit $t = 0$
$t$: Zeit
$a_0$: Beschleunigung zur Zeit $t = 0$

### Beschleunigung-Zeit-Gesetz

$a_0 = \dfrac{v - v_0}{t} = \dfrac{\Delta v}{t}$

$a_0 = $ konstant

$a_0$: Beschleunigung
$t$: Zeit
$v - v_0$: Änderung der Geschwindigkeit
$v_0$: Geschwindigkeit

Weg, Geschwindigkeit und Beschleunigung als Funktion der Zeit

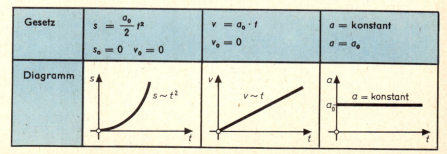

## ➡ 7/2

*Zusammenhang zwischen den Bewegungsgesetzen*

Die Bewegungsgesetze für die geradlinige, gleichmäßig beschleunigte Bewegung gehen durch Differentiation bzw. Integration auseinander hervor.

| Anwendung der Differentiation | Gesetze der geradlinigen, gleichmäßig beschleunigten Bewegung | Anwendung der Integration |
|---|---|---|
| ↓ | $s = \dfrac{a_0}{2} t^2 + v_0 \cdot t + s_0$ | $= \int v \cdot dt$ ↑ |
| $\dfrac{ds}{dt} =$ | $v = a_0 \cdot t + v_0$ | $= \int a \cdot dt$ |
| $\dfrac{d^2 s}{dt^2} = \dfrac{dv}{dt} =$ | $a = a_0$ | |

In diesen Gleichungen bedeuten $v_0$ uns $s_0$ den konstanten Wert der Geschwindigkeit bzw. des Weges zur Zeit $t = 0$.

## Freier Fall

Geradlinig, gleichmäßig beschleunigte Bewegung infolge der Gravitation. Er tritt ohne Einschränkung nur im Vakuum auf.

| | |
|---|---|
| **Weg-Zeit-Gesetz** | $s = \dfrac{g}{2} \cdot t^2$ |
| **Geschwindigkeit-Zeit-Gesetz** | $v = g \cdot t$ |
| **Geschwindigkeit-Weg-Gesetz** | $v = \sqrt{2 \cdot g \cdot s}$ |

## Fallbeschleunigung g

Beschleunigung eines Körpers, der frei fällt.
Auf der Erde gilt:

$$g \approx 9{,}81 \text{ m} \cdot \text{s}^{-2}$$

↗ Gravitation, S. 139

Die Fallbeschleunigung ist von der Entfernung vom Gravitationszentrum abhängig. In 45° nördlicher Breite und auf Meereshöhe: $g = 9{,}806\,65 \text{ m} \cdot \text{s}^{-2}$.

## Zusammengesetzte Bewegungen

Bewegungen, die man sich aus mehreren Teilbewegungen zusammengesetzt denken kann.

■ Gehende Personen im bewegten Fahrzeug; Fähre über einen Fluß, schräger Wurf.

## Zusammensetzen von Geschwindigkeiten

Geschwindigkeiten werden vektoriell addiert.
↗ grafische Darstellung, S. 30
↗ Geschwindigkeit, S. 106

*Zusammensetzen von Geschwindigkeiten*

| Fall | Winkel zwischen den Geschwindigkeitsvektoren | Zeichnerische Darstellung | Resultierende Geschwindigkeit $v_R$ |
|---|---|---|---|
| | | | Richtung und Betrag |
| Allgemeiner Fall | beliebiger Winkel | | $v_R = \sqrt{v_1^2 + v_2^2 + 2v_1 \cdot v_2 \cdot \cos(\vec{v_1}, \vec{v_2})}$ |
| Sonderfälle | rechter Winkel (90°) | | $v_R = \sqrt{v_1^2 + v_2^2}$ |
| | Winkel 180° | | $v_R = v_2 - v_1$ |

## Wurf

Zusammengesetzte Bewegung aus

– einer geradlinigen, gleichförmigen Bewegung ($v_0$ = konstant) und
– dem freien Fall ($v_y = -g \cdot t$)

Man unterscheidet den **senkrechten** Wurf, den **waagerechten** Wurf und den **schrägen** Wurf.

| | Anfangsgeschwindigkeit $\vec{v_0}$ | Ort-Zeit-Gesetze | Geschwindigkeit-Zeit-Gesetze für die resultierende Geschwindigkeit $v_R$ | Zeichnerische Darstellung |
|---|---|---|---|---|
| senkrechter Wurf nach oben | ↑ | $y = -\dfrac{g}{2} \cdot t^2 + v_0 \cdot t$ <br> $x = 0$ | $v_R = v_0 - g \cdot t$ | |
| senkrechter Wurf nach unten | ↓ | $y = -\dfrac{g}{2} \cdot t^2 - v_0 \cdot t$ <br> $x = 0$ | $v_R = -v_0 - g \cdot t$ | |
| waagerechter Wurf | → | $y = -\dfrac{g}{2} \cdot t^2$ <br> $x = v_0 \cdot t$ | $v_R = \sqrt{v_0^2 + g^2 \cdot t^2}$ | |
| schräger Wurf | ↗ | $y = -\dfrac{g}{2} \cdot t^2 + v_0 \cdot t \cdot \sin\alpha$ <br> $x = v_0 \cdot t \cdot \cos\alpha$ | $v_R = \sqrt{v_0^2 + g^2 \cdot t^2 - 2v_0 \cdot g \cdot t \cdot \sin\alpha}$ | |

Für den schrägen Wurf im Vakuum ergibt sich als Bahnkurve in einem x-y-Diagramm eine Parabel. Die Gleichung für diese Kurve gewinnt man, wenn man aus dem Weg-Zeit-Gesetz die Zeit eliminiert:

$$y = -\frac{g}{2} \cdot \frac{x^2}{v_0^2 \cdot \cos^2\alpha} + x \cdot \tan\alpha$$

$v_0 = 25 \text{ m} \cdot \text{s}^{-1}$

$g \approx 10 \text{ m} \cdot \text{s}^{-2}$

$\alpha = 60°$

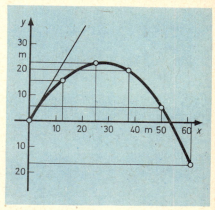

| $t$ in s | 1 | 2 | 3 | 4 | 5 |
|---|---|---|---|---|---|
| $x$ in m | 12,5 | 25 | 37,5 | 50 | 62,5 |
| $y$ in m | 16,7 | 23,3 | 20,0 | 6,6 | −16,8 |

Wurfparabel

**Wurfweite.** Kürzeste Entfernung zwischen dem Abwurf- und dem Auftreffpunkt. Sie hängt beim schrägen Wurf vom Abwurfwinkel und von der Anfangsgeschwindigkeit $v_0$ ab. Es gilt:

- Je größer die Anfangsgeschwindigkeit $v_0$ ist, desto größer ist die Wurfweite $s_w$.
- Die größte Wurfweite wird beim Abwurfwinkel $\alpha = 45°$ erreicht.
- Bei Abwurfwinkeln, die sich zu 90° ergänzen, sind die Wurfweiten gleich.

■ Gleiche Wurfweiten für $\alpha = 30°$ und $\alpha = 60°$.

**Ballistische Kurve.** Wurfbahn, die sich für einen im lufterfüllten Raum geworfenen Körper infolge des Luftwiderstandes in Abweichung von der Wurfparabel ergibt.

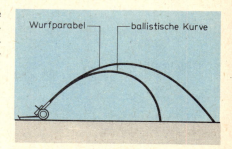

# Kreisbewegung

Bewegung eines Massepunktes auf einer Kreisbahn. Bei der Bewegung eines *Körpers* auf einer Kreisbahn legen die einzelnen Teile des Körpers entsprechend dem Abstand vom Kreismittelpunkt unterschiedliche Wege zurück und haben deshalb auch unterschiedliche Bahngeschwindigkeiten. Zur Vereinfachung wird der Körper als Massepunkt betrachtet.
↗ Massepunkt, S. 101

## 7/2

### Gleichförmige Kreisbewegung

Bewegung eines Massepunktes auf einer Kreisbahn, bei der für die Bahngeschwindigkeit gilt:

Betrag $v_1 = v_2$   Richtung $\vec{v_1} \neq \vec{v_2}$

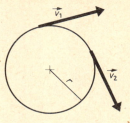

*Bei der gleichförmigen Kreisbewegung auftretende Größen als Funktionen der Zeit*

| Gesetz-mäßigkeit | $\sigma = \omega_0 \cdot t$ $\omega = \omega_0$ | $\omega =$ konstant | $\alpha = 0$ | $a_r =$ konstant |
|---|---|---|---|---|
| Diagramm | $\sigma \sim t$ | $\omega =$ konstant | $\alpha = 0$ | $a_r =$ konstant |

### Umlaufzeit T

Physikalische Größe, die die Zeit angibt, die ein Massepunkt bei einer Kreisbewegung für einen vollen Umlauf benötigt.

### Umlaufzahl n

Reziproker Wert der Umlaufzeit T, auch als Umlauffrequenz bezeichnet.

$$n = \frac{1}{T}$$

$n$: Umlaufzahl
$T$: Umlaufzeit
Einheit: $1 s^{-1}$

### Kreisbahngeschwindigkeit v

Physikalische Größe, die den Bewegungszustand auf einer Kreisbahn beschreibt. Für die gleichförmige Kreisbewegung gilt:

$$v = \frac{2\pi \cdot r}{T}$$
$$v = 2\pi \cdot r \cdot n$$

$v$: Kreisbahngeschwindigkeit
$r$: Kreisbahnradius
$T$: Umlaufzeit
$n$: Umlaufzahl

### Rotation

Bewegung eines starren Körpers um eine im Bezugssystem feste Achse. Alle Teile des Körpers beschreiben Kreisbahnen. Diese Bewegung wird auch Drehbewegung genannt.

Vergleich von Rotation und Kreisbewegung

| Rotation | Kreisbewegung |
|---|---|
| **Starrer Körper** (↗ S. 101) rotiert um eine feste Achse<br><br>    Kranarm mit angehängter Last und Gegengewicht | **Massepunkt** (↗ S. 101) bewegt sich auf einer Kreisbahn<br><br>Schwerpunkt einer Gondel am Riesenrad |
| Bahngeschwindigkeit für Teile des Körpers unterschiedlich | Nur *eine* Bahngeschwindigkeit für den Massepunkt angebbar |
| Radialkraft für Teile des Körpers unterschiedlich | Nur eine Radialkraft für den Massepunkt angebbar |

## Drehwinkel σ

Physikalische Größe, die die Eigenschaft eines rotierenden Körpers beschreibt, daß bei einer Drehbewegung alle Teile des Körpers den gleichen Winkel überstreichen.

$$\sigma = \frac{s}{r}$$

σ: Drehwinkel  
s: von einem Punkt zurückgelegter Weg  
r: Abstand des Punktes von der Drehachse

Der Drehwinkel wird im Bogenmaß gemessen.

Einheit: 1 rad (ein Radiant)    $1\text{ rad} = 57{,}3°$    $1\text{ rad} = \dfrac{1\text{ m}}{1\text{ m}}$

(↗ S. 13)

1 rad ist der Drehwinkel, der von einem 1 m langen Radius überstrichen wird, wenn auf dem Umfang ein Bogen der Länge 1 m entsteht.

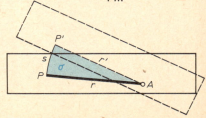

# ➡ 7/2

## Winkelgeschwindigkeit ω

Physikalische Größe, die den Bewegungszustand eines rotierenden Körpers beschreibt. Sie gibt an, wie der Drehwinkel $\sigma$ von der Zeit $t$ abhängt.

$$\omega = \frac{d\sigma}{dt}$$

$\sigma$: Drehwinkel
$\omega$: Winkelgeschwindigkeit
$t$: Zeit

Einheit: $1 \text{ rad} \cdot \text{s}^{-1} = 1 \text{ m} \cdot \text{m}^{-1} \cdot \text{s}^{-1}$

$1 \text{ rad s}^{-1}$ ist die Winkelgeschwindigkeit eines gleichförmig rotierenden Körpers, der sich während der Zeit 1 s um den Winkel 1 rad um eine Achse dreht.

Für gleichförmige Kreisbewegung gilt:

$$\omega_0 = \frac{\sigma}{t} = \frac{2\pi}{T} \text{ und } \omega_0 = \frac{v_0}{r}$$

Unter Benutzung der Umlaufzahl $n$ (↗ S. 114) ergibt sich:

$$\omega_0 = 2 \cdot \pi \cdot n.$$

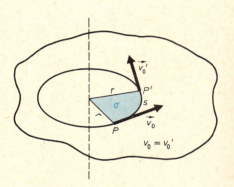

## Winkelbeschleunigung α

Physikalische Größe, die die Änderung der Winkelgeschwindigkeit in Abhängigkeit von der Zeit beschreibt.

$$\alpha = \frac{d\omega}{dt}$$

$$s = \frac{d^2\sigma}{dt^2}$$

$\alpha$: Winkelbeschleunigung
$\omega$: Winkelgeschwindigkeit
$t$: Zeit

Einheit: $1 \text{ rad} \cdot \text{s}^{-2} = 1 \text{ m} \cdot \text{m}^{-1} \cdot \text{s}^{-2}$

$1 \text{ rad} \cdot \text{s}^{-2}$ ist die Winkelbeschleunigung eines Körpers, dessen Winkelgeschwindigkeit sich während der Zeit 1 s gleichmäßig um $1 \text{ rad} \cdot \text{s}^{-1}$ ändert.
Für die Winkelbeschleunigung $\alpha_0$ bei der gleichmäßig beschleunigten Kreisbewegung gilt:

$$\alpha_0 = \frac{\omega}{t} \text{ und } a_0 = \frac{\alpha_0}{r}$$

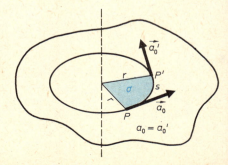

## Radialbeschleunigung $a_r$

Physikalische Größe, die die Änderung der Richtung der Bahngeschwindigkeit beschreibt. Die Radialbeschleunigung ist eine vektorielle Größe.

$$a_r = \frac{v^2}{r}$$
$$a_r = \omega^2 \cdot r$$

$a_r$: Radialbeschleunigung
$v$: Bahngeschwindigkeit
$r$: Radius der Bahn
$\omega$: Winkelgeschwindigkeit

Einheit: $1 \, m \cdot s^{-2}$

Die Radialbeschleunigung ist stets zum Krümmungsmittelpunkt der Bahn gerichtet. Bei der gleichförmigen Kreisbewegung ändert sich nur die Richtung der Bahngeschwindigkeit. Vektor der Bahngeschwindigkeit $\vec{v}$ und Vektor der Radialbeschleunigung $\vec{a_r}$ bilden einen rechten Winkel.

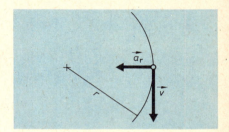

## 7.3. Dynamik

**Dynamik**

Teilgebiet der Physik, in dem Änderungen des Bewegungszustandes im Zusammenhang mit ihren Ursachen, den Kräften, beschrieben werden.

**Grundgesetz der Dynamik der Translation**

Wirkt eine Kraft auf einen freibeweglichen ruhenden oder in Bewegung befindlichen Körper, so ändert sich dessen Geschwindigkeit. Die Beschleunigung $a$ ist der wirkenden Kraft $F$ proportional (Newtonsches Grundgesetz).

$$a \sim F$$

Die durch eine Kraft bewirkte Beschleunigung hängt von der Masse (↗ S. 100) des beschleunigten Körpers ab.

$$F = m \cdot a$$

$F$: Auf den Körper wirkende Kraft
$m$: Masse des Körpers
$a$: Beschleunigung

Einheit: 1 N (ein Newton)
$1 \, N = 1 \, kg \cdot 1 \, m \cdot s^{-2}$
$1 \, N = 1 \, kg \cdot m \cdot s^{-2}$

Die Kraft 1 N erteilt einem Körper der Masse 1 kg die Beschleunigung $1 \cdot m \cdot s^{-2}$

**7/3**

*Analoge Darstellung verschiedener Kräfte*

| Gleichung | Kraft | Beschleunigung | Hinweis |
|---|---|---|---|
| $F = m \cdot a$ (Newtonsches Grundgesetz) | Kraft $F$ | Beschleunigung $a$ | ↗ S. 102 S. 108 |
| $F_G = m \cdot g$ (Gleichung für die Gewichtskraft) | Gewichtskraft $F_G$ | Fallbeschleunigung $g$ | ↗ S. 118 S. 110 |
| $F_r = m \cdot \dfrac{v^2}{r}$ $= m \cdot \omega^2 \cdot r$ (Gleichung für die Radialkraft) | Radialkraft $F_r$ | Radialbeschleunigung $\dfrac{v^2}{r} = \omega^2 \cdot r$ | ↗ S. 120 S. 117 |
| $F_g = \gamma \cdot \dfrac{m_1 \cdot m_2}{r^2}$ (Gravitationsgesetz) | Gravitationskraft $F_g$ | Beschleunigung im Gravitationsfeld $\gamma = \dfrac{m_2}{r^2}$ | ↗ S. 139 |

## Gewichtskraft $F_G$

Kraft auf einen ruhenden Körper der Masse $m$ an einem bestimmten Ort im Gravitationsfeld der Erde.

$$F_G = m \cdot g$$

$F_G$: Gewichtskraft
$m$: Masse
$g$: Fallbeschleunigung

Die Gleichung läßt den Zusammenhang zwischen der Gewichtskraft und der Masse erkennen. Aus dem Newtonschen Grundgesetz folgt
$9{,}81 \text{ N} = 1 \text{ kg} \cdot 9{,}81 \text{ m} \cdot \text{s}^{-2}$.
Auf einen Körper der Masse 1 kg wirkt die Gewichtskraft von 9,81 N (in Meeresspiegelhöhe und 45° geograf. Breite).

## Trägheitsgesetz

> Ist die Resultierende aller auf einen Körper wirkenden Kräfte Null, so beharrt er im Zustand der Ruhe oder in geradliniger, gleichförmiger Bewegung.

Ist die Resultierende der auf einen Körper der Masse $m$ wirkenden Kräfte Null ($F = 0$), so kann man aus dem Newtonschen Grundgesetz folgern:

$F = m \cdot a$ mit $F = 0$

$0 = m \cdot a$ und, da $m \neq 0$
$a = 0$

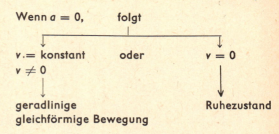

Wenn $a = 0$, folgt

$v = $ konstant     oder     $v = 0$
$v \neq 0$

geradlinige
gleichförmige Bewegung     Ruhezustand

## Reibung

Vorgang, bei dem zwischen einander berührenden und gegeneinander bewegten Körpern Kräfte auftreten, die die Bewegung hemmen.
Die am bewegten Körper auftretende **Reibungskraft** $F_r$ ist der bewegenden Kraft entgegengerichtet.

$F_R \sim F_N$

$F_R$: Reibungskraft
$F_N$: Normalkraft

Die Normalkraft ist die senkrecht auf die Berührungsfläche wirkende Kraft.
$\vec{F}_R$ und $\vec{F}_N$ bilden einen rechten Winkel.

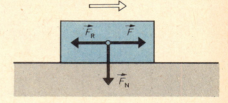

Bei gleichförmiger Bewegung gilt
$\vec{F}_R = -\vec{F}$

Man unterscheidet:

| Haftreibung | Gleitreibung | Rollreibung |
|---|---|---|
| Tritt auf, wenn ein Körper, der auf einem anderen Körper ruht, in Bewegung versetzt werden soll | Tritt auf, wenn ein Körper auf einem anderen Körper gleitet | Tritt auf, wenn ein Körper auf einem anderen Körper rollt |
| Haftreibungszahl $\mu_0$ | Gleitreibungszahl $\mu$ | Rollreibungszahl $\mu_r$ |
| $F_R = \mu_0 \cdot F_N$ | $F_R = \mu \cdot F_N$ | $F_R = \mu_r \cdot \dfrac{F_N}{r}$ |
| Stahl auf Stahl $\mu_0 = 0{,}15$ | Stahl auf Stahl $\mu = 0{,}09$ (gleitende Maschinenteile) | Stahl auf Stahl $\mu_r = 0{,}001$ cm (Kugellager) $r$: Radius des rollenden Körpers |

Die Reibungszahl drückt die Abhängigkeit der Reibungskraft von Art und Beschaffenheit der Berührungsflächen aus.

## ➡ 7/3

**Bezugssystem bei der Drehbewegung**

Jede Bewegung kann von verschiedenen Bezugssystemen aus beschrieben werden. Bei der Drehbewegung unterscheidet man

| Ruhendes Bezugssystem | Rotierendes Bezugssystem |
|---|---|
| Der Beobachter ruht. Der die Drehbewegung ausführende *Körper rotiert im Bezugssystem* (↗ Radialkraft, S. 120). | Der Beobachter rotiert gemeinsam mit dem Bezugssystem. Der die Drehbewegung ausführende *Körper ruht im Bezugssystem* (↗ Fliehkraft, S. 120). |
| Person, die ein Kettenkarussell von außen beobachtet | Person, die auf einem Kettenkarussell mitfährt |

**Radialkraft $F_r$**

Kraft, die einen Körper auf eine gekrümmte Bahn zwingt.

$$F_r = m \cdot a_r$$
$$F_r = m \cdot \frac{v^2}{r}$$
$$F_r = m \cdot \omega^2 \cdot r$$
$$F_r = m \cdot \frac{4\pi^2 \cdot r}{T^2}$$

$F_r$: Radialkraft
$a_r$: Radialbeschleunigung
$v$: Bahngeschwindigkeit
$\omega$: Winkelgeschwindigkeit
$r$: Abstand des Massemittelpunktes von der Drehachse
$T$: Umlaufzeit

Die Radialkraft

- tritt nur im ruhenden Bezugssystem auf,
- tritt nur bei krummlinigen bzw. Drehbewegungen auf,
- ist stets zum Krümmungsmittelpunkt bzw. zur Drehachse hin gerichtet.

**Fliehkraft $F_f$**

Trägheitskraft, Fiktivkraft im *rotierenden Bezugssystem*

$$F_f = m \cdot \omega^2 \cdot r$$
$$F_f = m \cdot \frac{v^2}{r}$$

$F_f$: Fliehkraft
$v$: Bahngeschwindigkeit
$\omega$: Winkelgeschwindigkeit des Bezugssystems
$r$: Abstand des Massemittelpunktes von der Drehachse

Die Fliehkraft

- tritt nur im rotierenden Bezugssystem auf,
- ist stets vom Krümmungsmittelpunkt der Bahn bzw. von der Drehachse weg in Richtung des Radius nach außen gerichtet.

■ Aussage eines *ruhenden* Beobachters: Soll der Eisenbahnwagen durch eine Kurve laufen, so muß die *Radialkraft* $F_r$ durch die Schiene aufgebracht werden. Die Überhöhung der Außenschiene bewirkt, daß durch die Schiene nicht die gesamte Radialkraft aufgebracht werden muß.
Aussage eines *mitbewegten* Beobachters (z. B. Fahrgast): Am Wagen greift eine nach außen wirkende Kraft, die *Fliehkraft* $F_f$, an.

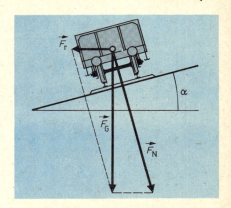

Fliehkraft und Radialkraft haben gleichen Betrag, aber entgegengesetzte Richtung. Da die zwei Kräfte in verschiedenen Bezugssystemen betrachtet werden, ist die Fliehkraft nicht die Gegenkraft zur Radialkraft.

**Kraftmoment M**

Physikalische Größe, die die Wirkung einer Kraft F auf einen festen Körper beschreibt, der um eine Achse drehbar oder in einem Punkt fest eingespannt ist. Die Wirkung hängt vom Abstand der Wirkungslinie der Kraft von der Drehachse ab. Die Wirkungslinie bildet mit dem Abstand einen rechten Winkel. Die Drehachse steht senkrecht auf der durch F und r gebildeten Ebene.

$$M = F \cdot r \cdot \sin(\vec{F}; \vec{r})$$

M: Kraftmoment
F: Kraft
r: Abstand des Angriffspunktes der Kraft von der Drehachse

Einheit: 1 N · m (ein Newtonmeter)

1 N · m ist das Kraftmoment, das eine Kraft von 1 N bezogen auf einen Punkt im Abstand von 1 m von der Drehachse erzeugt.

Greifen an einem Körper mehrere Kräfte an, so werden die Momente addiert. Dabei erhalten Momente, die in mathematisch positiver Drehrichtung wirken, ein positives Vorzeichen, die in mathematisch negativer Drehrichtung wirken, ein negatives Vorzeichen.

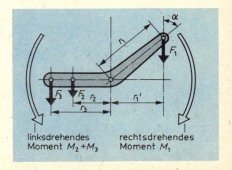

linksdrehendes Moment $M_2 + M_3$
rechtsdrehendes Moment $M_1$

# ➡ 7/3

Nach der Art der Lagerung des Körpers unterscheidet man

| Drehmoment $M_D$ | Biegemoment $M_B$ |
|---|---|
| Der Körper ist drehbar gelagert. Die Kraft $F_D$ greift im Abstand $r$ ihrer Wirkungslinie von der Drehachse an. Die Kraft verursacht eine Drehung des Körpers. | Der Körper ist nicht drehbar gelagert. Die Kraft $F_B$ greift im Abstand $l$ ihrer Wirkungslinie von der Lagerstelle an. Die Kraft verursacht eine Biegung des Körpers. |
| $M_D = F_D \cdot r$ | $M_B = F_B \cdot l$ |

**Gleichgewichtsbedingung für einen drehbaren Körper**

Ein um eine Achse drehbarer Körper befindet sich im statischen Gleichgewicht, wenn die Summe aller auf ihn wirkenden Drehmomente $M_D$ gleich Null ist.

$$\sum_{D=1}^{n} M_D = 0$$

**Trägheitsmoment $J$**

Physikalische Größe, die das Trägheitsverhalten eines um eine Achse rotierenden Körpers kennzeichnet. Es hängt von der Verteilung seiner Masseelemente in bezug auf die Drehachse ab.

$$J = \frac{M_D}{\alpha}$$
$$J = \int r^2 \cdot dm$$

- $J$: Trägheitsmoment
- $M_D$: Drehmoment
- $\alpha$: Winkelbeschleunigung
- $dm$: Masseelement
- $r$: Abstand des jeweiligen Masseelementes von der Drehachse

Einheit: $1 \, kg \cdot m^2$

$1 \, kg \cdot m^2$ ist das Trägheitsmoment eines Massepunktes mit der Masse 1 kg mit einem Abstand von 1 m zur Drehachse.
Das Trägheitsmoment eines um seine Mittelachse rotierenden Metallringes der Masse $m$ ist größer als das einer um die gleiche Achse rotierenden Metallscheibe gleicher Masse und gleichen Radius.
Für einen Massepunkt $m$, der sich auf einer Kreisbahn mit dem Radius $r$ bewegt, gilt: $J = m \cdot r^2$.

## Grundgesetz der Dynamik der Rotation

> Wirkt ein Drehmoment $M_D$ auf einen um eine Achse drehbaren Körper, so ändert sich dessen Winkelgeschwindigkeit $\omega$. Die Winkelbeschleunigung $\alpha$ ist dem wirkenden Drehmoment $M_D$ proportional.
>
> $M \sim \alpha$

Die durch ein Drehmoment bewirkte Winkelbeschleunigung hängt vom Trägheitsmoment (↗ S. 122) des Körpers ab.

Für die Rotation existiert ein dem Newtonschen Grundgesetz für die Translation analoges Gesetz.

$$M_D = J \cdot \alpha$$

$M_D$: Drehmoment
$J$: Trägheitsmoment des Körpers
$\alpha$: Winkelbeschleunigung

↗ Grundgesetz der Dynamik der Translation, S. 117

## Gegenüberstellung Translation – Rotation

Stellt man physikalische Größen und Gesetze der Translation und der Rotation einander gegenüber, so ist ein analoger Aufbau erkennbar.
↗ Translation, S. 105, Rotation, S. 114

| Translation<br>Bewegung eines Massepunktes auf einer Geraden | | Rotation<br>Drehung eines starren Körpers um eine feste Achse | | Zusammenhang zwischen den Größen bei der Kreisbewegung einer Punktmasse |
|---|---|---|---|---|
| Weg | $s$ | Drehwinkel | $\sigma$ | $\sigma = \dfrac{s}{r}$ |
| Geschwindigkeit | $v = \dfrac{ds}{dt}$ | Winkelgeschwindigkeit | $\omega = \dfrac{d\sigma}{dt}$ | $\omega = \dfrac{v}{r}$ |
| Beschleunigung | $a = \dfrac{dv}{dt}$<br>$a = \dfrac{d^2s}{dt^2}$ | Winkelbeschleunigung | $\alpha = \dfrac{d\omega}{dt}$<br>$\alpha = \dfrac{d^2\sigma}{dt^2}$ | $\alpha = \dfrac{a}{r}$ |
| Kraft | $F$ | Drehmoment | $M_D$ | $M_D = F \cdot r \cdot \sin(\vec{F}, \vec{r})$ |
| Masse | $m$ | Trägheitsmoment | $J$ | $J = \int r^2 \cdot dm$ |

**➡ 7/4**

| Bewegung eines Massepunktes auf einer Geraden | | Drehung eines starren Körpers um eine feste Achse | |
|---|---|---|---|
| Newtonsches Grundgesetz | $F = m \cdot a$ | Grundgesetz der Drehbewegung | $M_D = J \cdot \alpha$ |
| Impuls | $p = m \cdot v$ | Drehimpuls | $L = J \cdot \omega$ |
| Impulsänderung | $\dfrac{dp}{dt} = F$ | Drehimpulsänderung | $\dfrac{dL}{dt} = M_D$ |
| Impulserhaltung | $\sum\limits_{k=1}^{n} m_k \cdot v_k = \text{konstant}$ | Drehimpulserhaltung | $\sum\limits_{k=1}^{n} J_k \cdot \omega_k = \text{konstant}$ |
| Arbeit | $W = \int\limits_{s_1}^{s_2} F \cdot \cos(\vec{F}, \vec{s})\, ds$ | Rotationsarbeit | $W = \int\limits_{\sigma_1}^{\sigma_2} M_D \cdot d\sigma$ |
| Translation | $E_{kin} = \dfrac{m}{2} \cdot v^2$ | Rotationsenergie | $E_{rot} = \dfrac{J}{2} \cdot \omega^2$ |
| Leistung | $P = \dfrac{dW}{dt}$ | Leistung | $P = \dfrac{dW}{dt}$ |

## 7.4. Arbeit und Energie

**Mechanische Arbeit W**

Physikalische Größe, die den Vorgang kennzeichnet, bei dem ein Körper längs des Weges durch eine Kraft bewegt oder verformt wird. Die mechanische Arbeit ist eine Prozeßgröße, durch die Energieänderungen von Systemen erfaßt werden.
↗ System, S. 150
↗ Prozeßgröße, S. 9

> (1) $W = F \cdot s \cdot \cos \alpha$
> (2) $W = \int\limits_{s_1}^{s_2} F \cdot \cos(\vec{F}, \vec{s})\, ds$

W: Arbeit
F: Kraft
s: Weg
$\alpha$: Winkel zwischen $\vec{F}$ und $\vec{s}$

Gleichung (1) gilt für eine konstante Kraft;
Gleichung (2) gilt für eine veränderliche Kraft, $F = f(s)$.
Einheiten: $1\,N \cdot m$ (ein Newtonmeter), $1\,W \cdot s$ (eine Wattsekunde), $1\,J$ (ein Joule),
$1\,N \cdot m = 1\,W \cdot s = 1\,J$

1 J ist die Arbeit, die verrichtet wird, wenn sich der Angriffspunkt der Kraft 1 N um 1 m in Wegrichtung verschiebt. Die Arbeit kann mit Hilfe von Arbeitsdiagrammen dargestellt werden. Der Inhalt der blauen Fläche im Diagramm ist ein Maß für die Arbeit W, die verrichtet wird, wenn ein Geschoß in einem Gewehrlauf beschleunigt wird.

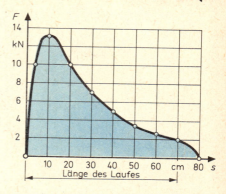

| Verschiebungsarbeit | Beschleunigungsarbeit |
|---|---|
| Angriffspunkt der Kraft wird *gleichförmig* bewegt. | Angriffspunkt der Kraft wird *beschleunigt* bewegt. |
| Heben eines Körpers | Anfahren eines Fahrzeuges, Start einer Rakete |

*Allgemeiner Fall und Sonderfälle zur Berechnung der Arbeit*

| | | | |
|---|---|---|---|
| Bedingung | Kraft veränderlich; Kraft und Weg bilden einen beliebigen Winkel | Betrag der Kraft konstant; Kraft und Weg bilden einen beliebigen konstanten Winkel | Betrag der Kraft konstant; Kraft und Weg bilden den Winkel 0° |
| Gleichung | $W = \int_{s_1}^{s_2} \vec{F}_s \cdot d\vec{s}$ | $W = F \cdot s \cdot \cos(\vec{F}, \vec{s})$ | $W = F \cdot s$ |
| Zeichnerische Darstellung | Hubarbeit — $F_H$ und $F_G$ haben den gleichen Betrag | Reibungsarbeit | Federspannarbeit |

➡ 7/4

|  | Hubarbeit | Reibungsarbeit | Federspannarbeit |
|---|---|---|---|
| Gleichung | $W = F_H \cdot h$<br>$W = F_G \cdot h$<br>$W = m \cdot g \cdot h$ | $W = F_1 \cdot s$<br>$W = F_R \cdot s$ | $W = \frac{1}{2} F_E \cdot s$<br>$F_E$: Endkraft<br>$W = \frac{1}{2} k \cdot s^2$<br>$k$: Federkonstante |
| Bedingung | $F$ = konstant<br>$v$ = konstant | $F$ = konstant<br>$v$ = konstant | $F \sim s$<br>Die gespannte Feder wird nur elastisch verformt. |
| Arbeits-diagramm | *Diagramm: Rechteck mit Höhe $F_G$, Breite $h$, Fläche $W$* | *Diagramm: Rechteck mit Höhe $F_1$, Breite $s$, Fläche $W$* | *Diagramm: Dreieck mit Höhe $F_E$, Breite $s$, Fläche $W_F$* |
| Beispiel | Anheben eines Bauteiles mittels Kran | horizontal gleitendes Maschinenteil | Spannen der Feder beim Luftgewehr |

**Goldene Regel der Mechanik**

| Bei Verwendung kraftumformender Einrichtungen ist die zugeführte mechanische Arbeit $W_1$ gleich der abgegebenen mechanischen Arbeit $W_2$, wenn die auftretende Reibung vernachlässigt werden kann. | $W_1 = W_2$ <br> $\int_{s_1}^{s_2} F_s \cdot ds = \int_{s_3}^{s_4} F_s \cdot ds$ |
|---|---|

**Kraftumformende Einrichtungen**

Einfache Maschinen, die folgende Bedingungen erfüllen:
Richtung und bzw. oder der Betrag der Kraft wird geändert.
Im reibungsfreien Fall gilt die *Goldene Regel der Mechanik*.
In der folgenden Übersicht werden zwei Fälle für die genannten kraftumformenden Einrichtungen unterschieden.

**1. Verrichten von Arbeit**

Charakterisiert einen *Vorgang*: es herrscht kein statisches Gleichgewicht.

**2. Statisches Gleichgewicht**

Charakterisiert einen *Zustand*: es wird keine Arbeit verrichtet.

| Kraftumformende Einrichtung | | Arbeit | Gleichgewicht | Gleichung für Gleichgewicht | Beispiel |
|---|---|---|---|---|---|
| Hebel | Zweiseitig, gleicharmig ungleicharmig | | | $M_1 = M_2$ $F_1 \cdot l_1 = F_2 \cdot l_2$ | Dezimalwaage |
| | Einseitig, gleicharmig ungleicharmig | | | | Hebelverschluß an Skibindung, Flaschenöffner |
| Rollen | Feste Rolle | | | $F_1 = F_2$ | Umlenkrolle |
| | Lose Rolle | | | $F_1 = \dfrac{F_2}{2}$ | Spanneinrichtung von Fahrdrähten |
| Flaschenzug | | | | $F_1 = \dfrac{F_2}{n}$ | Hebeeinrichtung |
| Geneigte Ebene | | $F_H \cdot l = F_G \cdot h$ $s_1 = l$ $s_2 = h$ $F_1 = F_H \quad F_2 = F_G$ | | $F = F_H$ $F = F_G \cdot \sin \alpha$ | Schrägaufzug |

## 7/4

**Mechanische Energie E**

Physikalische Größe, mit der das Arbeitsvermögen mechanischer Systeme gekennzeichnet wird. Die Energie ist eine Zustandsgröße.
↗ System, S. 150
↗ Zustandsgröße, S. 9

Man unterscheidet:

**Potentielle Energie** $E_{pot}$     $E_{pot} = m \cdot g \cdot h$

**Kinetische Energie** $E_{kin}$     $E_{kin} = \frac{m}{2} \cdot v^2$

Einheiten: 1 N · m (ein Newtonmeter), 1 W · s (eine Wattsekunde), 1 J (ein Joule)
1 N · m = 1 W · s = 1 J

Zwischen mechanischer Arbeit und Energie besteht der Zusammenhang:

$\Delta(E_{kin} + E_{pot}) = W$

W: mechanische Arbeit
$E_{kin}$: kinetische Energie
$E_{pot}$: potentielle Energie

Für die mechanische Energie existiert ein Erhaltungssatz
↗ Energieerhaltungssatz, S. 57

*Mechanische Arbeit und mechanische Energie*

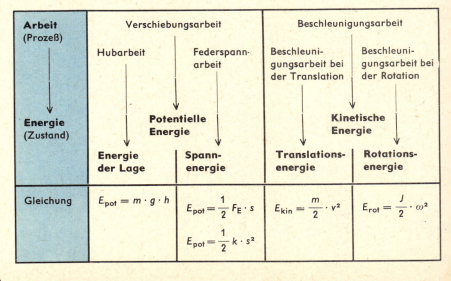

| Arbeit (Prozeß) | Verschiebungsarbeit | | Beschleunigungsarbeit | |
|---|---|---|---|---|
| | Hubarbeit | Federspannarbeit | Beschleunigungsarbeit bei der Translation | Beschleunigungsarbeit bei der Rotation |
| Energie (Zustand) | Potentielle Energie | | Kinetische Energie | |
| | Energie der Lage | Spannenergie | Translationsenergie | Rotationsenergie |
| Gleichung | $E_{pot} = m \cdot g \cdot h$ | $E_{pot} = \frac{1}{2} F_E \cdot s$ $E_{pot} = \frac{1}{2} k \cdot s^2$ | $E_{kin} = \frac{m}{2} \cdot v^2$ | $E_{rot} = \frac{J}{2} \cdot \omega^2$ |

**Energieumwandlung**

Umwandlung von Energiearten ineinander durch den Prozeß des Verrichtens von Arbeit.
↗ Mechanische Arbeit, S. 124, Wiss Che, S. 77

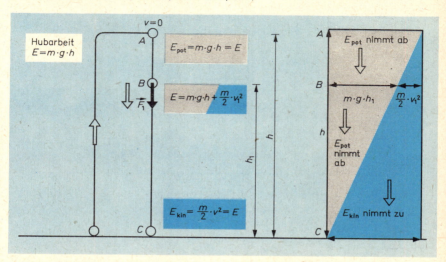

Beispiel zur Energieumwandlung beim freien Fall eines Körpers

**Mechanische Leistung $P$**

Physikalische Größe, die beschreibt, wie schnell eine mechanische Arbeit verrichtet wird.

$$P = \frac{dW}{dt}$$

$P$: Leistung
$W$: Arbeit
$t$: Zeit

Einheiten: 1 W (ein Watt), 1 N · m · s$^{-1}$ (ein Newtonmeter je Sekunde)
1 N · m · s$^{-1}$ = 1 J · s$^{-1}$ = 1 W
1 W ist die Leistung eines gleichförmig ablaufenden Vorganges, bei dem in der Zeit 1 s die Arbeit 1 J verrichtet wird.

*Allgemeiner Fall und Sonderfälle der Leistung*

| Bedingung | Leistung zeitlich verändert (Augenblicksleistung) | Leistung zeitlich konstant | Kraft konstant Bewegung gleichförmig |
|---|---|---|---|
| Gleichung | $P = \dfrac{dW}{dt}$ | $P = \dfrac{F \cdot s}{t}$ ; $P = \dfrac{W}{t}$ | $P = F \cdot v$ |

## Mechanischer Wirkungsgrad η

Physikalische Größe, die den nutzbaren Anteil der aufgewendeten mechanischen Arbeit kennzeichnet.

$$\eta = \frac{W_{nutz}}{W_{aufgew}}$$
$$\eta = \frac{P_{nutz}}{P_{aufgew}}$$

$\eta$: mechanischer Wirkungsgrad
$W_{nutz}$: nutzbringende Arbeit
$W_{aufgew}$: aufgewandte Arbeit
$P_{nutz}$: nutzbringende Leistung
$P_{aufgew}$: aufgewandte Leistung

| Die nutzbringende Arbeit einer Maschine ist stets kleiner als die aufgewandte Arbeit. | $W_{nutz} < W_{aufgew}$ |
|---|---|
| Der Wirkungsgrad $\eta$ jeder Maschine ist kleiner als 1. | $\eta < 1$ |

Der Wirkungsgrad hat z. B. die Einheit $1 \frac{N \cdot m}{N \cdot m}$, er wird deshalb als Dezimalbruch oder in Prozent angegeben.

- $\eta = 0{,}42$ oder $\eta = 42\%$

Der Gesamtwirkungsgrad einer Anlage ist gleich dem Produkt der Wirkungsgrade ihrer Teile.

## 7.5. Impuls und Drehimpuls

### Kraftstoß S

Physikalische Größe, die die Wirkung einer Kraft in Abhängigkeit von der Zeit beschreibt. Er ist eine vektorielle Prozeßgröße.

$$(1)\ S = F \cdot \Delta t$$
$$(2)\ S = \int_{t_1}^{t_2} F \cdot dt$$

S: Kraftstoß
F: Kraft
t: Zeit

Gleichung (1) gilt für eine konstante Kraft, $F =$ konstant.
Gleichung (2) gilt für eine zeitlich veränderliche Kraft, $F = f(t)$.
Einheit: $1\ N \cdot s$ (ein Newtonsekunde) $1\ N \cdot s = 1\ kg \cdot m \cdot s^{-1}$
$1\ N \cdot s$ ist der Kraftstoß auf einen Körper, auf den die Kraft 1 N während der Zeit 1 s wirkt.

### Impuls p

Physikalische Größe, die den Bewegungszustand eines Körpers in Abhängigkeit von seiner Masse kennzeichnet. Er ist eine vektorielle Zustandsgröße.

$p = m \cdot v$

p: Impuls
m: Masse des Körpers
v: Geschwindigkeit

Einheit: $1 \text{ kg} \cdot \text{m} \cdot \text{s}^{-1}$

$1 \text{ kg} \cdot \text{m} \cdot \text{s}^{-1}$ ist der Impuls eines sich mit der Geschwindigkeit $1 \text{ m} \cdot \text{s}^{-1}$ bewegenden Körpers der Masse 1 kg. Für den Impuls gilt ein Erhaltungssatz. ↗ Impulserhaltungssatz, S. 61

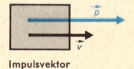

Impulsvektor

## Zusammenhang von Kraftstoß und Impuls

Schreibt man das Newtonsche Grundgesetz (↗ S. 124) in der Form $F = m \cdot \dfrac{\Delta v}{\Delta t}$ und formt um, so ergibt sich $F \cdot \Delta t = m \cdot \Delta v$.

Die Impulsänderung eines Körpers ist gleich dem ihm zugeführten Kraftstoß.

$F \cdot \Delta t = \Delta(m \cdot v)$

$\int_{t_1}^{t_2} F \cdot dt = m \cdot v_2 - m \cdot v_1$

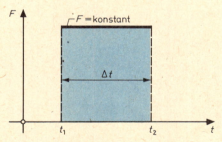

Kraftstoß bei konstanter Kraft

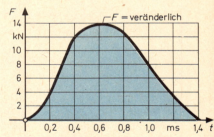

Kraftstoß beim Abfeuern eines Gewehres; $S \approx 11 \text{ N} \cdot \text{s}$

## Zusammenhang von Impuls und Schubkraft

Wirkt in einem System aus zwei Körpern der Massen $m_1$ und $m_2$ zwischen beiden eine Kraft, so gilt nach dem Impulserhaltungsgesetz:

$m_1 \cdot v_1 + m_2 \cdot v_2 = 0$ oder
$m_1 \cdot v_1 = - m_2 \cdot v_2$

### ➡ 7/5

Die Schubkraft $F_1$ einer Rakete ist die Wechselwirkungskraft zu der beim Kraftstoß S wirkenden Kraft F. Für die Schubkraft gilt:

$$F_1 = \frac{m_2}{t_1} \cdot v_2$$

- Rakete: $m_1$: Masse der Rakete; $m_2$: Masse des ausströmenden Gases; $m_2/t_1$: Massestrom der ausströmenden Gase

**Zentraler Stoß**

Aufeinandertreffen zweier Körper, die sich auf der Verbindungsgeraden ihrer Schwerpunkte bewegen. Beim Stoß ändern sich die Impulse der beiden Körper, der Gesamtimpuls bleibt jedoch erhalten.
↗ Impulserhaltungssatz, S. 61

Man unterscheidet die beiden Idealfälle
**elastischer Stoß** und **unelastischer Stoß**.

| | Elastischer zentraler Stoß | Unelastischer zentraler Stoß |
|---|---|---|
| Kennzeichen | Beim Stoß entstehende Verformungen bilden sich vollkommen zurück. Es wird nur mechanische Energie übertragen. Es gilt der Satz von der Erhaltung der mechanischen Energie<br><br>$v_1, v_2$: Geschwindigkeiten der beiden Körper vor dem Stoß<br><br>$u_1, u_2$: Geschwindigkeiten der beiden Körper nach dem Stoß | Beim Stoß entstehende Verformungen bleiben bestehen. Die beiden Körper haben nach dem Stoß die gleiche Geschwindigkeit. Da ein Teil der mechanischen Energie in innere Energie umgewandelt wird, gilt der Satz von der Erhaltung der mechanischen Energie nicht.<br><br>$v_1, v_2$: Geschwindigkeiten der beiden Körper vor dem Stoß<br><br>$u$: Geschwindigkeit der beiden Körper nach dem Stoß |
| Impulserhaltungssatz | $m_1 \cdot v_1 + m_2 \cdot v_2$ $= m_1 \cdot u_1 + m_2 \cdot u_2$ | $m_1 \cdot v_1 + m_2 \cdot v_2$ $= (m_1 + m_2) u$ |
| Energieerhaltungssatz der Mechanik | $\frac{m_1}{2} \cdot v_1^2 + \frac{m_2}{2} \cdot v_2^2$ $= \frac{m_1}{2} \cdot u_1^2 + \frac{m_2}{2} \cdot u_2^2$ | Gilt nicht |

|  | Elastischer zentraler Stoß | Unelastischer zentraler Stoß |
|---|---|---|
| Geschwindigkeiten nach dem Stoß (allgemeiner Fall) | $u_1 = \dfrac{(m_1 - m_2) \cdot v_1 + 2 m_2 \cdot v_2}{m_1 + m_2}$<br>$u_2 = \dfrac{(m_2 - m_1) v_2 + 2 \cdot m_1 \cdot v_1}{m_1 + m_2}$ | $u = \dfrac{m_1 \cdot v_1 + m_2 \cdot v_2}{m_1 + m_2}$ |
| Sonderfall $m_1 = m_2$ | $u_1 = v_2$<br>$u_2 = v_1$ | $u = \dfrac{v_1 + v_2}{2}$ |
| Sonderfall $m_1 \ll m_2$ $v_2 = 0$ (Stoß gegen eine Wand) | $u_1 = -v_1$<br>$u_2 = 0$ | $u = 0$ |
| Beispiel | Dynamische Härteprüfung, Nachweis von Neutronen in der Nebelkammer, Stoß von Billardkugeln. | Schuß einer Bleikugel in einen Sandsack (Bestimmung von Geschoßgeschwindigkeiten) |

## Drehimpuls L

Physikalische Größe, die den Bewegungszustand eines rotierenden Körpers in Abhängigkeit vom Trägheitsmoment kennzeichnet.

$$L = J \cdot \omega$$

$L$: Drehimpuls
$J$: Trägheitsmoment
$\omega$: Winkelgeschwindigkeit

Einheit: $1 \text{ kg} \cdot \text{m}^2 \cdot \text{s}^{-1}$

$1 \text{ kg} \cdot \text{m}^2 \cdot \text{s}^{-1}$ ist der Drehimpuls eines Massepunktes mit dem Impuls $1 \text{ kg} \cdot \text{m} \cdot \text{s}^{-1}$, der eine Kreisbahn mit dem Radius 1 m durchläuft.

Schreibt man das Grundgesetz der Dynamik der Rotation (↗ S. 123) in der Form $M_D = J \dfrac{d\omega}{dt}$, so kann man das Drehmoment als Differentialquotienten des Drehimpulses nach der Zeit darstellen: $M_D = \dfrac{d(J \cdot \omega)}{dt}$,

$M_D = \dfrac{dL}{dt}$.

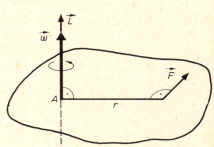

Für den Drehimpuls existiert ein Erhaltungssatz.
↗ Drehimpulserhaltungssatz, S. 61.

## 7.6. Mechanische Schwingungen und Wellen

**Mechanische Schwingung**

Vorgang, der durch zeitlich periodische Änderung mechanischer Größen gekennzeichnet ist.
Der Körper wird als Massepunkt angesehen. Die Beschreibung der Bewegung erfolgt mit Hilfe sich zeitlich periodisch ändernder physikalischer Größen. Geeignete Größen für die Beschreibung sind z. B. Weg, Auslenkwinkel, Geschwindigkeit, Kraft, Energie.
↗ Kenngrößen einer Schwingung, S. 70

**Arten von Schwingungen**

Mechanische Schwingungen können unter verschiedenen Aspekten klassifiziert werden.
↗ Größenart, S. 70

**Harmonische Schwingung**

Periodischer Vorgang, bei der die Beschreibung durch die zeitliche Veränderung einer physikalischen Größe erfolgt, die durch Sinus- oder Kosinusfunktionen dargestellt wird. Die den Körper in die Ruhelage zurücktreibende Kraft ist proportional der Elongation:

$F \sim y; \quad F = -k \cdot y$

| Beispiel | Pendelschwinger (bei kleinen Elongationen) | Horizontaler Federschwinger |
|---|---|---|
| Rücktreibende Kraft | Die rücktreibende Kraft ist die in Bahnrichtung wirkende Komponente der Gewichtskraft | Die rücktreibende Kraft ist die Federkraft |
| Schwingungsdauer | $T = 2\pi \sqrt{\dfrac{l}{g}}$ <br> $l$: Fadenlänge | $T = 2\pi \sqrt{\dfrac{m}{k}}$ <br> $k =$ Federkonstante |
| Energie | Ständige Umwandlung von potentieller Energie ($v = 0$) in kinetische Energie ($y = 0$) und umgekehrt <br><br> $E_{kin} = \dfrac{m}{2} \cdot v^2_{max} \cdot \cos^2\left(\sqrt{\dfrac{g}{l}} \cdot t + \varphi\right)$ | Ständige Umwandlung von Federspannenergie ($v = 0$) in kinetische Energie ($y = 0$) und umgekehrt <br><br> $E_{kin} = \dfrac{m}{2} \cdot v^2_{max} \cdot \cos^2\left(\sqrt{\dfrac{k}{m}} \cdot t + \varphi\right)$ |

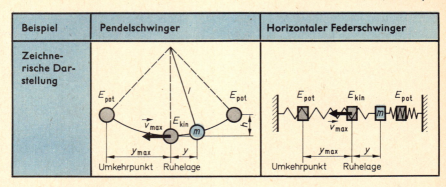

| Beispiel | Pendelschwinger | Horizontaler Federschwinger |
|---|---|---|
| Zeichnerische Darstellung | | |

## Gleichungen der harmonischen Schwingung

**Weg**

$$y = y_{max} \cdot \sin(\omega \cdot t + \varphi)$$

**Geschwindigkeit**

$$\frac{dy}{dt} = v = \omega \cdot y_{max} \cdot \cos(\omega \cdot t + \varphi)$$

$$v = v_{max} \cdot \cos(\omega \cdot t + \varphi)$$

**Beschleunigung**

$$\frac{d^2y}{dt^2} = \frac{dv}{dt} = a = -\omega^2 \cdot y_{max} \cdot \sin(\omega \cdot t + \varphi)$$

$$a = -a_{max} \cdot \sin(\omega \cdot t + \varphi)$$

$$a = -\omega^2 \cdot y$$

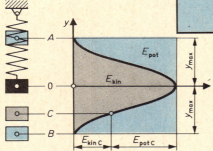

Der ausgelenkte Körper eines Federschwingers ändert durch die rücktreibende Kraft an den Umkehrpunkten die Richtung seiner Bewegung und wird durch die Trägheit über die Ruhelage hinwegbewegt. Damit wird der andere Umkehrpunkt erreicht und der Vorgang beginnt von neuem.

## Resonanz

Erscheinung, bei der ein schwingungsfähiges System infolge erzwungener Schwingungen zum Schwingen mit maximaler Amplitude angeregt wird. Die Amplitude einer erzwungenen Schwingung (↗ S. 74) hängt von der Dämpfung und der Frequenz des Erregers ab. Ist die Dämpfung groß (große Reibung), so sind die Amplituden klein.

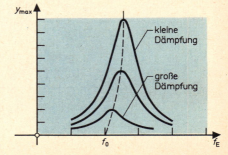

Resonanzkurve

## 7/6

Stimmt die Erregerfrequenz $f_E$ mit der Eigenfrequenz $f_0$ der Resonatorschwingung überein, so erreicht die Amplitude ein Maximum. Dies ist der **Resonanzfall** $f_E = f_0$.

- Zungenfrequenzmesser

**Mechanische Welle**

Vorgang, bei dem mechanische Energie durch Kopplung von Schwingern übertragen wird.
Eine mechanische Welle wird beschrieben durch sich zeitlich und örtlich periodisch ändernde physikalische Größen der Mechanik. Geeignete Größen für die Beschreibung sind z. B. Elongation, Weg, Geschwindigkeit, Druck, Dichte, Kraft, Energie.
↗ Kenngrößen, S. 70

**Kopplung mechanischer Schwinger**

Voraussetzung dafür, daß Energie von einem mechanischen Schwinger auf einen anderen mechanischen Schwinger übertragen werden kann. Sie kann z. B. durch mechanische, magnetische oder molekulare Kräfte erfolgen.
↗ Wellen, S. 69

**Arten von Wellen**

Mechanische Wellen können unter verschiedenen Aspekten klassifiziert werden.
↗ Schwingungsrichtung, S. 75, Ausbreitung, S. 75

**Harmonische mechanische Welle**

Welle, deren gekoppelte mechanische Schwinger harmonische Schwingungen (↗ S. 73) ausführen.
Da eine Welle ein *örtlich* und *zeitlich* periodischer Vorgang ist, kann sie durch zwei Gleichungen bzw. Diagramme beschrieben werden.

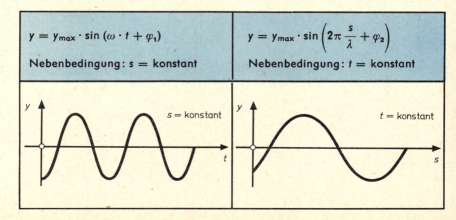

| $y = y_{max} \cdot \sin(\omega \cdot t + \varphi_1)$ | $y = y_{max} \cdot \sin\left(2\pi \dfrac{s}{\lambda} + \varphi_2\right)$ |
|---|---|
| Nebenbedingung: $s =$ konstant | Nebenbedingung: $t =$ konstant |

Die Gleichungen können zusammengefaßt werden:

$y = f(s, t)$,

$y = y_{max} \cdot \sin\left[2\pi\left(\dfrac{s}{\lambda} - \dfrac{t}{T}\right) + \varphi\right]$

## Reflexion, Brechung und Beugung

Erscheinungen, die beim Auftreffen von mechanischen Wellen auf Körper auftreten können. Dabei erfolgt eine Änderung der Ausbreitungsrichtung von Wellen. Diese Erscheinungen finden ihre Erklärung mit Hilfe des Huygensschen Prinzips.

↗ Huygenssches Prinzip, S. 76

| Reflexion | Brechung | Beugung |
|---|---|---|
| Reflexion ist das Zurückwerfen einer Welle, wenn sie auf die Grenzfläche eines Körpers trifft. | Brechung ist die Richtungsänderung einer Welle, wenn sie durch die Grenzfläche zwischen zwei verschiedenen Körpern geht. | Beugung ist die Richtungsänderung einer Welle, wenn sie auf Spalte oder Kanten trifft. |
| **Reflexionsgesetz:** $\alpha = \alpha'$ Lot, Einfallswinkel $\alpha$ und Reflexionswinkel $\alpha'$ liegen in einer Ebene. | **Brechungsgesetz:** $\dfrac{\sin \alpha}{\sin \beta} = \dfrac{v_1}{v_2}$ $v_1; v_2$. Geschwindigkeiten in den betreffenden Medien | |

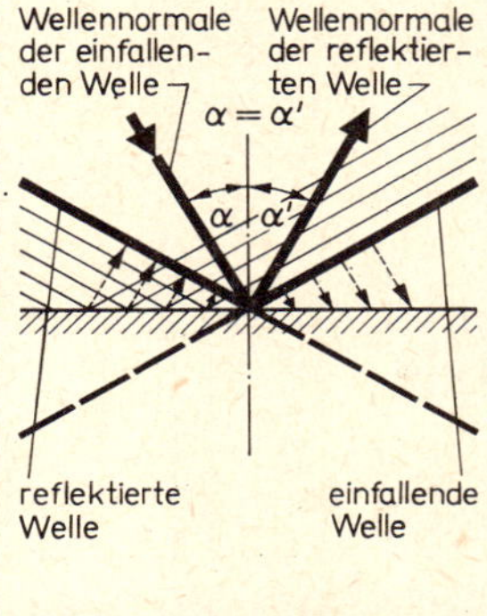

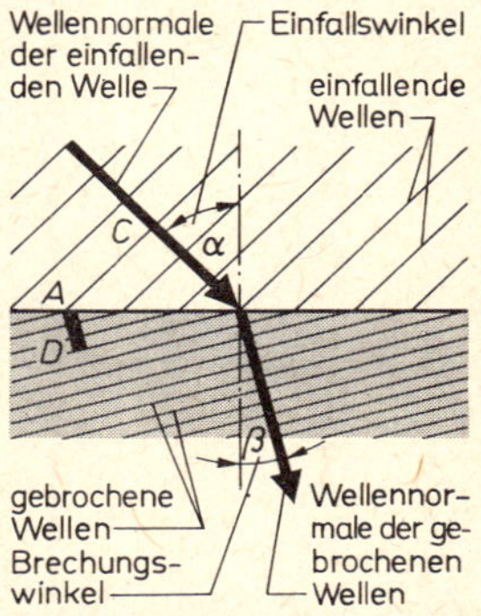

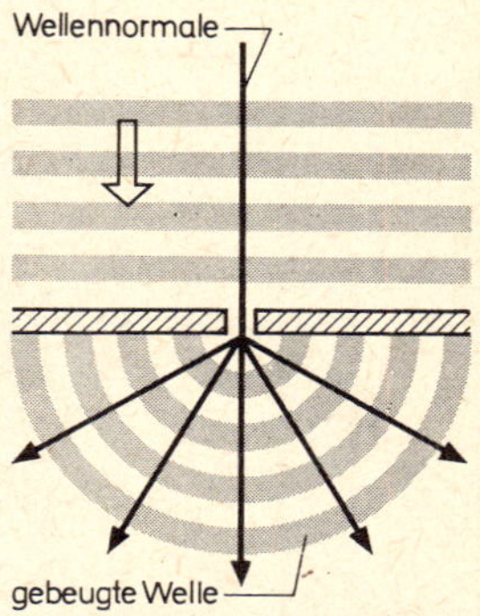

# 7/6

**Interferenz**

Überlagerung mehrerer Wellen. Die Wellen beeinflussen einander dabei nicht. Die Elongationen der einzelnen Wellen addieren sich bei der Überlagerung.

■ Überlagerung von zwei Wellen gleicher Frequenzen und gleicher Amplitude. Je nach Betrag des **Gangunterschiedes** tritt Verstärkung oder Schwächung ein:

Verstärkung: Gangunterschied $\quad k \cdot \lambda \quad$ ($k = (0, 1, 2, \ldots)$

Auslöschung: Gangunterschied $\quad (2k+1)\frac{\lambda}{2}$ ($k = 0, 1, 2, \ldots$)

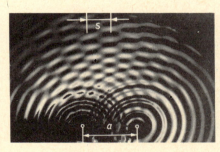 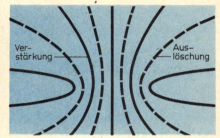

Interferenz von Kreiswellen

**Stehende Welle.** Überlagerung zweier Wellen gleicher Amplitude und gleicher Frequenz, die in entgegengesetzter Richtung verlaufen. Es entsteht eine Welle, bei der kein Schwingungszustand durch den Raum wandert.
Das Schwingungsbild steht im Raum still, an bestimmten Raumpunkten entstehen Schwingungsknoten.

■ Reflexion einer Seilwelle, stehende Wellen in Pfeifen

Zeichnerische Darstellung einer stehenden Welle. Von Bild zu Bild hat sich jede der beiden Teilwellen um eine Achtelwellenlänge weiter bewegt, und zwar die eine nach links, die andere nach rechts. Auf der Zeichnung erkennt man, daß die resultierende Welle nicht fortschreitet. Der Abstand zweier Knoten ist konstant und beträgt jeweils $\frac{\lambda}{2}$

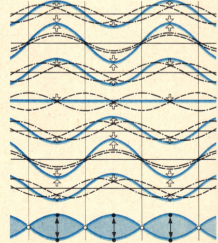

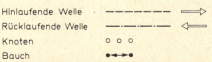

Hinlaufende Welle
Rücklaufende Welle
Knoten
Bauch

## 7.7. Gravitation

**Gravitation**

Eigenschaft aller Körper, aufeinander Kräfte auszuüben und dadurch einander anzuziehen. Die dabei auftretende Kraft heißt *Gravitationskraft*.

**Gravitationsfeld**

Erscheinungsform der Materie im Raumgebiet um jeden Körper. Das Gravitationsfeld ist gekennzeichnet durch Anziehungskräfte zwischen den Körpern. Die auf einen Körper der Masse $m$ wirkende Gewichtskraft $F_G$ und die Gravitationskraft $F_g$ kennzeichnen die gleiche Erscheinung. Es gilt in Erdnähe angenähert (Vernachlässigung der Fliehkraft infolge der Erdrotation):

$F_G = F_g$
Mit $F_G = m \cdot g$ und
$F_g = \gamma \cdot \dfrac{m \cdot M}{r^2}$ folgt:

$m \cdot g = \gamma \cdot \dfrac{m \cdot M}{r^2}$ ,

$g = \gamma \cdot \dfrac{M}{r^2}$ . $M$: Masse der Erde

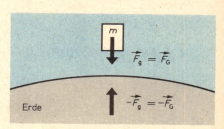

**Gravitationsfeldstärke $E_g$**

$E_g$: Gravitationsfeldstärke  $\gamma$: Gravitationskonstante
$M$: Masse des das Feld verursachenden Körpers
$r$: Abstand des betrachteten Ortes vom Körper

Die Gravitationsfeldstärke $E_g$ ist identisch mit der Gravitationsbeschleunigung. Sie ist eine vektorielle Größe. In jedem Punkt des Gravitationsfeldes eines Himmelskörpers ist eine bestimmte Gravitationsfeldstärke vorhanden, die das Feld kennzeichnet.

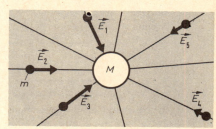

**Gravitationsgesetz**

Quantitative Beschreibung der Erscheinung, daß Körper infolge der Gravitation einander anziehen.

$F_g \sim \dfrac{m_1 \cdot m_2}{r^2}$

$F_g = \gamma \cdot \dfrac{m_1 \cdot m_2}{r^2}$

$F_g$: Gravitationskraft zwischen zwei Körpern
$m_1$; $m_2$: Massen der beiden Körper
$r$: Abstand der beiden Körper
$\gamma$: Gravitationskonstante

## 7/7

### Gravitationskonstante γ

Für das Weltall gültige Konstante; sie dient zum quantitativen Erfassen von Gravitationskräften.

$$\gamma = (6{,}670 \pm 0{,}007) \cdot 10^{-11} \; N \cdot m^2 \cdot kg^{-2}$$

### Arbeit im Gravitationsfeld

Wird ein Körper um die Höhe $h$ gehoben, so ist die dabei zu verrichtende Arbeit nur von der Höhe $h$ und nicht vom Weg $s$ abhängig.

Es gilt: $W_{P_1 P_2} = \int_{P_1}^{P_2} F_s \cdot ds$

mit $F = \gamma \cdot \dfrac{M \cdot m}{r^2}$

$W_{P_1 P_2} = \int_{r_1}^{r_2} \gamma \cdot \dfrac{M \cdot m}{r^2} \cdot dr;$

$W_{P_1 P_2} = \gamma \cdot M \cdot m \left( \dfrac{1}{r_1} - \dfrac{1}{r_2} \right)$

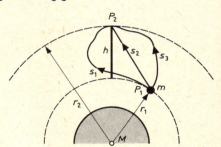

### Keplersche Gesetze

Johannes Kepler (1609) beschrieb die Bewegung der Planeten durch die folgenden drei Gesetze:

*1. Gesetz*

Alle Planeten bewegen sich auf Ellipsenbahnen, in deren einem Brennpunkt die Sonne steht.

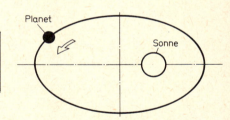

*2. Gesetz*

Ein von der Sonne zu einem Planeten gezogener Leitstrahl überstreicht in gleichen Zeiten gleiche Flächen.

$$\dfrac{\Delta A}{\Delta t} = \text{konstant}$$

Folgerung:
Der Betrag der Bahngeschwindigkeit ist in Sonnennähe größer als in Sonnenferne

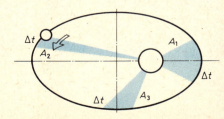

## 3. Gesetz

> Die Quadrate der Umlaufzeiten $T$ zweier Planeten verhalten sich wie die dritten Potenzen der großen Halbachsen $a$ ihrer Bahnen.
>
> $T_1^2 : T_2^2 = a_1^3 : a_2^3$
>
> $\dfrac{T^2}{a^3} =$ konstant

Folgerung:
Der Quotient $\dfrac{T^2}{a^3}$ ist für alle Planeten eines Sonnensystems konstant.

Die seit 1957 gestarteten Raumflugkörper und Raumfahrzeuge führten zu einer überzeugenden Bestätigung der Planetengesetze.
↗ historischer Anhang, S. 319

## Kosmische Geschwindigkeiten

Für das Erreichen bestimmter kosmischer Bahnen charakteristische Geschwindigkeiten.
Die hier angegebenen Geschwindigkeitsbeträge gelten jeweils nur für Körper, die von der Erde aus gestartet werden sollen.

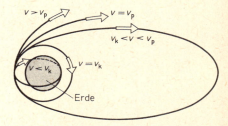

### Kreisbahngeschwindigkeit

> Die erste kosmische Geschwindigkeit $v_k$ ist die Geschwindigkeit, die ein Körper haben muß, wenn er sich ständig auf einer Kreisbahn nahe der Erdoberfläche bewegen soll.
>
> $T_k$: Umlaufzeit; $r$: Erdradius; $M$: Erdmasse
>
> $v_k = \sqrt{\dfrac{\gamma \cdot M}{r}}$
>
> $v_k = 7\,912\ \mathrm{m \cdot s^{-1}}$
>
> $T_k = 2\pi \sqrt{\dfrac{r^3}{\gamma \cdot M}}$

### Parabelbahngeschwindigkeit

> Die zweite kosmische Geschwindigkeit $v_p$ ist die Mindestgeschwindigkeit, die ein Körper haben muß, wenn er sich ständig von der Erde entfernen soll.
>
> $v_p = \sqrt{\dfrac{2\gamma \cdot M}{r}}$
>
> $v_p = 11\,190\ \mathrm{m \cdot s^{-1}}$

### Hyperbelbahngeschwindigkeit

> Die dritte kosmische Geschwindigkeit $v_h$ ist die Mindestgeschwindigkeit, die ein Körper haben muß, wenn er sich aus dem Sonnensystem entfernen soll.
>
> $v_h = 16\,700\ \mathrm{m \cdot s^{-1}}$

Für Parabel- und Hyperbelbahngeschwindigkeit gelten die obigen Formulierungen nur für den Scheitelpunkt der Bahn.

## 7.8. Mechanik der Flüssigkeiten und Gase

**Druck in Flüssigkeiten und Gasen**

Physikalische Größe zur Beschreibung des Zustandes flüssiger und gasförmiger Körper.
In ruhenden Flüssigkeiten und Gasen muß unterschieden werden zwischen:

**Schweredruck**, der infolge der Gravitation entsteht und

**Kolbendruck**, der entsteht, wenn Kräfte von außen auf den flüssigen oder gasförmigen Körper wirken.
In strömenden Flüssigkeiten und Gasen unterscheidet man:

**statischer Druck, Staudruck** und **Schweredruck**
(↗ S. 146)

| | Kolbendruck | Schweredruck | |
|---|---|---|---|
| | Flüssigkeiten und Gase | Flüssigkeiten | Luft |
| Kenn-zeichen | Der Kolbendruck $p$, der auf eine Flüssigkeit oder ein Gas wirkt, ist gleich dem Quotienten aus der Kolbendruckkraft $F$ und der gedrückten Fläche $A$. $$p = \frac{F}{A}$$ | Der Schweredruck $p$ in einer Flüssigkeit nimmt linear mit der Tiefe $h$ zu. $$p = \varrho \cdot g \cdot h$$ $\varrho$: Dichte der Flüssigkeit | Der Luftdruck nimmt exponentiell mit der Höhe $h$ ab. $$p = p_0 \cdot e^{-\frac{\varrho_0}{p_0} g \cdot h}$$ $p_0$: Luftdruck in der Höhe 0 m $\varrho_0$: Dichte der Luft bei 0 °C und 1013 mbar |
| Eigen-schaften | Der Druck breitet sich allseitig und gleichmäßig aus. | Der Schweredruck hängt nicht von der Gefäßform ab. | Infolge der Kompressibilität von Gasen ist die Dichte der Luft von der Höhe abhängig. |
| Bild | $F_1 < F_2$ $p_1 < p_2$ $V_1 > V_2$ | Wasser | Luft |

## Hydraulische Anlagen

Anlagen, die die allseitige und gleichmäßige Ausbreitung des Druckes ausnutzen. Solche Anlagen sind kraftumformende Einrichtungen.

| Darstellung | Gleichgewicht | Verrichten von Arbeit |
|---|---|---|
| Zeichnerische Darstellung | 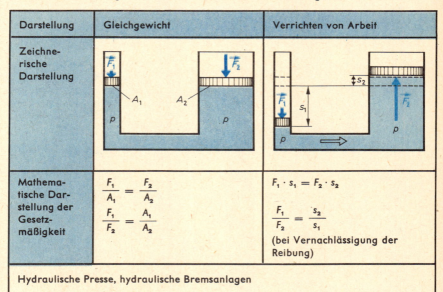 | |
| Mathematische Darstellung der Gesetzmäßigkeit | $\dfrac{F_1}{A_1} = \dfrac{F_2}{A_2}$  $\dfrac{F_1}{F_2} = \dfrac{A_1}{A_2}$ | $F_1 \cdot s_1 = F_2 \cdot s_2$  $\dfrac{F_1}{F_2} = \dfrac{s_2}{s_1}$  (bei Vernachlässigung der Reibung) |

■ Hydraulische Presse, hydraulische Bremsanlagen

## Verbundene Gefäße

Behälter für Flüssigkeiten, die miteinander verbunden sind. In ihnen liegen die Flüssigkeitsoberflächen in einer waagerechten Ebene. Dieses Verhalten einer Flüssigkeit beruht auf der Abhängigkeit des Schweredruckes von der Höhe. Nur bei gleichen Höhen herrscht im Verbindungsteil kein Druckunterschied; die Flüssigkeit ruht.

a) Geruchsverschluß, b) Kanalwaage, c) Wasserstandanzeiger

## Statischer Auftrieb

Erscheinung, daß infolge des Schweredruckes an einem in einer Flüssigkeit oder in einem Gas befindlichen Körper eine Kraft entgegen der Gewichtskraft wirkt.

## 7/8

### Auftriebskraft $F_A$

Kraft, die an einem in einer Flüssigkeit oder einem Gas befindlichen Körper angreift und der Gewichtskraft entgegengerichtet ist. Sie hat ihre Ursache darin, daß auf den Körper von unten ein größerer Schweredruck wirkt als von oben.

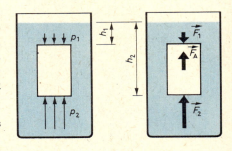

Aus $h_1 < h_2$ folgt $p_1 < p_2$ und daraus $F_1 < F_2$; $F = F_2 - F_A$

### Sinken, Schweben, Steigen und Schwimmen

Körper zeigen in Flüssigkeiten oder Gasen je nach den gegebenen Bedingungen ein bestimmtes Verhalten.

| Verhalten | Sinken | Schweben | Steigen | Schwimmen |
|---|---|---|---|---|
| Zeichnerische Darstellung | | | | |
| Vergleich von Auftriebskraft $F_A$ und Gewichtskraft $F_G$ des festen Körpers | $F_A < F_G$ | $F_A = F_G$ | $F_A > F_G$ | $F_A = F_G$ |
| Resultierende Kraft $F$ | $F \neq 0$ nach unten gerichtet | $F = 0$ | $F \neq 0$ nach oben gerichtet | $F = 0$ |
| Vergleich der Dichte des Körpers $\varrho_{fest}$ und der Dichte der Flüssigkeit $\varrho_{fl}$ | $\varrho_{fl} < \varrho_{fest}$ | $\varrho_{fl} = \varrho_{fest}$ | $\varrho_{fl} > \varrho_{fest}$ | $\varrho_{fl} > \varrho_{fest}$ |
| Vergleich des Volumens $V_{fest}$ des Körpers und des Volumens $V_{fl}$ der verdrängten Flüssigkeit | $V_{fl} = V_{fest}$ | $V_{fl} = V_{fest}$ | $V_{fl} = V_{fest}$ | $V_{fl} \leq V_{fest}$ |

## Archimedisches Gesetz

> Die an einem in einer Flüssigkeit (bzw. in einem Gas) befindlichen Körper angreifende Auftriebskraft $F_A$ ist gleich der Gewichtskraft $F_G$ der verdrängten Flüssigkeit (bzw. des verdrängten Gases).

$F_A = F_G$
$F_G = V_K \cdot \varrho_{Fl} \cdot g$

$F_A$: Auftriebskraft
$F_G$: Gewichtskraft der verdrängten Flüssigkeit
$V_K$: Volumen des Körpers
$\varrho_{Fl}$: Dichte der Flüssigkeit
$g$: Fallbeschleunigung

## Stromlinien

Modell zur Darstellung von stationären Strömungen, d. h. Strömungen, die sich zeitlich nicht ändern. Bei einer stationären Strömung beschreibt eine Stromlinie die Bahn eines Flüssigkeitsteilchens.

Die grafische Darstellung einer Strömung mittels Stromlinien heißt **Stromlinienbild**.
↗ Modell, S. 25

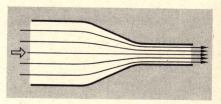

## Strömungsgeschwindigkeit und Strömungsquerschnitt

Durchströmt ein Gas oder eine Flüssigkeit ein Rohr mit unterschiedlich großen Querschnittsflächen, dann ist die Strömungsgeschwindigkeit dort am größten, wo die Querschnittsfläche am kleinsten ist.

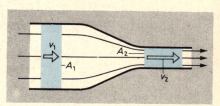

Für inkompressible strömende Stoffe gilt:

$A \cdot v = \text{konstant}$
$\dfrac{A_1}{A_2} = \dfrac{v_2}{v_1}$

$A$: durchströmte Querschnittsfläche
$v$: Strömungsgeschwindigkeit

## Druck in strömenden Flüssigkeiten und Gasen

In einer stationären Strömung besteht ein gesetzmäßiger Zusammenhang zwischen dem Druck und Geschwindigkeit und Dichte des strömenden Stoffes.

## 7/8

| Statischer Druck $p_s$ | Schweredruck $p$ | Staudruck $p_w$ |
|---|---|---|
| Er ist der rechtwinklig zur Strömungsrichtung gemessene Druck. Er nimmt mit zunehmender Strömungsgeschwindigkeit ab. | Er ist eine Folge der Gravitation $$p = \varrho \cdot g \cdot h$$ | Er ist eine Folge der Trägheit. Er ist der in Strömungsrichtung gemessene Druck. Er nimmt mit zunehmender Strömungsgeschwindigkeit zu. $$p_w = \frac{1}{2} \varrho \cdot v^2$$ |

Die Summe aus statischem Druck, Schweredruck und Staudruck ist der Gesamtdruck $p_0$.
(Bernoullische Gleichung)

$$p_0 = p_s + p + p_w$$

In der engsten Stelle einer Düse ist die Strömungsgeschwindigkeit groß und damit der statische Druck $p_s$ klein.
Düsen werden benutzt zum
- Erzeugen einer hohen Strömungsgeschwindigkeit (Rückstoß-Triebwerk, Bild a),
- Messen von Massen strömender Stoffmengen und von Strömungsgeschwindigkeiten (Meßdüsen, Bild b),
- Ansaugen von Stoffen (Förderdüsen, Bild c),
- Zerstäuben von Stoffen (Mischdüsen, Bild d).

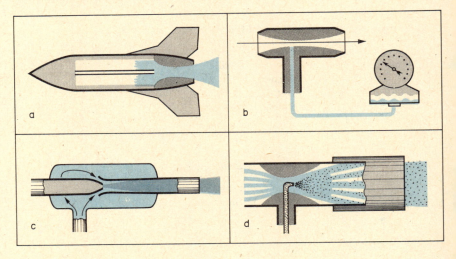

## Dynamischer Auftrieb

Folge unterschiedlicher statischer Drücke an einem Körper, dessen Grenzflächen unterschiedlich schnell umströmt werden, wie z. B. am Tragflügel eines

Flugzeuges. An der Oberseite des durch die Luft bewegten Tragflügels ist der statische Druck $p_{s_1}$ kleiner als der statische Druck $p_{s_2}$ an der Unterseite.

## Dynamische Auftriebskraft $F_A$

Resultierende Kraft, die infolge der unterschiedlichen Drücke an unterschiedlich schnell umströmten Grenzflächen eines Körpers mit unsymmetrischem Profil rechtwinklig zur Strömungsrichtung wirkt.

$$F_A = c_a \cdot \frac{\varrho \cdot v^2}{2} \cdot A$$

$F_A$: Auftriebskraft
$c_a$: von der Form des umströmten Tragflügelprofils abhängige Auftriebszahl
$\varrho$: Dichte des strömenden Stoffes
$v$: Geschwindigkeit des strömenden Stoffes
$A$: Tragfläche

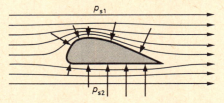
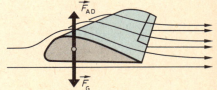

Statischer Druck $p_s$ an einem umströmten Tragflügelprofil

Kräfte an einem Tragflügel

Bewegt sich ein Flugzeug mit konstanter Geschwindigkeit horizontal, so sind Gewichtskraft und dynamische Auftriebskraft gleich groß ($F_A = F_G$).

## Strömungswiderstandskraft $F_W$

Kraft, die auf einen Körper in einer strömenden Flüssigkeit oder in einem strömenden Gas in Strömungsrichtung wirkt.

$$F_W = c_w \cdot \frac{\varrho \cdot v^2}{2} \cdot A$$

$F_W$: Widerstandskraft
$c_w$: von der Gestalt des umströmten Körpers abhängige Widerstandszahl
$\varrho$: Dichte des strömenden Stoffes
$v$: Geschwindigkeit des strömenden Stoffes
$A$: Querschnittsfläche des Körpers rechtwinklig zur Strömungsrichtung

## Profilkörper

Unsymmetrisch (gewölbt) geformter Stromlinienkörper, der infolge seiner Form ungleichmäßig schnell umströmt wird. Die dabei auftretenden Druckunterschiede bewirken auf die Fläche (↗ Tragfläche) eine dynamische Auftriebskraft.

## Tragfläche

Wirksame Fläche des Tragflügels eines Flugzeuges, Projektion der Tragflügelfläche in eine Ebene parallel zur Flugrichtung.

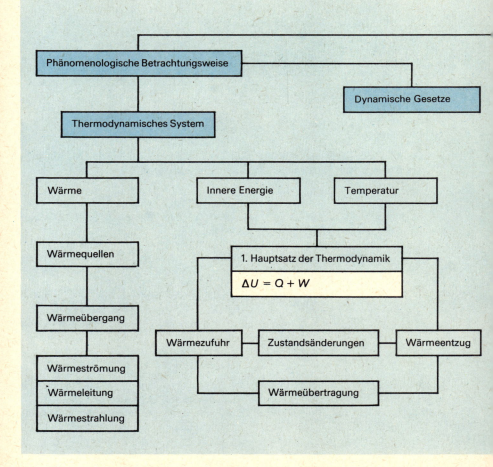

# Thermodynamik                                                    8

Die Thermodynamik ist das Teilgebiet der Physik, in dem der Übergang von Wärme, die Umwandlung von thermischer Energie sowie Zustandsänderungen von Systemen infolge Zufuhr oder Abgabe von Wärme untersucht und beschrieben werden.

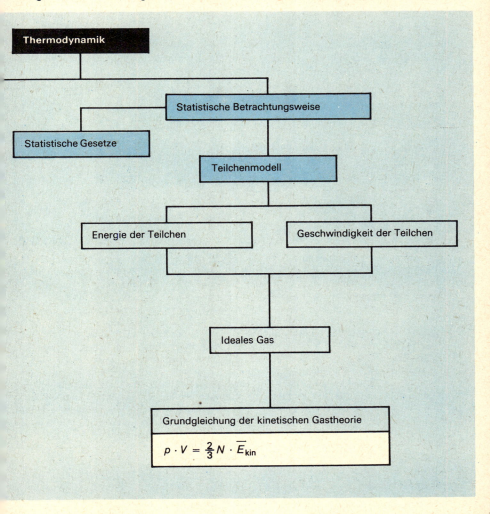

# ➡ 8/1

## 8.1. Thermodynamische Grundbegriffe, Temperatur und Wärme

**Thermodynamisches System**

Bereich, der gedanklich oder tatsächlich von der Umgebung abgegrenzt wird und in dem die Temperatur als charakteristische Zustandsgröße eine zentrale Rolle spielt und dessen thermodynamische Eigenschaften von Interesse sind. Das termodynamische System wird von seiner Umgebung durch die Systemgrenze getrennt.
Die Beschreibung des Zustandes, in dem sich ein System befindet, erfolgt durch Zustandsgrößen.

**Umgebung.** Gesamtheit aller Objekte, mit der das System über die Systemgrenze in Wechselwirkung treten kann. Die Beschreibung der Wechselwirkung erfolgt mit Hilfe von Prozeßgrößen.

■ Zylinder eines Motors, Luftmassen in der Meteorologie
  ↗ Zustandsgrößen, S. 150
  ↗ Prozeßgrößen, S. 151
  ↗ Stoffliches System, Wiss Ch, S. 68

*Betrachtungsweisen in der Thermodynamik*

| Phänomenologische Betrachtungsweise (makrophysikalisch) | Kinetisch-statistische Betrachtungsweise (mikrophysikalisch) |
|---|---|
| Es wird von den **äußeren Erscheinungen** ausgegangen, die an den **Systemen** direkt beobachtbar sind. Zur Beschreibung des thermodynamischen Systems dienen z. B. die physikalischen Größen Temperatur, innere Energie, Volumen, Dichte. Die gewonnenen Erkenntnisse werden in Form **dynamischer Gesetze** (↗ S. 17) dargestellt. Es sind sichere Aussagen über das Verhalten und die Eigenschaften von **einzelnen** (makrophysikalischen) Objekten möglich. | Es wird von den **Bewegungen der Teilchen,** aus denen ein Körper aufgebaut ist und ihren Wechselwirkungen ausgegangen. Zur Beschreibung dienen z. B. die physikalischen Größen Geschwindigkeit und kinetische Energie der Teilchen. Die gewonnenen Erkenntnisse werden in Form **statistischer Gesetze** (↗ S. 17) dargestellt. Es sind sichere Aussagen über das Verhalten und die Eigenschaften einer **großen Anzahl** von Teilchen (mikrophysikalisch) möglich. Über einzelne Teilchen können nur **Wahrscheinlichkeitsaussagen** gemacht werden. |

↗ Betrachtungsebene, Wiss Ch, S. 8

**Thermodynamische Zustandsgröße**

Physikalische Größe, die zu einer Beschreibung des Zustands eines thermodynamischen Systems, d. h. seiner makroskopischen Eigenschaften, geeignet ist. Sie ist unabhängig davon, wie der betreffende Zustand entstanden ist.

- Temperatur T, Druck p, Volumen V und innere Energie U.
Die Änderung einer dieser Größen bewirkt die Änderung einer oder mehrerer anderer Größen.

## Thermodynamische Prozeßgröße

Physikalische Größe, die zur Beschreibung der Wechselwirkung eines thermodynamischen Systems mit der Umgebung geeignet ist. Sie beschreibt Zustandsänderungen.

- Volumenarbeit $W_V$ und Wärme Q.

## Temperatur $\vartheta$, T

Physikalische Größe, die den thermodynamischen Zustand eines Körpers beschreibt.
Die Temperatur ist eine Zustandsgröße.

| Temperatur | Kelvin-Temperatur | Celsius-Temperatur |
|---|---|---|
| Formelzeichen | T | $\vartheta$ |
| Einheit | 1 K (ein Kelvin) | 1 °C (ein Grad Celsius) |

1 K ist der 273,16te Teil der (thermodynamischen) Temperatur des Tripelpunktes von Wasser (+0,01 °C).
Für Temperatur*differenzen* gilt: $\Delta T = \Delta \vartheta$
$$\text{z. B. } 1 K = 1 °C$$

- 100 °C − 20 °C = 80 K   oder   100 °C − 20 °C = 80 °C
373 K − 293 K = 80 K
Temperaturangaben mit Hilfe beider Einheiten dürfen deshalb nicht gleichgesetzt werden.   z. B.: 373 K ≙ 100 °C
Zwischen der Kelvin-Temperatur T und der Celsius-Temperatur $\vartheta$ besteht folgende Beziehung:

$$\frac{\vartheta}{°C} = \frac{T}{K} - \frac{T_0}{K}$$

T: absolute Temperatur
$\vartheta$: Celsiustemperatur
$T_0$: 273 K

Die tiefste Temperatur beträgt −273,15 °C ≙ 0 K.
Vereinfacht wird jedoch mit der Beziehung −273 °C ≙ 0 K gerechnet.

> Die Temperatur eines Körpers kennzeichnet die mittlere kinetische Energie seiner Teilchen.

↗ mittlere kinetische Energie, S. 175

## 8/1

**Temperaturskalen.** Körper können bei Temperaturänderungen ihr Volumen ändern (↗ S. 156). Da sich die meisten Gase annähernd gleichmäßig ausdehnen, benutzt man das ideale Gas (↗ S. 158) als Bezugsstoff, um die Einheit der Temperatur festzulegen.

Der bei isobarer Zustandsänderung gemessene Volumenzuwachs des Gases zwischen der Schmelztemperatur des Eises und der Siedetemperatur des Wassers bei normalem Luftdruck wird in 100 gleiche Teile eingeteilt. Einem solchen Teil wird die Temperaturdifferenz ein Kelvin (1 K) zugeordnet.

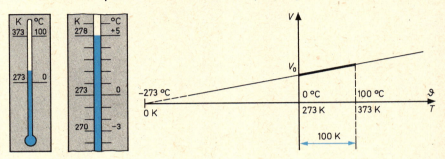

**Temperaturmessung**

Verfahren zum quantitativen Erfassen von Temperaturen. Es werden gesetzmäßige Zusammenhänge zwischen der Änderung der physikalischen Größe Temperatur und der Änderung einer anderen physikalischen Größe genutzt.

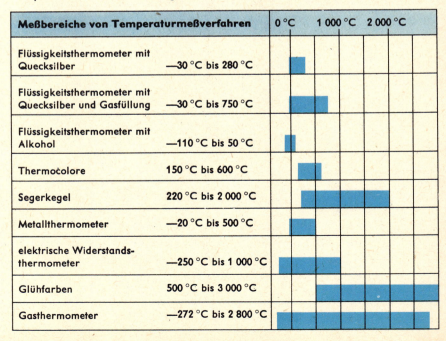

## Thermische Energie $E_{th}$

Physikalische Größe, die die Fähigkeit eines Systems kennzeichnet, auf Grund seiner Temperatur an ein anderes System niedrigerer Temperatur Wärme abgeben zu können.
Die thermische Energie ist eine Zustandsgröße.
Einheit: 1 J (ein Joule)

## Wärme Q

Physikalische Größe zur Beschreibung der Übertragung thermischer Energie zwischen thermodynamischen Systemen. Die Wärme ist eine Prozeßgröße.
Einheit: 1 J (ein Joule)    1 000 J = 1 kJ
1 J = 1 W · s = 1 N · m
1 J ist die Wärme, die der unter „Mechanische Arbeit" (↗ S. 124) definierten Einheit äquivalent ist.

| Wärmezufuhr | | Wärmeabgabe | |
|---|---|---|---|
| Phänomenologische Betrachtungsweise | Kinetisch-statistische Betrachtungsweise | Phänomenologische Betrachtungsweise | Kinetisch-statistische Betrachtungsweise |
| System nimmt Wärme auf ↓ Innere Energie des Systems wächst ↓ Temperatur des Systems steigt | Teilchen nehmen Energie auf ↓ Gesamtenergie der Teilchen nimmt zu ↓ Mittlere kinetische Energie der Teilchen nimmt zu | System gibt Wärme ab ↓ Innere Energie des Systems nimmt ab ↓ Temperatur des Systems sinkt | Teilchen geben Energie ab ↓ Gesamtenergie der Teilchen nimmt ab ↓ Mittlere kinetische Energie der Teilchen nimmt ab |

## Wärmekapazität C

Physikalische Größe, die den Zusammenhang zwischen der einem thermodynamischen System zugeführten (bzw. von ihm abgegebenen) Wärme und der Temperaturänderung kennzeichnet.

$$C = \frac{Q}{\Delta T}$$

C: Wärmekapazität
Q: Zugeführte bzw. abgegebene Wärme
$\Delta T$: Temperaturänderung

Einheit: $1 \, J \cdot K^{-1}$ (ein Joule je Kelvin); $1 \, kJ \cdot K^{-1}$
$1 \, J \cdot K^{-1}$ ist die Wärmekapazität eines Körpers, dessen Temperatur um 1 K steigt, wenn ihm die Wärme 1 J zugeführt wird.

Besteht ein Körper aus einem einheitlichen Stoff, so ist die Wärmekapazität gleich dem Produkt aus der Masse $m$ und der spezifischen Wärmekapazität $c$ des betreffenden Körpers:
$C = m \cdot c$.

**Wasserwert** $w$ eines Körpers ist gleich der Wassermasse, durch die man den Körper beim Wärmeaustausch ersetzen kann. Mit $c_w$ als spezifischer Wärmekapazität des Wassers ist definiert:

$$w = \frac{C}{c_w} \text{ oder } w = m \cdot \frac{c}{c_w}$$

Einheiten: 1 g und 1 kg

### Gleichung zur Berechnung der Wärme

Gesetz, das den Zusammenhang zwischen der einem thermodynamischen System zugeführten (bzw. von ihm abgegebenen) Wärme und der Temperaturänderung beschreibt.

$$Q = c \cdot m \cdot \Delta\vartheta$$
$$Q = c \cdot m \cdot \Delta T$$

$Q$: zu- bzw. abgeführte Wärme
$c$: spezifische Wärmekapazität
$m$: Masse des Körpers
$\vartheta$: Celsius – Temperatur
$T$: absolute Temperatur

Unter Benutzung der Wärmekapazität $C$ folgt $Q = C \cdot \Delta T$.
Unter Benutzung des Wasserwertes $w$ ergibt sich $Q = w \cdot c_w \cdot \Delta T$.

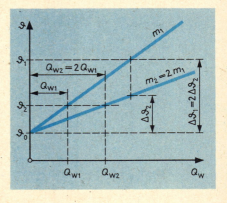

### Spezifische Wärmekapazität c

Physikalische Größe zur Beschreibung der Eigenschaft von Körpern, Wärme aufnehmen oder abgeben zu können. Sie ist eine Konstante, die vom Stoff und von der Temperatur abhängt.
Durch eine Wärmemenge von 1 kJ werden um 1 K erwärmt:

| Wasser | Ether | Quecksilber | Eisen |
|---|---|---|---|
| 239 cm³ | 632 cm³ | 585 cm³ | 275 cm³ |
| 239 g | 442 g | 7901 g | 2150 g |

$$c = \frac{Q}{m \cdot \Delta T}$$

c: spezifische Wärmekapazität
Q: aufgenommene bzw. abgegebene Wärme
m: Masse des Körpers
$\Delta T$: Temperaturänderung

Einheit: $1\ J \cdot (kg \cdot K)^{-1}$ (ein Joule je Kilogramm und Kelvin)
$1\ J \cdot (kg \cdot K)^{-1}$ ist die spezifische Wärmekapazität eines Stoffes, bei dem ein Körper der Masse 1 kg die Wärmekapazität $1\ J \cdot K^{-1}$ hat.

■ Die spezifische Wärmekapazität des Wassers ist besonders groß. Aus diesem Grunde unterscheiden sich z. B. See- und Kontinentalklima sehr voneinander. Wasser ist wegen seiner großen spezifischen Wärmekapazität besonders für Heizanlagen und als Kühlflüssigkeit geeignet.
↗ Wärmeströmung, S. 156

## Spezifische Wärmekapazität der Gase

Bei Gasen sind zu unterscheiden:

| Spezifische Wärmekapazität $c_v$  bei konstantem Volumen ($V$ = konstant) | Spezifische Wärmekapazität $c_p$  bei konstantem Druck ($p$ = konstant) |
|---|---|
| In diesem Fall wird nach dem 1. Hauptsatz (↗ S. 164) bei Wärmezufuhr nur die innere Energie $U$ erhöht (↗ S. 163). Daraus folgt, daß stets $c_v < c_p$ ist. | In diesem Fall werden nach dem 1. Hauptsatz (↗ S. 164) bei Wärmezufuhr die innere Energie $U$ erhöht *und* mechanische Arbeit $W$ verrichtet. Es gilt: $c_p - c_v = R$. ↗ Gaskonstante $R$, S. 158 |

## Gesetz des Wärmeübergangs

Spezielle Form des Energieerhaltungssatzes (auch nullter Hauptsatz genannt).

| Die vom System niedriger Temperatur aufgenommene Wärme $Q_1$ ist gleich der vom System höherer Temperatur abgegebenen Wärme $Q_2$. | $\|Q_1\| = \|Q_2\|$ $m_1 \cdot c_1(T - T_1) = m_2 \cdot c_2(T_2 - T)$ |
|---|---|

Der Wärmeübergang erfolgt von selbst stets vom Körper höherer Temperatur $T_2$ zum Körper niederer Temperatur $T_1$, bis beide die gleiche Temperatur $T$ erreichen.

**Isobarer Wärmeübergang.** Sonderfall des Wärmeüberganges, bei dem Wärme zwischen zwei Gasen bei *konstantem Druck* übertragen wird. Dabei sind in obige Gleichung die spezifischen Wärmekapazitäten für konstanten Druck $c_{p1}$ bzw. $c_{p2}$ einzusetzen.

**8/2**

**Wärmeübergang durch stoffgebundene Energie**

Vorgang, bei dem thermische Energie über die Grenzen eines thermodynamischen Systems tritt und der mit einem Stofftransport verbunden ist.

**Wärmeausbreitung**

| Wärmeübergang durch Strömung | Leitung | Strahlung |
|---|---|---|
| Wärmeströmung entsteht, indem sich Gase oder Flüssigkeiten bewegen und dabei thermische Energie transportieren. (↗ stoffgebundene Energie, S. 156) | Körper bleibt in Ruhe. Bei Zufuhr von Wärme nimmt die Bewegung der Teilchen zu, sie übertragen durch Stoß Energie an benachbarte Teilchen. Tritt vorwiegend in festen Körpern und Flüssigkeiten auf. | Kein direkter Kontakt zwischen wärmerem und kälterem Körper. Körper höherer Temperatur sendet elektromagnetische Wellen aus. Tritt nur im Vakuum und in Gasen auf. |
| Erwärmung von Wohnräumen, Zentralheizung, Winde und Meeresströmungen | Gute Leiter: Metalle; schlechte Leiter: Glas (Wärmedämmung), Gase, Kühlrippen, Isolierstoffe, Kleidung | Sonnenstrahlung, Infrarotstrahler (Sonnenenergieheizung, Ofenschirm) |

## 8.2. Zustandsänderungen

**Lineare und kubische Ausdehnung**

Bei einer Temperaturänderung ändert sich im allgemeinen das Volumen eines Körpers.

| Volumenänderung | Längenänderung |
|---|---|
| Flüssigkeiten ändern im allgemeinen bei Wärmezufuhr oder -abgabe ihr Volumen. Es wird das Ausdehnen bzw. Zusammenziehen *in allen Richtungen* betrachtet. | Feste Körper dehnen sich im allgemeinen bei Wärmezufuhr bzw. -abgabe in alle Richtungen aus. Häufig genügt es, das Ausdehnen bzw. Zusammenziehen nur *in einer Richtung* zu betrachten. |
| Für die meisten Stoffe gilt annähernd: Die Volumenänderung $\Delta V$ ist der Temperaturänderung $\Delta T$ proportional. | Für die meisten Stoffe gilt annähernd: Die Längenänderung $\Delta l$ ist der Temperaturänderung $\Delta T$ proportional. |

| Volumenänderung | Längenänderung |
|---|---|
| $\Delta V \sim \Delta T$ <br> $\Delta V = V_0 \cdot \gamma \cdot \Delta T$ <br> $V_1 = V_0 (1 + \gamma \cdot \Delta T)$ <br> $\gamma$: kubischer Ausdehnungskoeffizient <br> $\gamma = \dfrac{\Delta V}{V_0 \cdot \Delta T}$ | $\Delta l \sim \Delta T$ <br> $l = l_0 \cdot \alpha \cdot \Delta T$ <br> $l_1 = l_0 (1 + \alpha \cdot \Delta T)$ <br> $\alpha$: linearer Ausdehnungskoeffizient <br> $\alpha = \dfrac{\Delta l}{l_0 \cdot \Delta T}$ |
| Für einen bestimmten Stoff gilt angenähert <br> $\gamma \approx 3\alpha$ ||
| Autoreifen, Flüssigkeitsthermometer, Wärmekraftmaschinen | Rohre, elektrische Freileitungen, Schienen, Brücken, Bimetallstreifen |

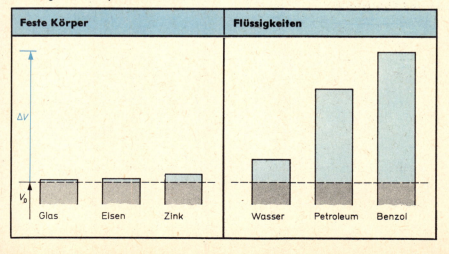

Vergleich der Ausdehnung von Körpern aus verschiedenen Stoffen beim Erwärmen um die gleiche Temperaturdifferenz

## Anomalie des Wassers

Eigenschaft des Wassers, sich beim Abkühlen im Temperaturbereich von 4 °C bis 0 °C auszudehnen.
Wasser hat bei 4 °C seine größte Dichte.

■ Stehende Gewässer frieren von oben her zu.

Anomales Verhalten des Wassers.
Das Diagramm zeigt die Abhängigkeit des Wasservolumens von der Temperatur.

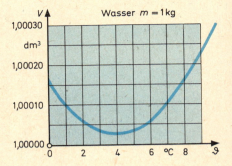

## Ideales Gas

Modell (↗ S. 25), das wesentliche Eigenschaften *realer Gase* durch folgende Annahmen erfaßt:
– Die Teilchen des Gases nehmen kein Volumen ein;
– Die Teilchen haben kinetische Energie;
– Zwischen den Teilchen bestehen keine Wechselwirkungen;
– Der Abstand benachbarter Teilchen ist relativ groß;
– Beim Stoß gegen eine Wand ändert sich die Energie der Teilchen nicht; die Stöße erfolgen elastisch;
– Es wird von einer großen Zahl von Teilchen ausgegangen.
Mit Hilfe dieses Denkmodells können Zustände und Vorgänge in einem Gas relativ einfach beschrieben werden.

## Zustandsgleichung für das ideale Gas

Gesetz, das den Zusammenhang zwischen den thermischen Zustandsgrößen eines idealen Gases beschreibt.

$$p \cdot V = m \cdot R \cdot T$$

$p$: Druck  $V$: Volumen
$m$: Masse  $T$: absolute Temperatu.
$R$: spezifische Gaskonstante

Betrachtet man eine abgegrenzte Gasmenge (System) des idealen Gases, so vereinfacht sich die Gleichung zu nebenstehender Form.

$$\frac{p \cdot V}{T} \text{ konstant}$$

($m$ = konstant, $R$ = konstant)

Diese Gleichung kann mit guter Näherung auch für reale Gase benutzt werden; d. h., der Spannungskoeffizient muß in erster Näherung gleich dem Volumenausdehnungskoeffizienten sein.

**Spezifische Gaskonstante $R$.** Konstante, die für jedes Gas einen bestimmten Wert hat.
Es gilt: $R = \dfrac{p \cdot V}{m \cdot T}$.

**Molare Gaskonstante $R_0$.** Universelle Konstante, die für alle Gase den gleichen

Wert hat. Sie wird mit Hilfe der molaren Größen $M$ und $V_m$ und der Werte für die Normalbedingungen eines Gases bestimmt:

$R = \dfrac{p_0 \cdot V_m}{T_0} \cdot \dfrac{1}{M} \cdot$  Mit  $R = R_0 \cdot \dfrac{1}{M}$  folgt

$R_0 = \dfrac{p_0 \cdot V_m}{T_0}$  und  $R_0 = 8\,314 \dfrac{J}{kmol \cdot K}$

↗ molare Größen, Wiss Ch, S. 116.

**Boltzmann-Konstante $k$** wird der Quotient aus der molaren Gaskonstanten $R_0$ und der Loschmidtschen Konstanten $L$ genannt.

$k = \dfrac{R_0}{L}$ ;   $k = 1{,}380 \cdot 10^{-23}$ J · K$^{-1}$ ist eine universelle Naturkonstante.
     $L = 6{,}023 \cdot 10^{26}$ kmol$^{-1}$

*Allgemeiner Fall und Sonderfälle der Zustandsgleichung für das ideale Gas*

| Fall | Bedingung | Gleichung | Grafische Darstellung |
|---|---|---|---|
| **Allgemeiner Fall** | | $\dfrac{p \cdot V}{T} = $ konstant  $\dfrac{p_1 \cdot V_1}{T_1} = \dfrac{p_2 \cdot V_2}{T_2}$ | $T_1 < T_2 < T_3 < T_4 < T_5 < T_6$ |
| **Sonderfälle** **Isotherme Zustandsänderung** | $T = $ konstant | $p \cdot V = $ konstant  $p_1 \cdot V_1 = p_2 \cdot V_2$ (Boylesches Gesetz) | |
| **Isochore Zustandsänderung** | $V = $ konstant | $\dfrac{p}{T} = $ konstant  $\dfrac{p_1}{T_1} = \dfrac{p_2}{T_2}$ ; $\dfrac{p_1}{p_2} = \dfrac{T_1}{T_2}$  $p_2 = p_1 (1 + \gamma \cdot \Delta T)$ (Gay-Lussacsches Druckgesetz) | |
| **Isobare Zustandsänderung** | $p = $ konstant | $\dfrac{V}{T} = $ konstant  $\dfrac{V_1}{T_1} = \dfrac{V_2}{T_2}$ ; $\dfrac{V_1}{V_2} = \dfrac{T_1}{T_2}$  $V_2 = V_1 (1 + \gamma \cdot \Delta T)$ (Gay-Lussacsches Volumengesetz) | |

## 8/2

*Zustandsänderung eines Gases (m = konst.)*

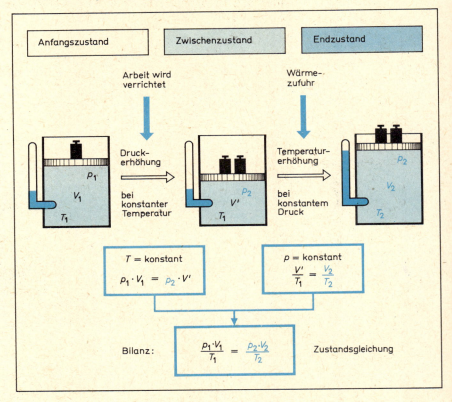

## Phase

Allgemeiner stofflicher Zustandsbereich, der räumlich konstante Beschaffenheit aufweist und von anderen Bereichen durch Grenzflächen getrennt ist. Oberbegriff zu **Aggregatzustand** und **Allotropie**.

## Allotropie

Eigenschaft einiger chemischer Stoffe, in verschiedenen Zuständen, den allotropen Modifikationen, aufzutreten.
Kohlenstoff tritt als Diamant, Graphit oder Ruß auf; Phosphor tritt als roter und gelber Phosphor auf.

## Aggregatzustand

Äußere Form, in der ein Stoff auftritt; es gibt den festen, den flüssigen und den gasförmigen Zustand. Das Plasma wird auch als 4. Aggregatzustand bezeichnet.

**Aggregatzustandsänderungen**

Erfolgen unter Zufuhr oder Abgabe von Wärme. Dabei ändert sich die Temperatur des Körpers nicht.

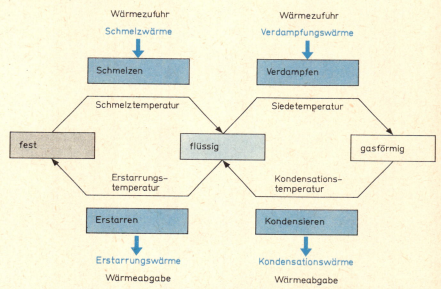

| Schmelzen | Erstarren |
|---|---|
| Für kristalline Stoffe mit einheitlicher chemischer Zusammensetzung gilt: Führt man einem festen Körper Wärme zu, so schmilzt er bei einer bestimmten Temperatur. Diese Temperatur heißt **Schmelztemperatur** $\vartheta_s$. Sie hängt vom Druck ab. | Für kristalline Stoffe mit einheitlicher chemischer Zusammensetzung gilt: Entzieht man einem flüssigen Körper Wärme, so erstarrt er bei einer bestimmten Temperatur. Diese Temperatur heißt **Erstarrungstemperatur** $\vartheta_e$. Sie hängt vom Druck ab. |
| Die Schmelztemperatur ist bei konstantem Druck gleich der Erstarrungstemperatur. | $\vartheta_s = \vartheta_e$ |
| Beim Schmelzen wird die regelmäßige Anordnung der Teilchen zerstört. Die dazu notwendige thermische Energie wird als **Schmelzwärme** $Q_s$ zugeführt. | Beim Erstarren entsteht eine regelmäßige Anordnung der Teilchen. Die dabei freiwerdende thermische Energie wird als **Erstarrungswärme** $Q_e$ abgegeben. |
| Die beim Schmelzen eines Körpers zugeführte Wärme wird beim Erstarren wieder abgegeben. | $Q_s = Q_e$ |

## 8/2

| Verdampfen | Kondensieren |
|---|---|
| Für Stoffe mit einheitlicher chemischer Zusammensetzung gilt:<br>Führt man einem flüssigen Körper Wärme zu, so verdampft er (↗ Verdunsten, S. 162) bei einer bestimmten Temperatur. Diese Temperatur heißt **Siedetemperatur** $\vartheta_v$. Sie hängt vom Druck ab. | Für Stoffe mit einheitlicher chemischer Zusammensetzung gilt:<br>Entzieht man einem gasförmigen Körper Wärme, so kondensiert er bei einer bestimmten Temperatur. Diese Temperatur heißt **Kondensationstemperatur** $\vartheta_k$. Sie hängt vom Druck ab. |
| Bei konstantem Druck ist die Siedetemperatur gleich der Kondensationstemperatur. | $\vartheta_v = \vartheta_k$ |
| Beim Verdampfen verlassen Teilchen eine Flüssigkeit und werden im zur Verfügung stehenden Raum frei beweglich. Die dazu benötigte thermische Energie wird als **Verdampfungswärme** $Q_v$ zugeführt. | Beim Kondensieren entsteht aus frei beweglichen Teilchen ein Verband leicht gegeneinander verschiebbarer Teilchen. Die dabei freiwerdende thermische Energie wird als **Kondensationswärme** $Q_k$ abgegeben. |
| Die beim Verdampfen eines Körpers zugeführte Wärme wird beim Kondensieren wieder frei. | $Q_v = Q_k$ |

Diagramm links: $\vartheta$ vs $Q$; $\vartheta_s = \vartheta_e$ Schmelz- bzw. Erstarrungstemperatur; Schmelz- bzw. Erstarrungswärme $Q_s = Q_e$.

Diagramm rechts: $\vartheta$ vs $Q$; $\vartheta_v = \vartheta_k$ Siede- bzw. Kondensationstemperatur; Verdampfungs- bzw. Kondensationswärme $Q_v = Q_k$.

Beim Verdampfen wird folgende Unterscheidung vorgenommen:

| Verdampfen | |
|---|---|
| Sieden | Verdunsten |
| Übergang in den gasförmigen Zustand in der gesamten Flüssigkeit **bei** der Siedetemperatur. | Übergang in den gasförmigen Zustand **an der Oberfläche** der Flüssigkeit **unterhalb** der Siedetemperatur. |
| Dampfkessel<br>Destillation | Austrocknen von Gewässern, Trocknen von Wäsche |

**Spezifische Umwandlungswärme q**

Physikalische Größe, die die für Änderungen des Aggregatzustandes notwendige zuzuführende oder zu entziehende Wärme kennzeichnet.

$q$: Spezifische Umwandlungswärme
$Q$: Wärme
$m$: Masse

$$q = \frac{Q}{m}$$

Einheit: $1 \text{ kJ} \cdot \text{kg}^{-1}$ (ein Kilojoule je Kilogramm).
- $q_s$: spezifische Schmelzwärme; $q_v$: spezifische Verdampfungswärme

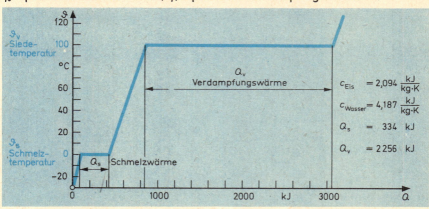

Temperatur-Wärme-Diagramm des Wassers (gilt für $m = 1$ kg Wasser)

## 8.3. Hauptsätze der Thermodynamik

**Innere Energie U**

Physikalische Größe, die den Energievorrat eines thermodynamischen Systems kennzeichnet. Sie ist eine Zustandsgröße.
Aus phänomenologischer Sicht kann die innere Energie als Funktion des Druckes und der Temperatur dargestellt werden. Aus kinetisch-statistischer Sicht kann sie als Summe aller Energien aller Teilchen eines thermodynamischen Systems gekennzeichnet werden. Für das ideale Gas gilt:

$$U = \sum_{i=1}^{n} N_i \cdot \bar{E}_i$$
$$U = N \cdot \bar{E}_{kin}$$
(gilt nur für das ideale Gas)

$U$: Innere Energie
$N$: Anzahl der Teilchen
$\bar{E}_i$: mittlere kinetische Energie der $N_i$-Teilchen im i-ten Energieintervall
$\bar{E}_{kin}$: mittlere kinetische Energie der Teilchen

Meist genügt es, die *Änderung* $\Delta U$ der inneren Energie zu betrachten.
↗ Kalorische Zustandsgleichung, S. 165; Innere Energie, Wiss Ch, S. 77

## 8/3

**Volumenarbeit $W_V$**

Physikalische Größe, die den Vorgang kennzeichnet, wenn durch die auf einen Kolben wirkende Kraft das Volumen eines Systems (Gases) und damit seine Zustandsgrößen verändert werden. Sie ist eine **Prozeßgröße**.
Einheit: 1 J (ein Joule)    $1\,J = 1\,N \cdot m$

**Zustandslinie**

Kurve im *p-V*-Diagramm. Die Fläche unter der Zustandslinie stellt die am oder vom System verrichtete Volumenarbeit dar.

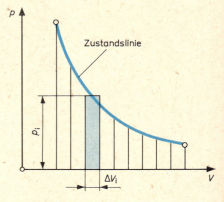

Darstellung der Volumenarbeit im p-V-Diagramm.

**Druck-Volumen-Gesetz**

Gesetz, das besagt, daß für eine abgeschlossene Gasmenge des idealen Gases das Produkt $p \cdot V$ konstant ist.

$$p \cdot V = \frac{2}{3} N \cdot \overline{E}_{kin}$$

$p$: Druck des idealen Gases
$V$: Volumen
$N$: Anzahl der Teilchen
$\overline{E}_{kin}$: mittlere kinetische Energie der Teilchen

**1. Hauptsatz der Thermodynamik**

Zusammenfassung von Erfahrungstatsachen, die sich aus der Anwendung des Energieerhaltungssatzes auf thermodynamische Systeme ergeben. Es werden energetische Wechselwirkungen eines thermodynamischen Systems mit seiner Umgebung erfaßt.

Die Änderung der Energie eines thermodynamischen Systems ist gleich der Summe der über die Systemgrenze übertragenen Energie.

$$\Delta E_{Syst} = \Sigma E_{übertr}$$

Betrachtet man thermodynamische Systeme, deren mechanische Energie sich nicht ändert und bei denen keine Übertragung von stoffgebundener Energie erfolgt, so gilt:

$\Delta U = Q + W$
mit
$\Delta U = U_e - U_a$

$\Delta U$: Änderung der inneren Energie
$Q$: Wärme
$W$: Arbeit

**Es ist festgelegt:**

$\Delta U > 0$ *Zunahme* der inneren Energie
$Q > 0$ Dem System *zugeführte* Wärme
$W > 0$ *Am* System *verrichtete* Arbeit

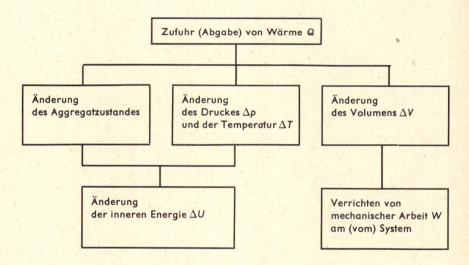

Die Zufuhr bzw. Abgabe von Wärme Q kann zu einer Änderung der inneren Energie $\Delta U$ und zum Verrichten bzw. zur Aufnahme einer mechanischen Arbeit W führen.

**Perpetuum mobile 1. Art.** Maschine, die mehr Energie abgeben soll, als man ihr zuführt. Aus dem Energieerhaltungssatz folgt, daß das nicht möglich ist.

# Kalorische Zustandsgleichung

Gleichung, die den Zusammenhang zwischen der Temperatur eines thermodynamischen Systems und seiner inneren Energie ausdrückt. Sie gilt an einem thermodynamischen System mit *konstantem Volumen* für die Wärmezufuhr.

$\Delta U = m \cdot c_v \cdot \Delta T$

$\Delta U$: Änderung der inneren Energie
$\Delta T$: Änderung der Temperatur
$c_v$: spezifische Wärmekapazität bei konstantem Volumen
$m$: Masse des Systems

**8/3**

## Arbeit und Energie bei Zustandsänderungen

*Sonderfälle zum Hauptsatz der Wärmelehre*

| Zustandsänderung (Bedingung) | mechanische Arbeit W | Änderung der inneren Energie $\Delta U$ | Diagramm | Beispiel |
|---|---|---|---|---|
| **Isotherme Zustandsänderung** ($T$ = konstant) | $-W = Q$ Die gesamte zugeführte Wärme wird als mechanische Arbeit abgegeben. | $\Delta U = 0$ Die innere Energie ändert sich nicht | | Ausdehnung des Dampfes bei der Dampfmaschine (angenähert) |
| **Isochore Zustandsänderung** ($V$ = konstant) | $W = 0$ Es wird keine mechanische Arbeit verrichtet | $\Delta U = Q$ Die gesamte zugeführte Wärme dient der Erhöhung der inneren Energie | | Erwärmen eines Gases in einem geschlossenen Behälter |
| **Isobare Zustandsänderung** ($p$ = konstant) | $Q = \Delta U - W$ $-W = p(V_2 - V_1)$ Ein Teil der zugeführten Wärme wird in Form mechanischer Arbeit vom System abgegeben | $\Delta U = Q + W$ Ein Teil der zugeführten Wärme führt zur Erhöhung der inneren Energie | | Verbrennen von Kraftstoff im Strahltriebwerk (angenähert) |
| **Adiabatische Zustandsänderung** ($Q = 0$) | $W = \Delta U$ Am System verrichtete mechanische Arbeit führt zur Erhöhung der inneren Energie | $\Delta U = W$ Die innere Energie nimmt infolge der am System verrichteten Arbeit zu | | Pneumatisches Feuerzeug, Kompressionstakt beim Dieselmotor, Nebelkammer |

## Kreisprozeß

Aufeinanderfolge von Zustandsänderungen eines thermodynamischen Systems mit dem Ziel, daß vom System kontinuierlich Arbeit verrichtet wird.

**Gasturbinenprozeß.** Beispiel für einen Kreisprozeß. Er besteht aus folgenden Zustandsänderungen:
- 1–2   adiabatische Kompression     (Verdichter)
- 2–3   isobare Wärmezufuhr          (Erhitzer)
- 3–4   adiabatische Expansion       (Antrieb der Turbine)
- 4–1   isobarer Wärmeentzug         (Kühler)

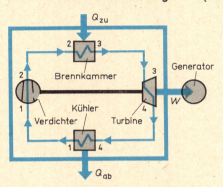
Schema eines Gasturbinenprozesses

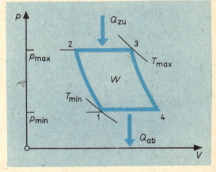
$p$-$V$-Diagramm eines Gasturbinenprozesses

## Reversible und irreversible Vorgänge

| Reversible Vorgänge | Irreversible Vorgänge |
|---|---|
| Reversibel oder umkehrbar wird ein Vorgang genannt, der durch bloße Umkehr rückgängig gemacht werden kann, ohne daß dabei *dauernde Zustandsänderungen* gegenüber dem ursprünglichen Zustand zurückbleiben. | Irreversibel oder nicht umkehrbar heißt ein Vorgang, der nur so durch äußere Einwirkung rückgängig gemacht werden kann, daß eine Veränderung gegenüber dem ursprünglichen Zustand zurückbleibt. Irreversible Vorgänge verlaufen von selbst nur in einer Richtung. |
| Bewegungen der Mechanik ohne Reibung, z. B. Pendelschwingung, Stoß zwischen elastischen Körpern | Reibungsvorgänge, Temperaturausgleich zwischen Körpern, Diffusion |

## Quasistatische Zustandsänderung

Voraussetzung für den nahezu reversiblen Verlauf eines Prozesses. Ein quasistatischer Vorgang kann als Folge von Gleichgewichtszuständen aufgefaßt werden. Dies bedingt, daß die Änderung der betrachteten Größen differentiell klein erfolgt, d. h., die Vorgänge laufen sehr langsam ab.

**8/3**

**Gleichgewichtszustand**

Zustand eines thermodynamischen Systems, in dem Zustandsgrößen (Druck; Temperatur) überall gleich sind. Solange energetische Wechselwirkungen nicht stattfinden, bleibt das thermodynamische System in diesem Zustand.

**2. Hauptsatz der Thermodynamik**

> Wärme kann niemals von selbst von einem System niederer Temperatur auf ein System höherer Temperatur übergehen. In einem Körper entstehen nie von selbst Temperaturunterschiede.

**Perpetuum mobile 2. Art.** Periodisch arbeitende Maschine, die lediglich einen Körper abkühlt und eine entsprechende mechanische Arbeit abgibt. Da es sich um die Umkehrung eines irreversiblen Vorgangs handelt, kann es ein Perpetuum mobile 2. Art nicht geben.

**3. Hauptsatz der Thermodynamik**

> Es ist nicht möglich, einen Körper bis zum absoluten Nullpunkt abzukühlen.

**Wärmekraftmaschinen**

Maschinen zur Umwandlung von Wärme in mechanische Arbeit.

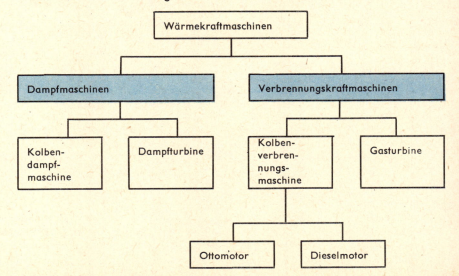

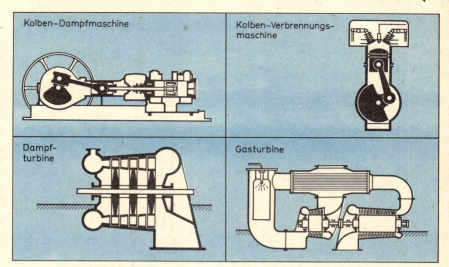

## Dampfmaschinen

Antriebsmaschinen, in denen die Energie von Wasserdampf hoher Temperatur (bis 500 °C) und hohen Druckes (bis 25 MPa) zum Verrichten von Arbeit ausgenutzt wird. Der Dampf wird *außerhalb* der Maschine erzeugt.

**Kolbendampfmaschine.** Der Dampf strömt in einen Arbeitszylinder und bewegt einen Kolben. Die Hin- und Herbewegung wird in eine Drehbewegung umgewandelt.

**Dampfturbine.** Durch Düsen erhält Dampf hohe Strömungsgeschwindigkeit. Laufräder mit Profilschaufeln werden durch den zwischen den Schaufeln durchströmenden Dampf in Drehbewegung versetzt.

## Verbrennungskraftmaschinen

Antriebsmaschinen, in denen die chemische Energie von Kraftstoff (Benzin, Dieseltreibstoff, Gas) zum Verrichten von Arbeit genutzt wird.
Die Verbrennung erfolgt *innerhalb* der Maschine.

**Ottomotor.** Erzeugung eines Kraftstoff-Luft-Gemisches im Vergaser und Ansaugen in den Zylinder, Zündung. Ottomotoren gibt es als Viertakt- und Zweitaktmotoren.

**Dieselmotor.** (↗ S. 170) In verdichtete und dadurch erwärmte Luft wird Kraftstoff eingespritzt. Dieser entzündet sich; die entstehende Wärme wird zur Bewegung eines Kolbens genutzt. Hin- und Herbewegung wird durch Pleuelstange, Kurbelwelle und Schwungrad in Drehbewegung umgewandelt.

**Gasturbine.** Kompressor: Ansaugen und Verdichten der Luft. Brennkammer: Kraftstoff wird in komprimierte und dadurch erwärmte Luft eingespritzt. Nach einmaliger Zündung dauernde Verbrennung. Turbine: Wirkungsweise wie Dampfturbine.

**8/3**

**Viertakt-Dieselmotor**

Wendet man den 1. Hauptsatz der Thermodynamik auf den Dieselmotor an, so gilt angenähert:

$$Q = \Delta U - W$$

| Während der Verbrennung im Zylinder des Motors frei werdende Wärme | Erhöhung der inneren Energie (Temperaturerhöhung) der Motorteile, des Kühlwassers und der Auspuffgase | Im Zylinder des Motors verrichtete und nach außen abgegebene mechanische Arbeit |

**Arbeit beim Viertakt-Dieselmotor**

| | 1. Takt | 2. Takt | 3. Takt Arbeitstakt | 4. Takt |
|---|---|---|---|---|
| An den Motor abgegebene Arbeit | $W_1$ Arbeit zum Ansaugen von Luft, Beschleunigungsarbeit, Reibungsarbeit | $W_2$ Arbeit zum Verdichten, Beschleunigungsarbeit, Reibungsarbeit | $W_3$ Beschleunigungsarbeit, Reibungsarbeit | $W_4$ Arbeit zum Ausschieben der Verbrennungsgase, Beschleunigungsarbeit, Reibungsarbeit |
| Nach außen abgegebene Arbeit | | | $W_m$ mechanische Arbeit | |
| p-V-Diagramm | | | | |
| | | Es gilt annähernd: $W_2 = \Delta U$ | Es gilt: $Q = \Delta U - W$ | |

**Indikatordiagramme** stellen den Zusammenhang von Druck und Volumen dar. Es sind Arbeitsdiagramme von Kolbenkraftmaschinen, die durch entsprechende Zusatzgeräte an der Wärmekraftmaschine automatisch aufgezeichnet werden.

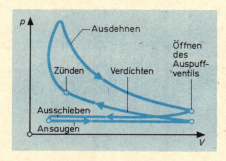

Indikatordiagramm eines Ottomotors

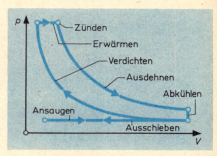

Indikatordiagramm eines Dieselmotors

## Wirkungsgrad $\eta$ einer Wärmekraftmaschine

Physikalische Größe, die die Wirtschaftlichkeit einer Maschine kennzeichnet. Er gibt den Anteil der der Maschine zugeführten Wärme an, der als mechanische Arbeit genutzt werden kann.

$$\eta = \frac{W}{Q}$$

$\eta$: Wirkungsgrad
$Q$: der Maschine zugeführte Wärme
$W$: von der Maschine abgegebene Nutzarbeit

Der Wirkungsgrad wird als Dezimalbruch ohne Einheit oder in Prozent angegeben.

- $\eta = 0{,}36$  oder  $\eta = 36\%$

| Der Wirkungsgrad $\eta$ jeder Wärmekraftmaschine ist kleiner als 1 bzw. kleiner als 100%. | $\eta < 1$ $\eta < 100\%$ |
|---|---|

Wirkungsgrad einiger Wärmekraftmaschinen (Mittelwerte)

| Maschine | Wirkungsgrad |
|---|---|
| Dampfmaschine von Newcomen (1711) | 1% |
| Dampfmaschine von Watt (1768) | 3% bis 4% |
| Mehrzylinderdampfmaschine | bis 18% |
| Hochdruckdampfturbine | 30% bis 40% |
| Gasturbine | 20% bis 28% |
| Ottomotor | bis 34% |
| Diesels erster Motor (1897) | 24% |
| Dieselmotor (Gegenwart) | 35% bis 40% |

## 8/4

**Energiestreifendiagramme** dienen der anschaulichen Darstellung der Anteile der nutzbaren und nicht nutzbaren Energie.

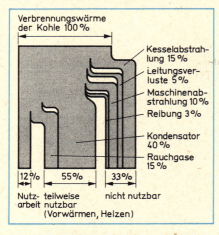

Energiestreifendiagramm einer Dampfmaschinenanlage

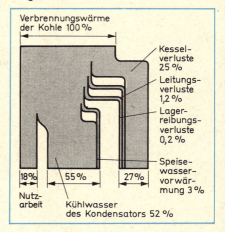

Energiestreifendiagramm einer Dampfturbine

### Thermischer Wirkungsgrad $\eta_{th}$

Physikalische Größe, die den Anteil der nutzbaren mechanischen Arbeit einer Maschine an der zugeführten Wärme in Abhängigkeit von der Temperaturdifferenz beschreibt.

$$\eta_{th} = 1 - \frac{|Q_{ab}|}{|Q_{zu}|}$$

$$\eta_{th} = 1 - \frac{T_{ab}}{T_{zu}}$$

$\eta_{th}$: thermischer Wirkungsgrad
$Q_{zu}$: zugeführte Wärme
$Q_{ab}$: abgegebene Wärme
$T_{zu}$: Temperatur des zugeführten Energieträgers
$T_{ab}$: Temperatur des abgeführten Energieträgers

Bedingung: $T_{zu} > T_{ab}$

Diese Gleichung folgt aus der Gleichung für den Wirkungsgrad einer Wärmekraftmaschine mit $W_{mech} = Q_{zu} - |Q_{ab}|$

## 8.4. Kinetische Wärmetheorie

### Kinetische Wärmetheorie

Theorie, die sich einer Betrachtungsweise bedient, die auf der Zurückführung direkt beobachtbarer (makroskopischer) Vorgänge und Eigenschaften auf Vorgänge und Eigenschaften im molekularen (mikroskopischen) Bereich beruht. Die Darstellung gewonnener Erkenntnisse erfolgt mit Hilfe *statistischer Gesetze* (S. 17). Über Einzelobjekte (Teilchen) können nur **Wahrscheinlichkeitsaus-**

**sagen** gemacht werden. Der Betrachtungsweise liegt das Teilchenmodell zugrunde.
↗ Kinetisch-statistische Betrachtungsweise, S. 150.

## Häufigkeit H

Quantitative Angabe über die unterschiedlich häufige Verteilung von $N$ Teilchen auf $n$ zur Verfügung stehende Teilbereiche. Sie wird auch absolute Häufigkeit genannt.

## Relative Häufigkeit h

Quantitative Angabe der Häufigkeit (↗ S. 173) bezogen auf die Anzahl der möglichen Anordnungen. Man definiert (bezogen auf zwei Teilbereiche):

$$h(N_1; N_2) = \frac{H(N_1; N_2)}{j}$$

$h$: relative Häufigkeit
$H$: Häufigkeit der Anordnung
$j$: Gesamtzahl der registrierten Anordnungen
$N_1$: Anzahl der Teilchen im Bereich 1
$N_2$: Anzahl der Teilchen im Bereich 2

## Wahrscheinlichkeit P zufälliger Ereignisse

Konstanter Zahlenwert, dem mit wachsender Zahl der möglichen Anordnungen die relative Häufigkeit $h$ zustrebt. Die Gleichverteilung der Teilchen im zur Verfügung stehenden Volumen ist am wahrscheinlichsten.

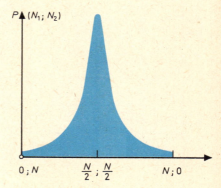

Verteilung der Wahrscheinlichkeiten der Anordnungen $N_1$; $N_2$ für zwei gleichgroße Teilbereiche.

## Häufigkeitsverteilung

Quantitative Angabe der Verteilung der relativen Häufigkeit auf die möglichen Anordnungen.

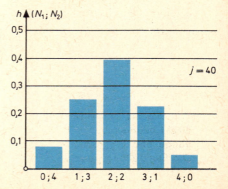

Häufigkeitsverteilung für 40 zufällige Anordnungen mit $N = 4$.

# 8/4

## Statistisches Gesetz

Physikalisches Gesetz, das Aussagen über das Verhalten einer hinreichend großen Menge von Objekten oder Ereignisse als Ganzes enthält. Es macht Aussagen über die Wahrscheinlichkeit des Eintretens eines zufälligen Ereignisses.

## Statistische Schwankungserscheinungen

Erscheinung, daß quantitativ erfaßbare mikrophysikalische Eigenschaften und Merkmale thermodynamischer Systeme Schwankungen unterliegen. Sie sind Bestandteil des Wirkens statistischer Gesetze (↗ S. 17).

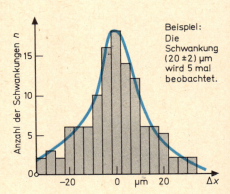

Beispiel: Die Schwankung $(20 \pm 2)$ µm wird 5 mal beobachtet.

Anzahl der Schwankungen in Abhängigkeit von der Änderung $\Delta x$ der x-Koordinate eines Teilchens bei 120 Messungen.

## Brownsche Bewegung und Diffusion

Vorgänge, die infolge der Bewegung der Teilchen eines Körpers beobachtbar sind. Sie sind Beispiele für statistische Schwankungserscheinungen (↗ S. 174).

| Bewegung der Teilchen | |
|---|---|
| **Brownsche Bewegung** | **Diffusion** |
| Bewegung von mikroskopisch beobachtbaren Teilchen infolge der Stöße durch die nicht beobachtbaren, in ständiger Bewegung befindlichen Moleküle. | Eindringen von Molekülen eines Körpers infolge ihrer Bewegung in einen angrenzenden Körper |
| Rauchteilchen in Luft, Kupfersulfat in Wasser | Grenzschicht bei Transistoren, Diffusionspumpe, Isotopentrennung |
| Brownsche Bewegung eines makroskopischen Teilchens | Leichte Moleküle diffundieren schneller als schwere Moleküle |

## Mittlere kinetische Energie $\bar{E}_{kin}$ der Teilchen

Physikalische Größe, die der Beschreibung von Systemen mit einer großen Anzahl von Teilchen dient.

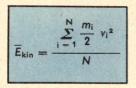

$\bar{E}_{kin}$: mittlere kinetische Energie der Teilchen
$m_i$: Masse eines Teilchens
$v_i$: Geschwindigkeit eines Teilchens
$N$: Anzahl der Teilchen

$$\bar{E}_{kin} = \frac{\sum_{i=1}^{N} \frac{m_i}{2} v_i^2}{N}$$

## Gasdruck $p$

Physikalische Größe, die bei Anwendung der phänomenologischen Betrachtungsweise die Kraftwirkung auf eine Fläche kennzeichnet.
↗ Druck, S. 104
Bei Anwendung der kinetisch-statistischen Betrachtungsweise wird er durch die mittlere kinetische Energie der Teilchen (S. 164) dargestellt.

$$p = \frac{2}{3} \cdot \frac{N}{V} \cdot \bar{E}_{kin}$$

$p$: Gasdruck
$N$: Teilchenanzahl
$V$: Volumen des idealen Gases
$\bar{E}_{kin}$: mittlere kinetische Energie der Teilchen

## Energieverteilung und Geschwindigkeitsverteilung

Wahrscheinlichkeit der Belegung verschiedener Energiebereiche und daraus folgend unterschiedlicher Geschwindigkeitsbereiche durch die Teilchen des idealen Gases.
Die Energieverteilung ist unsymmetrisch. Daraus folgt (↗ mittlere kinetische Energie, S. 164), daß auch die *Geschwindigkeits*verteilung unsymmetrisch ist.

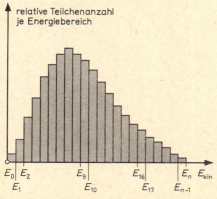

Energieverteilung für Teilchen des idealen Gases

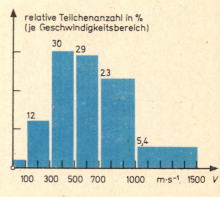

Geschwindigkeitsverteilung für die Moleküle von Stickstoff

## ➡ 8/4

**Zusammenhang zwischen Masse, Geschwindigkeit und Energie der Teilchen und der Temperatur sowie der inneren Energie des idealen Gases**

Mit der Gesamtmasse $m = N \cdot m_x$ folgt:

| Mittlere Geschwindigkeit $\bar{v}$ der Moleküle | $\bar{v} = \sqrt{\dfrac{3p \cdot V}{m}}$ <br> $\bar{v} = \sqrt{\dfrac{3p}{\varrho}}$ |
|---|---|

Mit thermischer Zustandsgleichung des idealen Gases $p \cdot V = m \cdot R \cdot T$ (↗ S. 158) folgt:

| Die mittlere Geschwindigkeit $\bar{v}$ der Teilchen ist der Wurzel aus der Temperatur $T$ des idealen Gases proportional. | $\bar{v} = \sqrt{3R \cdot T}$ |
|---|---|

Mit molarer Gaskonstante $R_0 = R \cdot M$ (↗ S. 158) folgt:

| Die mittlere Geschwindigkeit $\bar{v}$ der Teilchen ist der Wurzel aus der molaren Masse $M$ umgekehrt proportional. | $\bar{v} = \sqrt{\dfrac{3R_0 \cdot T}{M}}$ |
|---|---|

**8/4**

| Druck p eines idealen Gases | $p = \dfrac{2}{3} \cdot \dfrac{N}{V} \cdot \bar{E}_{kin}$ |

Mit Zustandsgleichung
$p \cdot V = \dfrac{m \cdot R_0}{M} \cdot T$
(↗ S. 158) folgt:

| Mittlere kinetische Energie der Teilchen | $\bar{E}_{kin} = \dfrac{3m \cdot R_0 \cdot T}{2N \cdot M}$ |

Mit $\dfrac{m}{N} = \dfrac{M}{L}$
und Boltzmann-Konstante $k = \dfrac{R_0}{L}$
(↗ S. 159) folgt:

| Die mittlere kinetische Energie der Teilchen $\bar{E}_{kin}$ ist der Temperatur T des idealen Gases proportional. | $\bar{E}_{kin} = \dfrac{3}{2} k \cdot T$ |

Mit innerer Energie des idealen Gases
(↗ S. 151) folgt:
$U = N \cdot \bar{E}_{kin}$

| Die innere Energie U des idealen Gases ist seiner Temperatur T proportional. | $U = \dfrac{3}{2} m \cdot R \cdot T$ |

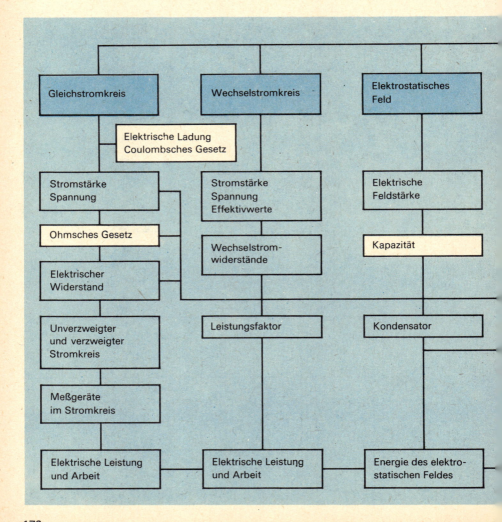

# Elektrizitätslehre      9

Teilgebiet der Physik, in dem die Gesetze für Stromkreise, die Eigenschaften und Gesetze von elektromagnetischen Feldern und ihre Wechselbeziehungen sowie elektrische Leitungsvorgänge beschrieben und erklärt werden.

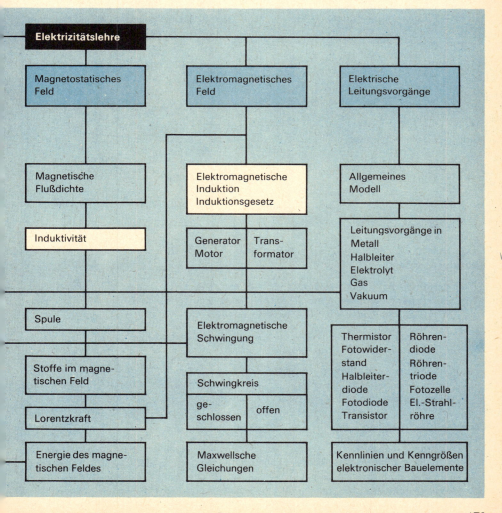

## 9.1. Ladung – Stromstärke – Spannung

**Ladungstrennung**

Vorgang, bei dem positive und negative elektrische Ladungsträger (Ionen, Elektronen) voneinander getrennt werden. Dabei muß Arbeit verrichtet werden. Diese wird als Energie des elektrischen Feldes gespeichert.
↗ elektrostatisches Feld, S. 199
↗ Energie $E_{el}$ des elektrostatischen Feldes, S. 203

■ **Bandgenerator.** Infolge der engen Berührung mit der Metallbürste werden dem Gummiband, bei seiner Bewegung ständig Elektronen entzogen.

**MHD-Generator.** Im magnetohydrodynamischen Generator werden die in einem Gasstrom enthaltenen elektrischen Ladungsträger durch die im Magnetfeld wirkende Lorentzkraft (↗ S. 210) voneinander getrennt.

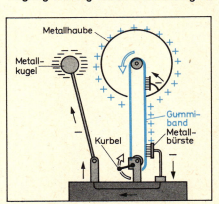

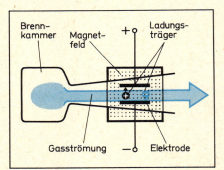

**Ladungsausgleich**

Vorgang, bei dem positive und negative elektrische Ladungsträger (Ionen, Elektronen) zwischen unterschiedlich elektrisch geladenen Objekten bis zum Ausgleich der Ladungen ausgetauscht werden.

■ Ein Körper mit Elektronenüberschuß gibt negative Ladungsträger (Elektronen) an einen Körper mit Elektronenmangel ab.
Entladen von Ionen an Elektroden.
Verbinden ungleichartiger Pole eines galvanischen Elementes mit einem metallischen Leiter.

**Ladungsübertragung**

Vorgang, bei dem elektrische Ladungsträger von einem elektrisch geladenen Körper auf andere Körper übergehen. Die vorhandene elektrische Ladung wird auf alle daran beteiligten Körper aufgeteilt. Die Aufteilung der Ladung kann nur erfolgen bis zur kleinsten elektrischen Ladung, der *Elementarladung* e.

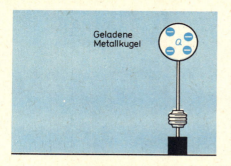 

Ladungsteilung bei zwei gleich großen, elektrisch geladenen Metallkugeln

## Elektrische Elementarladung e

Kleinste, unteilbare elektrische Ladung.

$$e = 1{,}602 \cdot 10^{-19} \, A \cdot s$$

Jedes Elektron trägt eine *negative Elementarladung*, jedes Positron (↗ S. 274) *eine positive Elementarladung*.
↗ Experiment zur Bestimmung der Elementarladung, S. 322

## Elektrische Ladung Q

Physikalische Größe, durch die die elektrische Ladung eines Körpers angegeben werden kann.

$$Q = \int_{t_1}^{t_2} I \cdot dt$$

$Q$: elektrische Ladung
$I$: elektrische Stromstärke
$t$: Zeit

Einheit: 1 A · s (eine Amperesekunde).
1 A · s = 1 C (ein Coulomb); 1 A · s = 6,2 · 10$^{18}$ e.
Ist die Stromstärke $I$ im Zeitintervall $\Delta t$ konstant, dann erhält man:
$Q = I \cdot (t_2 - t_1)$ oder $Q = I \cdot \Delta t$ bzw.

$$Q = I \cdot t.$$

**Ladungsbestimmung.** Sie kann erfolgen durch
– Ermitteln der Funktion $I(t)$ für einen bestimmten Lade- oder Entladevorgang im Zeitintervall $<t_1, t_2>$ und anschließende Integration über diese Funktion;
– Messen kurzer Stromstöße $\int_{t_1}^{t_2} I \cdot dt$ mit Hilfe eines *Stoßgalvanometers*. Der Höchstausschlag des Zeigers dieses Meßgerätes ist ein Maß für die transportierte elektrische Ladung.

## 9/1

**Kräfte zwischen elektrisch geladenen Körpern**

Wechselwirkung zwischen Körpern gleichartiger oder ungleichartiger elektrischer Ladung.

| Art der Wechselwirkung | Bedingung |
|---|---|
| Abstoßung | Elektrisch gleichartig geladene Körper |
| Anziehung | Elektrisch ungleichartig geladene Körper |

**Elektroskop.** Gerät zum Ladungsnachweis. Beruht auf der Wechselwirkung gleichartig geladener (Stab – Zeiger) oder ungleichartig geladener Körper (Stab, Zeiger – Gehäuse).

**Coulombsches Gesetz**

Quantitative Aussage über die Kraft zwischen zwei elektrisch geladenen Körpern (die als Punktladungen betrachtet werden können) in Abhängigkeit von deren Abstand.

$$F = \frac{1}{4\pi \cdot \varepsilon_0} \cdot \frac{Q_1 \cdot Q_2}{r^2}$$

$F$: Kraft zwischen zwei elektrisch geladenen Körpern (Punktladungen)
$Q_1$, $Q_2$: elektrische Ladungen der Körper
$\varepsilon_0$: elektrische Feldkonstante (Dielektrizitätskonstante)
$r$: Abstand der Körper (Punktladungen)

Mit *Punktladung* wird das Modell eines elektrisch geladenen Körpers bezeichnet, dessen räumliche Abmessungen vernachlässigbar klein sind.
Die Richtung der Kraft richtet sich nach den Vorzeichen der Ladungen.
Das Coulombsche Gesetz orientiert auf eine körperbezogene Betrachtungsweise elektrostatischer Wechselwirkung, da in diesem Gesetz die Ladungen von Körpern auftreten.
↗ Eigenschaften eines elektrostatischen Feldes, S. 199

**Elektrischer Strom**

Gerichtete Bewegung von Ladungsträgern. Dabei muß an den Ladungsträgern Arbeit verrichtet werden; Energie des elektrischen Feldes wird in kinetische Energie der Ladungsträger und in magnetische Feldenergie umgewandelt. Es wird unterschieden in Gleichstrom und Wechselstrom.
↗ elektrostatisches Feld, S. 199, Energie $E_{el}$ des elektrostatischen Feldes, S. 203, Energie $E_{magn}$ des magnetostatischen Feldes, S. 212, Modell elektrischer Leitungsvorgänge, S. 227

Ein **elektrischer Stromkreis** besteht im einfachsten Fall aus einer Spannungsquelle, einem Energiewandler, einem Schalter und den Verbindungsleitern.
Bei geschlossenem Stromkreis kann ein elektrischer Strom fließen.
↗ Energiewandler, Tabelle S. 192

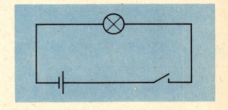

**Wirkungen des elektrischen Stromes** zeigen sich darin, daß in Energiewandlern infolge des Stromflusses elektrische Energie in andere Energiearten umgewandelt wird.

| Art der Wirkung | Energiewandler |
| --- | --- |
| Wärmewirkung | Kochplatte, Tauchsieder, |
| Lichtwirkung | Leuchtstofflampe |
| Magnetische Wirkung | Elektromagnet, Elektromotor |
| Chemische Wirkung | Akkumulator, Elektrolysezelle |

↗ elektrische Energie, S. 203

**Elektrische Stromrichtung**

Richtung des elektrischen Stromes außerhalb einer Spannungsquelle vom positiven zum negativen Pol, unabhängig von der tatsächlichen Bewegungsrichtung der Ladungsträger.
Negative Ladungsträger (Elektronen, Anionen) bewegen sich entgegengesetzt zur vereinbarten – historisch bedingt – elektrischen Stromrichtung.
↗ Modell elektrischer Leitungsvorgänge, S. 227

**9/1**

### Elektrische Stromstärke $I$

Physikalische Größe (Basisgröße), durch die die in einem Zeitintervall durch eine Leiterquerschnittsfläche transportierte elektrische Ladung angegeben wird.

$$I = \frac{dQ}{dt}$$

$I$: elektrische Stromstärke
$Q$: elektrische Ladung
$t$: Zeit

Einheit: 1 A (ein Ampere)

$1\,A = \dfrac{1\,A \cdot s}{s} = 1\,C \cdot s^{-1}$.

$1\,A = 6{,}2 \cdot 10^{18}\,e \cdot s^{-1}$.

1 A ist die Stärke eines konstanten elektrischen Stromes durch zwei geradlinige parallele, unendlich lange Leiter von vernachlässigbarem Querschnitt, die den Abstand 1 m haben und zwischen denen im leeren Raum die durch den Strom hervorgerufene Kraft je 1 m Doppelleitung $2 \cdot 10^{-8}$ N beträgt.
↗ Lorentzkraft $F_L$, S. 210

Ist insbesondere $Q \sim t$, so folgt $I =$ konstant bzw.

$$I = \frac{Q}{t}.$$

↗ Gleichstrom, S. 187

**Stromstärkemessungen** erfolgen vorwiegend mit Meßgeräten, in denen die magnetische Wirkung des elektrischen Stromes ausgenutzt wird.
*Strommesser* werden stets *in Reihe* mit dem Energiewandler geschaltet. Dabei soll der Innenwiderstand $R_i$ (↗ S. 190) des Strommessers klein gegenüber dem Widerstand $R$ des Energiewandlers sein, $R_i \ll R$.
↗ elektrische Meßgeräte im Stromkreis, S. 189

■ *Meßgerätetypen*

| Meßgerät | Drehspulmeßgerät | Dreheisenmeßgerät |
|---|---|---|
| Wirkungsweise | Stromdurchflossene Drehspule mit Zeiger wird im magnetostatischen Feld (↗ S. 204) ausgelenkt. ↗ Lorentzkraft $F_L$, S. 210 | Platte $P_2$ mit Zeiger wird infolge gleichartiger Magnetisierung von Platte $P_1$ abgestoßen |
| Stromart | Gleichstrom (↗ S. 187) | Gleich- und Wechselstrom (↗ S. 193) |

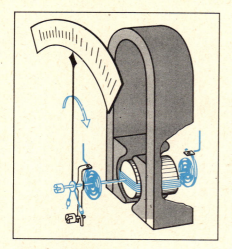
Drehspulmeßgerät

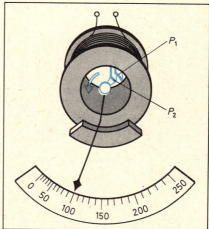
Dreheisenmeßgerät

Drehspulmeßgeräte können auch für Wechselstrom verwendet werden, wenn man Gleichrichter vorschaltet.
↗ Wechselstrom, S. 193, Halbleiterdiode, S. 234

## Elektrische Spannung U

Physikalische Größe, durch die der Energieumsatz beim Transport der Ladung Q zwischen zwei Punkten eines elektrischen Feldes oder Leiters gekennzeichnet werden kann.

$$U = \frac{W}{Q}$$

U: elektrische Spannung
W: Arbeit im elektrischen Feld
Q: elektrische Ladung

Einheit: 1 V (ein Volt)

$$1\,V = \frac{1\,W \cdot s}{1\,C} = \frac{1\,W \cdot s}{1\,A \cdot s} = \frac{1\,W}{1\,A}.$$

■ Energieumsatz infolge äußerer Verschiebungsarbeit $F \cdot s$ an einer positiven Ladung Q zwischen den Punkten A und B im elektrostatischen Feld eines Plattenkondensators. Die Spannung wird von A nach B gegenüber der negativen Kondensatorplatte größer.
↗ elektrostatisches Feld, S. 199

Verschiebungsarbeit an einer positiven Ladung

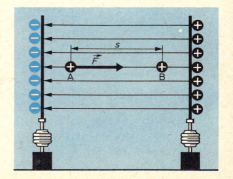

**Spannungsmessungen** erfolgen durch Ausnutzen der Wechselwirkungen zwischen
- ruhenden elektrischen Ladungen (statische Spannungsmessung);
- oder stromdurchflossenen Leitern und Dauermagneten (dynamische Spannungsmessung).

*Arten der Spannungsmessung*

| Art der Messung | Statische Spannungsmessung | Dynamische Spannungsmessung |
|---|---|---|
| Prinzip | Ausnutzen der Kräfte zwischen elektrisch geladenen Körpern (↗ S. 182) | Ausnutzen der magnetischen Wirkung des elektrischen Stromes und der Proportionalität zwischen Spannung und Stromstärke ↗ Ohmsches Gesetz, S. 187. |
| Merkmal | Kein Stromfluß durch das Meßgerät | Geringer Stromfluß (hoher Innenwiderstand $R_i$, ↗ S. 190) durch das Meßgerät |
| Meßgerätetyp | Spannungswaage — Metallplatten, Drehachse, Massestück, Klemmen, Spannungsquelle, Meßgerät — statischer Spannungsmesser | Drehspulmeßgerät oder Dreheisenmeßgerät (↗ S. 184) ↗ Lorentzkraft $F_L$, S. 210 |

*Spannungsmesser* sind ähnlich gebaut wie Strommesser (↗ S. 184); sie unterscheiden sich von diesen nur dadurch, daß sie auf der Grundlage des Ohmschen Gesetzes (↗ S. 187) umgeeicht worden sind. Sie werden stets *parallel* zum Energiewandler geschaltet. Der Innenwiderstand eines Spannungsmessers soll prinzipiell sehr groß gegenüber dem Widerstand des Energiewandlers sein, $R_i \gg R$.
↗ elektrische Meßgeräte im Stromkreis, S. 189

## 9.2. Gleichstromkreis

**Gleichstromkreis**

Stromkreis mit Gleichspannungsquelle. In diesem Stromkreis fließt ein zeitlich konstanter elektrischer Strom in eine bestimmte Richtung.

**Gleichspannungsquellen**

Geräte, in denen Energiearten (chemische Energie, mechanische Energie u. a.) in elektrische Energie umgewandelt werden. Durch Ladungstrennung (↗ S. 180) sind an Gleichspannungsquellen stets ein Pol mit Elektronenüberschuß (Minuspol) und ein Pol mit Elektronenmangel (Pluspol) vorhanden.

Gleichspannungsquellen bewirken in einem geschlossenen elektrischen Stromkreis einen Gleichstrom.

- Monozelle
  ↗ Generator, Dynamo, S. 216

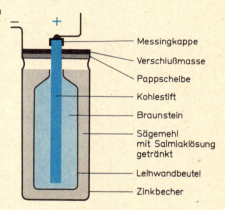

Monozelle

**Gleichstrom**

Strom von Ladungsträgern, die sich ständig in eine bestimmte Richtung bewegen und deren Konzentration in einem bestimmten Volumen zeitlich konstant ist.
↗ elektrische Stromrichtung, S. 183
↗ Wechselstrom, S. 193

**Ohmsches Gesetz**

Zusammenhang zwischen elektrischer Stromstärke und elektrischer Spannung bei konstanter Temperatur für einen bestimmten metallischen Leiter.

$$I \sim U \text{ oder } \frac{U}{I} = \text{konstant}$$

$I$: elektrische Stromstärke
$U$: elektrische Spannung

Das Ohmsche Gesetz gilt bei homogenen Anordnungen auch für wäßrige Lösungen von Elektrolyten.

# ➡ 9/2

**Elektrischer Widerstand R**

Physikalische Größe zur Kennzeichnung der Eigenschaft von Leitern, die gerichtete Bewegung von Ladungsträgern zu behindern.

$$R = \frac{U}{I}$$

R: elektrischer Widerstand
U: elektrische Spannung
I: elektrische Stromstärke

Einheit: 1 Ω (ein Ohm).
1 Ω = 1 V · A⁻¹

In metallischen Leitern wird der elektrische Widerstand durch Wechselwirkung der wanderungsfähigen Elektronen mit den Ionen des Metallgitters verursacht. Elektrische Leiter, für die das Ohmsche Gesetz gilt, haben einen bestimmten konstanten elektrischen Widerstand (linearer I-U-Zusammenhang).
↗ Kennlinien und Kenngrößen einiger elektronischer Bauelemente, S. 239

**Spezifischer elektrischer Widerstand ϱ**

Physikalische Größe, durch die der unterschiedliche elektrische Widerstand von Stoffen gekennzeichnet werden kann.

Einheit: 1 Ω · m, $\frac{1\,\Omega \cdot 1\,mm^2}{1\,m}$.

Der spezifische elektrische Widerstand ist *temperaturabhängig*. Bei mikrophysikalischer Betrachtung läßt er sich aus der Konzentration und der Beweglichkeit der Ladungsträger berechnen.
↗ Halbleiter, S. 228
↗ Isolator, S. 228

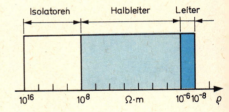

**Widerstandsgesetz**

Zusammenhang zwischen dem elektrischen Widerstand, den geometrischen Abmessungen und der stofflichen Beschaffenheit eines Leiters bei konstanter Temperatur.

$$R = \varrho \cdot \frac{l}{A}$$

R: elektrischer Widerstand
ϱ: spezifischer elektrischer Widerstand
l: Leiterlänge
A: Leiterquerschnittsfläche

**Widerstandsbestimmung** kann erfolgen durch:

– Messen von Stromstärke und Spannung und Berechnen des Widerstandes nach der Gleichung $R = \frac{U}{I}$;

– Ermitteln von Länge, Querschnittsfläche sowie spezifischem elektrischen

Widerstand des Leiters und Berechnen des Widerstandes nach der Gleichung
$R = \varrho \cdot \dfrac{l}{A}$ ;

- Verwenden einer Wheatstoneschen Brücke;
  falls $R$, $R_1$ und $R_2$ bekannt sind und nach Einschalten von $R_x$ die „Brücke PQ" stromlos gestellt wird,
  gilt: $\dfrac{R_x}{R} = \dfrac{R_1}{R_2}$.
- Verwenden eines Widerstandsmessers.

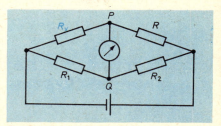

Schaltplan einer Wheatstoneschen Brücke

## Unverzweigter und verzweigter Stromkreis

| | **Unverzweigter Stromkreis** (Reihenschaltung) | **Verzweigter Stromkreis** (Parallelschaltung) |
|---|---|---|
| Schaltplan | | |
| Merkmal | Energiewandler liegen in Reihe | Energiewandler liegen parallel |
| Spannungen | $U = U_1 + U_2$ | $U = U_1 = U_2$ |
| Stromstärken | $I = I_1 = I_2$ | $I = I_1 + I_2$ |
| Widerstände | $R = R_1 + R_2$ | $\dfrac{1}{R} = \dfrac{1}{R_1} + \dfrac{1}{R_2}$ |
| Wichtige Proportionen | $U_1 : U_2 = R_1 : R_2$ | $I_1 : I_2 = R_2 : R_1$ |

## Elektrische Meßgeräte im Stromkreis

Elektrische Meßgeräte können einen Meßwert anzeigen, wenn durch sie ein elektrischer Strom fließt. Dieser Strom wird durch den *Innenwiderstand* $R_i$ des jeweiligen Meßgerätes beeinflußt.
↗ Stromstärkemessungen, S. 186

# → 9/2

**Innenwiderstand $R_i$.** Elektrischer Widerstand eines Meßgerätes. Zum Bestimmen der wahren Werte von Stromstärke oder Spannung – bezogen auf das jeweilige Meßobjekt (z. B. Glühlampe) mit dem elektrischen Widerstand R – muß angestrebt werden:
- bei Stromstärkemessungen: $R_i \ll R$,
- bei Spannungsmessungen: $R_i \gg R$.

Der Innenwiderstand ist oftmals am Meßgerät direkt ablesbar. Bei Stromstärke-Spannungs-Messungen im elektrischen Stromkreis kann unter Berücksichtigung der Innenwiderstände der Meßgeräte nur jeweils eine Größe im Rahmen gegebener Meßgenauigkeit richtig bestimmt werden.

*Meßgerechte Schaltungen*

| Spannungsrichtige Meßschaltung | Stromrichtige Meßschaltung |
|---|---|
| (A in Reihe, V parallel zu R) | (V über beides, A in Reihe mit R) |

**Meßbereichserweiterung.** Sie dient der Verwendung eines einzigen Meßgerätes zum Messen unterschiedlichster Werte von Stromstärken oder Spannungen und erfolgt unter Anwendung der Gesetze des unverzweigten und verzweigten Stromkreises.

| Meßgerät | Spannungsmesser | Strommesser |
|---|---|---|
| Prinzip | In-Reihe-Schalten eines Vorwiderstandes $R_V$ | Parallelschalten eines Widerstandes $R_P$ |
| Meßbereichserweiterung auf das n-fache | $R_V = (n-1) \cdot R_i$ | $R_P = \dfrac{R_i}{n-1}$ |

↗ elektrische Stromstärke, S. 184, elektrische Spannung, S. 185

## Spannungsteilerschaltung

Schaltung zur stufenlosen Änderung einer Spannung (Potentiometerschaltung). Entsprechende Bauelemente werden *Potentiometer* genannt.

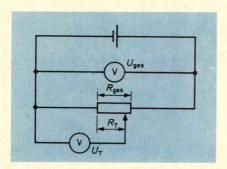

$R_{ges}$: Gesamtwiderstand
$R_T$: Teilwiderstand
$U_{ges}$: Gesamtspannung
$U_T$: Teilspannung

Über einen Gleitkontakt kann stufenlos die zum Teilwiderstand $R_T$ gehörende Teilspannung $U_T$ abgegriffen werden. Im unbelasteten Zustand gilt:

$$U_T : U_{ges} = R_T : R_{ges}$$

## Energieumwandlungen im Stromkreis

Bei der gerichteten Bewegung von Ladungsträgern in einem elektrischen Leiter wird infolge seines elektrischen Widerstandes (↗ S. 196) stets ein Teil elektrischer Energie in thermische Energie (↗ S. 153) des Leiters umgewandelt.
↗ Satz von der Erhaltung der Energie, S. 57, Wirkungen des elektrischen Stromes, S. 183

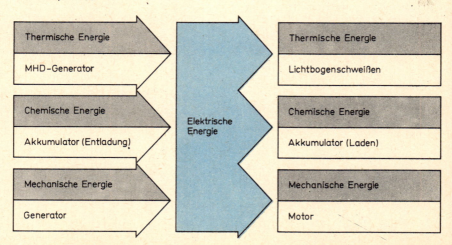

### Elektrische Arbeit $W_{el}$

Physikalische Größe, die jenen Teil der elektrischen Energie kennzeichnet, der infolge des Fließens eines elektrischen Stromes in einem Energiewandler umgewandelt wird.

$$W_{el} = U \cdot Q$$

$W_{el}$: elektrische Arbeit
$U$: elektrische Spannung
$Q$: elektrische Ladung

Einheit: $1 \text{ W} \cdot \text{s}$ (eine Wattsekunde).
$1 \text{ W} \cdot \text{s} = 1 \text{ V} \cdot \text{A} \cdot \text{s}$.
Ist $I(t) = $ konstant, so gilt wegen $Q = I \cdot t$:

$$W_{el} = U \cdot I \cdot t$$

**Messen der elektrischen Arbeit.** Die elektrische Arbeit wird in der Praxis mit Elektrizitätszählern (Kilowattstundenzählern) gemessen. Die durch ein Zählwerk registrierte Anzahl der Umdrehungen einer Scheibe ist ein Maß für die umgewandelte Energie.

### Elektrische Leistung $P_{el}$

Physikalische Größe, durch die die in einer bestimmten Zeit in einem Energiewandler verrichtete elektrische Arbeit gekennzeichnet wird.

$$P_{el} = \frac{W_{el}}{t}$$

$P_{el}$: elektrische Leistung
$W_{el}$: elektrische Arbeit
$t$: Zeit

Einheit: $1 \text{ W}$ (ein Watt).
Ist $I(t) = $ konstant (↗ Gleichstrom, S. 187), so gilt:

$$P_{el} = U \cdot I$$

$1 \text{ W} = 1 \text{ V} \cdot \text{A}$.
↗ mechanische Leistung $P$, S. 129

| Energiewandler | | Leistung in W |
|---|---|---|
| Glühlampe | (Taschenleuchte) | 0,5 bis 3 |
| Glühlampe | (Haushalt) | 15 bis 200 |
| Fernsehgerät | (Haushalt) | 180 bis 450 |
| Elektroherd | (Haushalt) | 250/500/1 000 |
| Bügeleisen | | $4 \cdot 10^2$ bis $1,2 \cdot 10^3$ |
| Antriebsmotor | (Straßenbahn) | $1 \cdot 10^5$ bis $1,5 \cdot 10^5$ |
| Antriebsmotor | (Elektrolok) | $\approx 5 \cdot 10^6$ |
| Lichtbogen | (Elektrostahlofen) | $\approx 1 \cdot 10^7$ |
| Generator | (Kraftwerk) | $\approx 5 \cdot 10^8$ |

## 9.3. Wechselstromkreis

**Wechselstromkreis**

Stromkreis mit Wechselspannungsquelle. In diesem Stromkreis ändert sich periodisch die Richtung des Elektronenstromes.

**Wechselstromgenerator**

Gerät zum Erzeugen von Wechselspannung. Im Generator wird durch *elektromagnetische Induktion* mechanische Energie in elektrische Energie umgewandelt.
↗ Induktionsgesetz, S. 213
↗ Induktion im zeitlich konstanten und im zeitlich veränderlichen Magnetfeld, S. 212

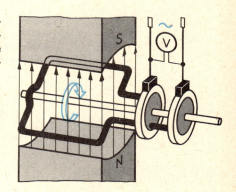

**Wechselstrom**

Strom von Ladungsträgern, die sich periodisch in einem elektrischen Stromkreis hin- und herbewegen. Dieser Vorgang ist eine *elektromagnetische Schwingung*.
↗ elektromagnetische Schwingung, S. 219, Kenngrößen einer Schwingung, S. 70, Gleichstrom, S. 187

*Kenngrößen des Wechselstromes* sind die Wechselstromstärke $i$ und die Wechselspannung $u$ als periodische Funktionen der Zeit:
$i = f_1(t)$ und $u = f_2(t)$.

Im Unterschied zu den entsprechenden Größen des Gleichstromkreises werden zum Kennzeichnen der Momentangrößen des Wechselstromkreises kleine Buchstaben verwendet.
↗ Gleichstromkreis, S. 187

■ Zeitliche Verläufe von Wechselspannungen

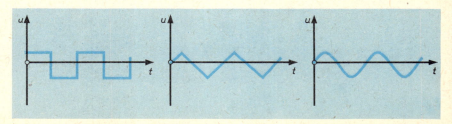

## ➡ 9/3

**Wechselstromstärke $i$**

Physikalische Größe zur Beschreibung der Zeitabhängigkeit der elektrischen Stromstärke im Wechselstromkreis.

$$i = i_{max} \cdot \sin \omega \cdot t$$

Einheit: 1 A (ein Ampere).

$i$: Momentanwert der Wechselstromstärke
$i_{max}$: Maximalwert (Amplitude) der Wechselstromstärke
$\omega$: Kreisfrequenz
$t$: Zeit

Die Wechselstromstärke stellt auf Grund ihrer Zeitabhängigkeit (Sinusfunktion) eine harmonische elektromagnetische Schwingung dar.
↗ harmonische und nichtharmonische Schwingung, S. 73

**Wechselstromstärkemessungen** erfolgen prinzipiell mit den gleichen Geräten und unter den gleichen Bedingungen wie im Gleichstromkreis (↗ S. 187). Bei Verwendung eines Drehspulmeßgerätes (↗ S. 184) zum Messen im Wechselstromkreis wird ein Gleichrichter vorgeschaltet.
↗ Stromstärkemessungen, S. 186, Gleichrichterwirkung, S. 234

**Wechselspannung $u$**

Physikalische Größe zur Beschreibung der Zeitabhängigkeit der elektrischen Spannung im Wechselstromkreis.

$$u = u_{max} \cdot \sin \omega \cdot t$$

Einheit: 1 V (ein Volt).

$u$: Momentanwert der Wechselspannung
$u_{max}$: Maximalwert (Amplitude) der Wechselspannung
$\omega$: Kreisfrequenz
$t$: Zeit

Die Wechselspannung $u$ stellt wie die Wechselstromstärke $i$ auf Grund ihrer Zeitabhängigkeit eine harmonische elektromagnetische Schwingung dar.
↗ Wechselstrom, S. 193
↗ harmonische und nichtharmonische Schwingung, S. 73

Oszillografenschirmbild mit angezeigter harmonischer Wechselspannung

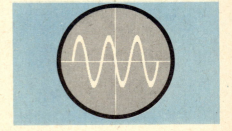

Wechselspannungsmessungen erfolgen nach dem Prinzip der Spannungsmessungen im Gleichstromkreis (↗ S. 186). Beim Verwenden eines Drehspulmeßgerätes wird ein Gleichrichter vorgeschaltet.
↗ elektrische Meßgeräte im Stromkreis, S. 189

**Effektivwerte von Wechselstromstärke und Wechselspannung**

Kenngrößen des Wechselstromkreises, die an Meßgeräten abgelesen werden können.

Man verwendet als Symbole für die Effektivwerte Großbuchstaben. Die Effektivwerte entsprechen als Mittelwerte den jeweiligen Größen des Gleichstromkreises (↗ S. 187).

$$I = \frac{1}{2}\sqrt{2} \cdot i_{max}$$

$$U = \frac{1}{2}\sqrt{2} \cdot u_{max}$$

$I, U$: Effektivwerte der Stromstärke bzw. Spannung
$i_{max}, u_{max}$: Maximalwerte der Stromstärke bzw. Spannung

↗ harmonische und nichtharmonische Schwingung, S. 73

## Wechselstromfrequenz $f$

Physikalische Größe, die die Änderungsgeschwindigkeit von elektrischen Größen des Wechselstromkreises kennzeichnet.

$$f = \frac{1}{T}$$

$f$: Wechselstromfrequenz
$T$: Periode einer harmonischen Schwingung der Wechselstromstärke $i$ bzw. Wechselspannung $u$

Einheit: 1 Hz (ein Hertz).
1 Hz = 1 s$^{-1}$.

Im öffentlichen Elektroenergieversorgungsnetz beträgt die Wechselstromfrequenz $f = 50$ Hz.
$f = 50$ Hz entspricht einer Kreisfrequenz $\omega = 2\pi \cdot f = 314$ s$^{-1}$ und (bei einem umlaufenden Polpaar) einer Generatordrehzahl $n = 3\,000$ min$^{-1}$.

**Wechselstromfrequenzmessung** erfolgt mit einem Frequenzmesser, z. B. Zungenfrequenzmesser. In ihm werden Stahlzungen durch einen vom Wechselstrom durchflossenen Elektromagneten zu erzwungenen Schwingungen (↗ S. 74) angeregt.

## Scheinwiderstand $Z$

Elektrischer Widerstand bei Reihen- oder Parallelschaltung von metallischem Leiter, Spule und Kondensator im Wechselstromkreis.

Für die *Reihenschaltung* gilt:

$$Z = \sqrt{R^2 + (X_L - X_C)^2}$$

$Z$: Scheinwiderstand
$R$: ohmscher Widerstand
$X_L$: induktiver Widerstand
$X_C$: kapazitiver Widerstand

$X_L = 0$ und $X_C = 0$, daraus folgt: $Z = R$.

Man bezeichnet einen reinen Leiter-Widerstand (ohmschen Widerstand) auch als *Wirkwiderstand*. Die Widerstände einer Spule (induktiver Widerstand) und eines Kondensators (kapazitiver Widerstand) sind *Blindwiderstände*.

## ➡ 9/3

**Wechselstromwiderstände**

Elektrische Widerstände, die in einem Wechselstromkreis durch metallische Leiter, Spulen und Kondensatoren verursacht werden. Ohmscher Widerstand $R$, induktiver Widerstand $X_L$ und kapazitiver Widerstand $X_C$ können dabei einzeln, verschieden kombiniert und gemeinsam auftreten.

| **Ohmscher Widerstand $R$** | **Induktiver Widerstand $X_L$** | **Kapazitiver Widerstand $X_C$** |
|---|---|---|
| $R = \dfrac{U}{I}$ | $X_L = \dfrac{U}{I}$ | $X_C = \dfrac{U}{I}$ |
| Metallischer Leiter: $R = \varrho \cdot \dfrac{l}{A}$ | Spule: $X_L = \omega \cdot L$ | Kondensator: $X_C = \dfrac{1}{\omega \cdot C}$ |
| Keine zeitliche Verschiebung zwischen Spannungs- und Stromstärkekurve | Die Spannungskurve erreicht zeitlich vor der Stromstärkekurve ihr Maximum $\varphi = +\dfrac{\pi}{2}$ | Die Spannungskurve erreicht zeitlich nach der Stromstärkekurve ihr Maximum $\varphi = -\dfrac{\pi}{2}$ |
| ↗ elektrischer Widerstand $R$, S. 188 | ↗ Induktivität $L$, S. 215<br>↗ Selbstinduktion, S. 216 | ↗ elektrische Kapazität $C$, S. 202 |
| | ↗ Kreisfrequenz $\omega$, S. 71 | |

## Arbeit im Wechselstromkreis

Physikalische Größe, die die infolge eines Wechselstroms auftretenden Energieumwandlungen kennzeichnet.
Man unterscheidet:

| Scheinarbeit $W_S$ | $W_S = U \cdot I \cdot t$ |

Einheit: $1 \text{ V} \cdot \text{A} \cdot \text{s}$ (eine Voltamperesekunde).

$U, I$: Effektivwerte der Wechselspannung bzw. Wechselstromstärke
$t$: Zeit

| Wirkarbeit $W_W$ | $W_W = U \cdot I \cdot t \cdot \cos\varphi$ |

Einheit: $1 \text{ W} \cdot \text{s}$ (eine Wattsekunde).
↗ elektrische Arbeit $W_{el}$, S. 192

$U, I$ und $t$ s. o.
$\cos\varphi$: Leistungsfaktor (↗ S. 198)
$\varphi$: Phasenverschiebung zwischen $u$ und $i$

| Blindarbeit $W_B$ | $W_B = U \cdot I \cdot t \cdot \sin\varphi$ |

Einheit: 1 var · s (eine Varsekunde).

$U, I, t$ und $\varphi$ s. o.

Durch die Wirkarbeit wird der Teil elektrischer Energie erfaßt, der in thermische oder mechanische Energie umgewandelt werden kann. Die Blindarbeit wird kurzzeitig zum Aufbau magnetischer oder elektrischer Felder benötigt und anschließend beim Abbau des jeweiligen Feldes wieder freigegeben. Sie ist im Mittelwert gleich Null. Die Wirkarbeit kann ebenso wie die elektrische Arbeit $W_{el}$ mit einem „Kilowattstundenzähler" gemessen werden (↗ elektrische Arbeit, S. 192)

## Leistung im Wechselstromkreis

Physikalische Größe, die die in einer bestimmten Zeit im Wechselstromkreis umgewandelte elektrische Energie kennzeichnet.
Man unterscheidet:

| Scheinleistung $P_S$ | $P_S = U \cdot I$ |

Einheit: $1 \text{ V} \cdot \text{A}$ (ein Voltampere).

$U, I$: Effektivwerte der Wechselspannung bzw. Wechselstromstärke

| Wirkleistung $P_W$ | $P_W = U \cdot I \cdot \cos\varphi$ |

Einheit: 1 W (ein Watt).
↗ elektrische Leistung, S. 192

$U, I$: s. o.
$\cos\varphi$: Leistungsfaktor
$\varphi$: Phasenverschiebung zwischen $u$ und $i$

| Blindleistung $P_B$ | $P_B = U \cdot I \cdot \sin\varphi$ |

Einheit: 1 var (ein Var)

$U, I, \varphi$: s. o.

# ➡ 9/3

Die Wirkleistung stellt die im Wechselstromkreis umgesetzte Leistung dar und kann direkt mit einem *Leistungsmesser* (Wattmeter) gemessen werden. Sie ist im allgemeinen kleiner als die Scheinleistung infolge induktiver oder/und kapazitiver Widerstände im Wechselstromkreis, die eine Phasenverschiebung bewirken.

↗ Arbeit im Wechselstromkreis, S. 192

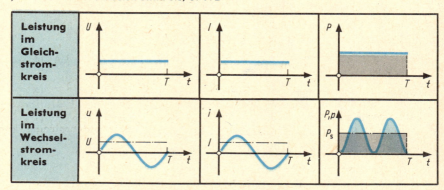

Die Fläche zwischen der Funktionskurve $P = f(t)$ und der Abszissenachse ist ein Maß für die verrichtete elektrische Arbeit;
↗ Arbeitsdiagramm, S. 36

**Leistungsfaktor $\cos \varphi$**

Physikalische Größe, die die im Wechselstromkreis häufig auftretende zeitliche Verschiebung (Phasenverschiebung) zwischen Spannung und Stromstärke charakterisiert.

$$\cos \varphi = \frac{P_W}{P_S}$$

$\cos \varphi$: Leistungsfaktor
$P_W$: Wirkleistung
$P_S$: Scheinleistung

$\cos \varphi$ ist eine Verhältnisgröße mit der Einheit 1.

Der Leistungsfaktor $\cos \varphi$ kann direkt mit einem *$\cos \varphi$-Messer* ermittelt werden.
Die Effektivität der Energieversorgung hängt vom erreichten Leistungsfaktor ab.
Die zumeist induktiven Widerstände der angeschlossenen Energiewandler senken den Leistungsfaktor. Das Netz wird durch hohe Stromstärken belastet, während die übertragene Wirkleistung gering ist. Durch das Zuschalten von kapazitiven Widerständen (große Kondensatorbatterien) kann die durch induktive Widerstände hervorgerufene Phasenverschiebung kompensiert und der Leistungsfaktor wieder erhöht werden.

## 9.4. Elektrostatisches Feld

**Elektrostatisches Feld**

Raumgebiet um ruhende, elektrische Ladungsträger; dieses Gebiet kann qualitativ (elektrisches Feldlinienbild) und quantitativ (z. B. elektrische Feldstärke) beschrieben werden. Mit der zeitlichen Änderung elektrischer Felder ist gesetzmäßig das Auftreten magnetischer Felder verknüpft. Es entsteht ein elektromagnetisches Feld.
  ↗ elektromagnetisches Feld, S. 212, elektrisches Feld, S. 200

**Entstehung eines elektrostatischen Feldes**

Notwendige und hinreichende Bedingung ist das Vorhandensein elektrischer *Ladungsträger*. Elektrisch geladene Körper oder freie Ladungsträger können durch *Ladungstrennung* auftreten. Dazu ist Arbeit erforderlich, die als Energie im elektrostatischen Feld gespeichert wird.
  ↗ Ladungstrennung, S. 180
  ↗ Energie $E_{el}$ des elektrostatischen Feldes, S. 203

**Eigenschaften eines elektrostatischen Feldes**

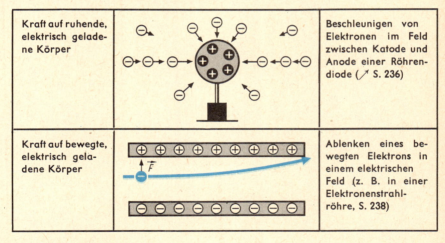

| Kraft auf ruhende, elektrisch geladene Körper | | Beschleunigen von Elektronen im Feld zwischen Katode und Anode einer Röhrendiode (↗ S. 236) |
|---|---|---|
| Kraft auf bewegte, elektrisch geladene Körper | | Ablenken eines bewegten Elektrons in einem elektrischen Feld (z. B. in einer Elektronenstrahlröhre, S. 238) |

**Elektrisches Feldlinienbild**

Modell zur qualitativen Darstellung elektrischer Felder. Feldlinien geben in jedem Punkt des Feldes die Richtung der elektrischen Feldstärke $\vec{E}$ an.
  ↗ elektrische Feldstärke $\vec{E}$, S. 200

*Festlegung*: Die Richtung elektrischer Feldlinien ist gleich der Richtung der Kraft, die in einem Raumpunkt auf einen elektrisch positiv geladenen Probekörper wirkt.

Als elektrisch geladenen *Probekörper* bezeichnet man einen elektrisch geladenen Körper, dessen eigenes Feld das zu betrachtende Feld nicht merklich beeinflußt.

Zum Richtungssinn elektrischer Feldlinien

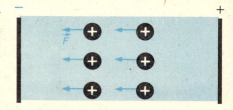

Man beachte: Während das Feldlinienbild aus zeichnerischen Gründen häufig nur in einer Ebene dargestellt wird, besteht das entsprechende Feld in Wirklichkeit jedoch im gesamten Raumgebiet.

**Arten des elektrischen Feldes**

| Homogenes elektrostatisches Feld | Elektrostatisches Zentralfeld | Inhomogenes elektrostatisches Feld |
|---|---|---|
| An allen Punkten des Raumgebietes ist die elektrische Feldstärke $\vec{E}$ konstant, z. B. im Innenraum eines Plattenkondensators. | Inhomogenes Feld, in dem der Betrag der elektrischen Feldstärke $\vec{E}$ eine Funktion des Abstandes r vom Ladungszentrum, z. B. im Raumgebiet um eine elektrisch geladene Kugel, ist. $\vec{E}$ ist stets radial gerichtet. Für r = konstant ist E = konstant. | Die elektrische Feldstärke $\vec{E}$ hat in jedem Punkt des Raumgebietes i. a. einen anderen Betrag und eine andere Richtung, z. B. im Raumgebiet zwischen zwei Punktladungen. |

**Elektrische Feldstärke $\vec{E}$**

Physikalische Größe zur quantitativen Beschreibung elektrischer Felder.

$\vec{E}$: elektrische Feldstärke
$\vec{F}$: Kraft auf Probekörper
Q: Ladung des Probekörpers

Einheit: $1 \text{ V} \cdot \text{m}^{-1}$ (ein Volt je Meter).

$$1 \text{ V} \cdot \text{m}^{-1} = \frac{1 \text{ N}}{1 \text{ A} \cdot \text{s}} = \frac{1 \text{ kg} \cdot \text{m}}{1 \text{ A} \cdot \text{s}^3}.$$

↗ Probekörper, S. 199/200 in Elektrisches Feldlinienbild

Die elektrische Feldstärke ist eine *vektorielle Größe* (↗ S. 9). Ihre Richtung ist gleich der Richtung der Kraft, die im elektrischen Feld auf einen elektrisch positiv geladenen Probekörper wirkt.

## Kondensatoren

Bauelemente, die auf gegeneinander isolierten Leitern im geladenen Zustand ungleichartige elektrische Ladungen tragen. Zwischen den Leitern besteht dann ein elektrostatisches Feld. Der isolierende Stoff zwischen den Leitern wird als *Dielektrikum* bezeichnet.
Das Dielektrikum wird vom Feld durchsetzt und beeinflußt die *elektrische Kapazität* eines Kondensators.
↗ Plattenkondensator, S. 203

| **Blockkondensator** (Wickelkondensator) Als Träger der Ladung dienen zwei Metallfolien, die durch einen Isolierstoff (Dielektrikum) voneinander getrennt sind | **Keramikkondensator** Als Träger der Ladung dienen außen und innen auf ein Keramikröhrchen aufgetragene Metallbeläge. Der keramische Stoff bildet das Dielektrikum |
|---|---|
| **Elektrolytkondensator** Aluminiumfolie und Elektrolyt sind die Träger der entgegengesetzten Ladungen. Eine Schicht aus Aluminiumhydroxid [Al(OH)$_3$] bildet das Dielektrikum. Die oxydierte Platte muß stets die positive Ladung tragen. Polungsfehler führen zur Zerstörung des Kondensators | **Drehkondensator** Luft bildet das Dielektrikum. Durch Drehen eines Plattensatzes, der in einem zweiten Plattensatz kämmt, läßt sich die wirksame Plattenfläche und damit die Kapazität des Kondensators verändern |

Beim Laden und Entladen von Kondensatoren werden Ladungen transportiert. Es fließen elektrische Ströme.
↗ elektrischer Strom, S. 183

### Entladen eines Kondensators

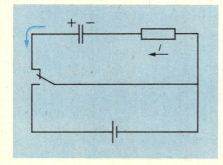

Schaltplan

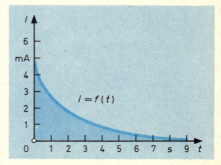

$I$-$t$-Diagramm. Die blaue Fläche ist ein Maß für die transportierte elektrische Ladung Q

# ➡ 9/4

| Anwendung | Beispiel |
|---|---|
| Speicher für elektrische Ladungen | Kapazität im Schwingkreis, Funkenlöschung, Glätten pulsierenden Gleichstromes |
| Kapazitiver Widerstand im Wechselstromkreis | Phasenschieber zur Verbesserung des Leistungsfaktors |

**Elektrische Kapazität C**

Physikalische Größe, die die Speicherfähigkeit von Kondensatoren für elektrische Ladungen kennzeichnet.

$$C = \frac{Q}{U}$$

C: elektrische Kapazität
Q: elektrische Ladung einer Kondensatorplatte
U: elektrische Spannung zwischen den Kondensatorplatten

Einheit: 1 F (ein Farad)

$$1\,F = \frac{1\,A \cdot s}{1\,V}.$$

Ist die elektrische Kapazität C eines Kondensators konstant, so gilt:

$$Q \sim U$$

Q-U-Diagramm für einen Kondensator konstanter elektrischer Kapazität.

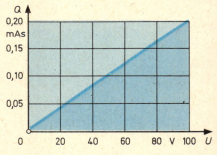

Die blaue Fläche zwischen der Geraden und der Abszissenachse ist ein Maß für die beim Aufbau des Feldes verrichtete Arbeit und damit für die Energie $E_{el}$ des elektrostatischen Feldes

**Dielektrizitätskonstante ε**

Physikalische Größe, die das Dielektrikum (↗ S. 201) zwischen den beiden Leitern eines Kondensators kennzeichnet.

$$\varepsilon = \varepsilon_0 \cdot \varepsilon_r$$

$\varepsilon$: Dielektrizitätskonstante
$\varepsilon_0$: elektrische Feldkonstante (Influenzkonstante)

Einheit: $1\,F \cdot m^{-1}$
(ein Farad je Meter).

$\varepsilon_0 := 8{,}86 \cdot 10^{-12} \, \dfrac{A \cdot s}{V \cdot m}$

$\varepsilon_r$: relative Dielektrizitätskonstante

$$1\,F \cdot m^{-1} = \frac{1\,A \cdot s}{1\,V \cdot m}.$$

(↗ Wiss Grö, S. 78)

Die elektrische Feldkonstante $\varepsilon_0$ ist eine Naturkonstante.
Die relative Dielektrizitätskonstante $\varepsilon_r$ ist eine Stoffkonstante, die das jeweilige Dielektrikum charakterisiert.

■ Isolatoren (↗ S. 228) sind gekennzeichnet durch eine große relative Dielektrizitätskonstante (z. B. Wasser $\varepsilon_r = 81$). Für das Vakuum hat man die relative Dielektrizitätskonstante $\varepsilon_r = 1$ gesetzt.

## Plattenkondensator

Elektrisches Bauelement, das aus zwei gegeneinander isolierten ebenen Leiterplatten besteht. Der isolierende Stoff zwischen den Platten ist das *Dielektrikum*. Zwischen den Kondensatorplatten kann ein *homogenes elektrostatisches Feld* aufgebaut werden. Er dient zum Speichern elektrischer Ladungen. Die elektrische Kapazität $C$ dieses Kondensators ist abhängig von seinen geometrischen Abmessungen und vom Dielektrikum.

$$C = \varepsilon \cdot \frac{A}{s}$$

$C$: elektrische Kapazität
$\varepsilon$: Dielektrizitätskonstante
$A$: Flächeninhalt einer Kondensatorplatte
$s$: Abstand der Kondensatorplatten

↗ Kondensatoren, S. 201, homogenes elektrostatisches Feld, S. 199
↗ Dielektrikum, S. 201

## Energie $E_{el}$ des elektrostatischen Feldes

Physikalische Größe, die das Arbeitsvermögen eines elektrostatischen Feldes kennzeichnet.

$$E_{el} = \frac{1}{2} Q \cdot U$$

$E_{el}$: Energie des elektrostatischen Feldes
$Q$: elektrische Ladung eines Kondensators
$U$: elektrische Spannung am Kondensator

Einheit: $1\,W \cdot s$ (eine Wattsekunde).
$1\,W \cdot s = 1\,V \cdot A \cdot s$.

Mit $Q = C \cdot U$ und $C = \varepsilon \cdot \dfrac{A}{s}$ erhält man äquivalente Größengleichungen für die Energie des elektrostatischen Feldes:

| $E_{el} = \dfrac{1}{2} C \cdot U^2$ | $E_{el} = \dfrac{1}{2} \varepsilon \cdot E^2 \cdot V;$ | $E = \dfrac{U}{s}$ |
|---|---|---|
| | | $V = A \cdot s$ |

↗ elektrische Kapazität $C$, S. 202, Dielektrizitätskonstante $\varepsilon$, S. 202
Elektrische Energie kann sowohl den Ladungsträgern, die sich im elektrischen Feld bewegen und einen elektrischen Strom hervorrufen, als auch dem elektrischen Feld selbst zugeordnet werden.
↗ elektrische Arbeit $W_{el}$, S. 192

### Beschleunigung elektrisch geladener Teilchen

Vorgang, der durch die in elektrischen Feldern wirkenden Kräfte hervorgerufen wird.

Die auf ein elektrisch geladenes Teilchen mit der elektrischen Ladung Q wirkende Feldkraft $\vec{F}$ ist abhängig von der elektrischen Feldstärke $\vec{E}$.

$$\vec{F} = Q \cdot \vec{E}$$

$\vec{F}$: Kraft auf elektrisch geladenes Teilchen im elektrischen Feld
Q: elektrische Ladung des Teilchens
$\vec{E}$: elektrische Feldstärke

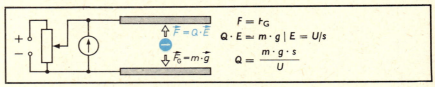

**Beschleunigungsarbeit an Elektronen.** Sie wird verrichtet, wenn Elektronen im elektrostatischen Feld beschleunigt werden, z. B. zwischen Katode und Anode einer Fernsehbildröhre. Dadurch erhalten die Elektronen kinetische Energie. Für ein Elektron gilt:

$$e \cdot U = \frac{m_e \cdot v^2}{2}$$

e: elektrische Elementarladung
U: elektrische Spannung zwischen Anfangs- und Endpunkt der Elektronenbahn
$m_e$: Masse eines Elektrons (bei $v \ll c$)
v: Endgeschwindigkeit eines Elektrons bei $v_0 = 0$

Bei Beachtung der entsprechenden Massen und elektrischen Ladungen gilt diese Gleichung auch für beliebige elektrisch geladene Teilchen.

↗ kinetische Energie $E_{kin}$, S. 128, Röhrendiode, S. 236

## 9.5. Magnetostatisches Feld

### Magnetostatisches Feld

Raumgebiet um zeitlich unveränderliche Ströme elektrischer Ladungsträger und um Dauermagnete. Dieses Gebiet kann qualitativ (magnetisches Feldlinienbild) und quantitativ (magnetische Flußdichte $\vec{B}$) beschrieben werden.

Das magnetostatische Feld eines *Dauermagneten* hat ebenfalls elektrische Ursachen (Ströme innerhalb der Atome infolge der gerichteten Bewegung elektrischer Ladungsträger, Molekularströme).

Im magnetostatischen Feld sind die feldtypischen Größen zeitunabhängig. Mit der zeitlichen Änderung magnetischer Felder ist gesetzmäßig das Auftreten elektrischer Felder verknüpft.

↗ elektromagnetisches Feld, S. 212

### Entstehung eines magnetostatischen Feldes

Notwendige und hinreichende Bedingung ist die zeitlich unveränderliche, gerichtete Bewegung elektrischer Ladungsträger.
↗ elektrischer Strom, S. 183, Gleichstrom, S. 187

### Eigenschaften eines magnetostatischen Feldes

| Eigenschaft | Beispiel | |
|---|---|---|
| **Kraft auf Probekörper** aus Eisen und einigen anderen Stoffen | | Elektromagnet als Lasthebemagnet, in elektrischen Klingeln u. a. |
| **Kraft auf Magnete** | | Einstellen einer Kompaßnadel im Magnetfeld der Erde ↗ Magnetfeld der Erde, S. 210 |
| **Kraft auf bewegte elektrische Ladungsträger** ↗ Lorentzkraft $\vec{F}_L$, S. 210 | | Ablenken von Elektronenstrahlen in Elektronenstrahlröhren (↗ S. 238) |
| **Änderung eines magnetischen Feldes** führt zur Entstehung eines elektrischen Feldes ↗ elektromagnetisches Feld, S. 212 | | Induktion einer Spannung in einem im Magnetfeld bewegten Leiter ↗ Generator, S. 216 |
| Das magnetische Feld ist Träger von Energie, die in andere Energiearten umgewandelt werden kann. | | |

↗ Energie $E_{magn}$ des magnetischen Feldes, S. 212

## ➡ 9/5

**Magnetisches Feldlinienbild**

Modell zur qualitativen Darstellung magnetischer Felder. Die Feldlinien geben in jedem Punkt des Feldes die Richtung der magnetischen Flußdichte $\vec{B}$ an.

↗ magnetische Flußdichte $\vec{B}$, S. 206

*Festlegung*: Die Richtung magnetischer Feldlinien wird durch den Nordpol eines magnetischen Probekörpers angezeigt.
Ein magnetischer Probekörper beeinflußt mit seinem Feld das darzustellende Feld nicht merklich.

*Feldlinienbilder magnetostatischer Felder*

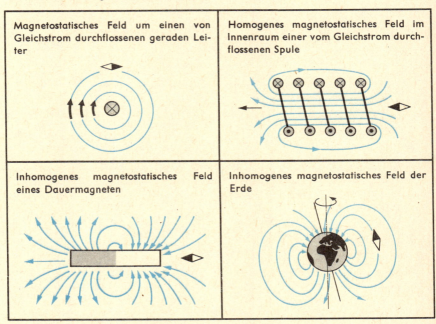

Die magnetischen Feldlinien sind geschlossene Kurven.
Während ein Feldlinienbild aus zeichnerischen Gründen häufig nur in einer Ebene dargestellt wird, besteht das Feld im gesamten Raumgebiet.

**Magnetische Flußdichte $\vec{B}$**

Physikalische Größe zur quantitativen Beschreibung magnetischer Felder.

$$B = \frac{F}{I \cdot l}$$

$B$: Betrag der magnetischen Flußdichte
$I$: elektrische Stromstärke im wirksamen Leiterstück, das sich im Magnetfeld befindet.

Einheit: 1 T (ein Tesla).

$$1\,\mathrm{T} = \frac{1\,\mathrm{N}}{1\,\mathrm{A}\cdot\mathrm{m}}$$
$$= \frac{1\,\mathrm{V}\cdot\mathrm{s}}{1\,\mathrm{m}^2}$$
$$= \frac{1\,\mathrm{kg}}{1\,\mathrm{A}\cdot\mathrm{s}^2}$$
$$= \frac{1\,\mathrm{Wb}}{1\,\mathrm{m}^2}$$

F: Betrag der Kraft auf stromdurchflossenes Leiterstück (Orthogonal zur Stromrichtung und zur Richtung der magnetischen Feldlinien)

$l$: Länge des stromdurchflossenen Leiterstückes im Magnetfeld (orthogonal zur Kraftrichtung und zur Richtung der magnetischen Feldlinien)

Man beachte: Strom-, Feldlinien- und Kraftrichtung bilden dabei in dieser Reihenfolge ein orthogonales Rechtssystem.

Versuchsanordnung und Richtungszusammenhang beim Bestimmen der magnetischen Flußdichte $\vec{B}$

Die magnetische Flußdichte $\vec{B}$ ist eine vektorielle Größe; sie wird manchmal auch als magnetische Induktion bezeichnet.

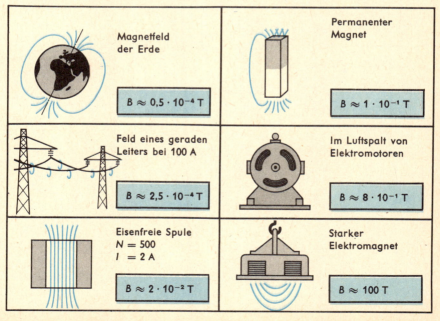

## 9/5

**Permeabilität** $\mu$

Physikalische Größe, die den Stoff kennzeichnet, in dem das magnetische Feld existiert.

$$\mu = \mu_0 \cdot \mu_r$$

$\mu$: Permeabilität
$\mu_0$: magnetische Feldkonstante (Induktionskonstante)

$$\mu_0 = 1{,}256 \cdot 10^{-6} \frac{V \cdot s}{A \cdot m}$$

Einheit: $1\,H \cdot m^{-1}$
(ein Henry je Meter). $\mu_r$: relative Permeabilität

$$1\,\frac{H}{m} = \frac{1\,Wb}{1\,A \cdot m}$$

$$= \frac{1\,T \cdot m}{1\,A}$$

$$= \frac{1\,kg \cdot m}{1\,A^2 \cdot s^2}$$

Die *magnetische Feldkonstante* $\mu_0$ ist eine Naturkonstante.
Die *relative Permeabilität* $\mu_r$ ist eine *Stoffkonstante*, die den vom Magnetfeld durchsetzten Stoff charakterisiert.

**Magnetische Feldstärke** $\vec{H}$

Physikalische Größe zur quantitativen Beschreibung des homogenen magnetostatischen Feldes einer stromdurchflossenen Spule.

$$H = I \cdot \frac{N}{l}$$

$H$: Betrag der magnetischen Feldstärke
$I$: elektrische Stromstärke in der Spule
$N$: Windungszahl der Spule
$l$: Länge der Spule

Einheit: $1\,A \cdot m^{-1}$
(ein Ampere je Meter).
↗ homogenes magnetostatisches Feld einer stromdurchflossenen Spule, S. 209
Die magnetische Feldstärke $\vec{H}$ ist eine *vektorielle Größe*.
↗ vektorielle Größe, S. 9

**Zusammenhang zwischen** $\vec{B}$ **und** $\vec{H}$

$$B = \mu \cdot H$$

$B$: Betrag der magnetischen Flußdichte
$\mu$: Permeabilität
$H$: Betrag der magnetischen Feldstärke

↗ Permeabilität $\mu$, S. 208
Die beiden vektoriellen Größen $\vec{B}$ und $\vec{H}$ müssen in ihrer Richtung (im allgemeinen) nicht übereinstimmen. Weiterhin gilt $\mu = \mu_0 \cdot \mu_r$; dabei ist bei ferromagnetischen Stoffen $\mu_r = f(H)$ und somit $B$ nicht proportional $H$ (Hysteresekurve).
↗ Stoffe im magnetostatischen Feld, S. 209

## Homogenes magnetostatisches Feld einer stromdurchflossenen Spule

Es kann quantitativ durch die magnetische Flußdichte $\vec{B}$ beschrieben werden.

$$B = \mu \cdot I \cdot \frac{N}{l}$$

- $B$: Betrag der magnetischen Flußdichte
- $\mu$: Permeabilität
- $I$: elektrische Stromstärke in der Spule
- $N$: Windungszahl der Spule
- $l$: Länge der Spule

Mit $H = I \cdot \frac{N}{l}$ erhält man $B = \mu \cdot H$.

↗ Zusammenhang zwischen $\vec{B}$ und $\vec{H}$, S. 208, magnetische Feldstärke $\vec{H}$, S. 208
↗ Gleichstrom, S. 187

## Stoffe im magnetostatischen Feld

| Stoffart | Ferromagnetische Stoffe | Paramagnetische Stoffe | Diamagnetische Stoffe |
|---|---|---|---|
| Merkmal | Körper aus ferromagnetischen Stoffen werden, solange sie keine Dauermagnete sind, in das magnetische Feld hineingezogen | Körper aus paramagnetischen Stoffen werden in das magnetische Feld hineingezogen | Körper aus diamagnetischen Stoffen werden aus dem magnetischen Feld hinausgedrängt |
| Relative Permeabilität $\mu_r$ | $\mu_r \gg 1$ | $\mu_r > 1$ | $\mu_r < 1$ |
| Temperaturabhängigkeit der relativen Permeabilität $\mu_r$ | Nimmt mit steigender Temperatur ab | Nimmt mit steigender Temperatur ab | Unabhängig von der Temperatur |
| Beispiel | Eisen, Kobalt, Nickel | Aluminium, Platin, Sauerstoff | Wasser, Kochsalz, Wismut |

## Magnetische Werkstoffe

| Stoffart | Hartmagnetische Werkstoffe | Weichmagnetische Werkstoffe |
|---|---|---|
| Eigenschaften | starker Dauermagnetismus, schwer magnetisierbar | schwacher Dauermagnetismus, leicht magnetisierbar |

## 9/5

| Stoffart | Hartmagnetische Werkstoffe | Weichmagnetische Werkstoffe |
|---|---|---|
| Stoffe (Beispiele) | Stahl, hartmagnetische Legierungen, keramische Werkstoffe, hartmagnetische Ferrite (z. B. Maniperm) | Weicheisen, weichmagnetische Legierungen, keramische Werkstoffe, weichmagnetische Ferrite (z. B. Manifer) |
| Anwendungs-beispiele | Lautsprecher, Fahrraddynamo, Kleinstmotoren, elektrische Meßgeräte | Ferrit-Antennenstäbe, Spulenkerne für HF- und Fernmeldetechnik |

**Magnetfeld der Erde**

Inhomogenes magnetostatisches Feld, das die Ausrichtung einer Kompaßnadel näherungsweise in die Nord-Süd-Richtung bewirkt. In der Nähe des geographischen Nordpols befindet sich der magnetische Südpol und in der Nähe des geographischen Südpols der magnetische Nordpol.

**Lorentzkraft $\vec{F_L}$**

Physikalische Größe, die die Wechselwirkung zwischen Magnetfeld und bewegten elektrischen Ladungsträgern kennzeichnet.

$$F_L = Q \cdot v \cdot B$$

Einheit: 1 N (ein Newton).

$F_L$: Betrag der Lorentzkraft
$Q$: elektrische Ladung der bewegten Ladungsträger
$v$: Betrag der Geschwindigkeit der Ladungsträger
$B$: Betrag der magnetischen Flußdichte

Die Richtung der Lorentzkraft, die Richtung der magnetischen Flußdichte und die Geschwindigkeitsrichtung sind orthogonal zueinander.

Mit $I = \dfrac{dQ}{dt}$ und $v = \dfrac{dl}{dt}$ erhält man $v \cdot dQ = I \cdot dl$ und für die gesamte wirksame Leiterlänge $l$: $v \cdot Q = I \cdot l$. Diese Gleichung spiegelt die Äquivalenz zwischen bewegten elektrischen Ladungsträgern und stromdurchflossenen Leitern wider. Damit erhält man für die Kraft auf einen stromdurchflossenen Leiter im Magnetfeld:

$$F = I \cdot l \cdot B$$

Elektrische Stromstärke (bzw. wirksame Leiterlänge), magnetische Flußdichte und Lorentzkraft bilden bezüglich ihrer Richtung in dieser Reihenfolge ein orthogonales Rechtssystem.

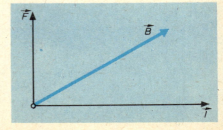

| | | |
|---|---|---|
| **Ablenken eines bewegten Elektrons**  ↗ Elektronenstrahl-röhre, S. 238 | Katode  Anode  $F = Q \cdot v \cdot B$  $Q = e$  $F_L = e \cdot v \cdot B$ | $\vec{F_L} \perp \vec{v} \perp \vec{B}$ |
| **Elektromotor** | Auf stromdurchflossene Leiterschleifen wirkt im Feld eines Magneten die Lorentzkraft. | |
| **Bestimmen der spezifischen Ladung** $\dfrac{e}{m_e}$  $\dfrac{e}{m_e} = 1{,}76 \cdot 10^{11} \, C \cdot kg^{-1}$ | $F_L = F_r$  $e \cdot v \cdot B = \dfrac{m_e \cdot v^2}{r}$  $\left( e \cdot U = \dfrac{m_e \cdot v^2}{2} \right)$  $\dfrac{e}{m_e} = \dfrac{2U}{B^2 \cdot r^2}$ | |
| **Kreisbeschleuniger** zum Beschleunigen von Elementarteilchen (↗ S. 274) auf hohe Energien | *Zyklotron*: Das magnetische Feld zwingt die Teilchen auf eine Kreisbahn, auf der sie durch elektrische Felder zeitlich nacheinander mehrfach beschleunigt werden.  *Synchrozyklotron*: Im Unterschied zum Zyklotron wird hier die Frequenz der Beschleunigungsspannung in Abhängigkeit von den erreichten Energien der Teilchen gesteuert. | |
| **Elektronen-mikroskop**  ↗ Welle-Teilchen-Verhalten von Mikroobjekten, S. 96 | Magnetische Linsen sind Magnetspulen mit Polschuhen. Bewegt sich ein Strom elektrischer Ladungsträger – Elektronenstrahl – durch das magnetische Feld zwischen den Polschuhen, so können diese durch die Lorentzkraft ähnlich abgelenkt werden wie Licht beim Durchgang durch Glaslinsen. Mit einem Elektronenmikroskop erreicht man wesentlich höhere Vergrößerungen als beim Lichtmikroskop; es besitzt ein größeres *Auflösungsvermögen*. | |

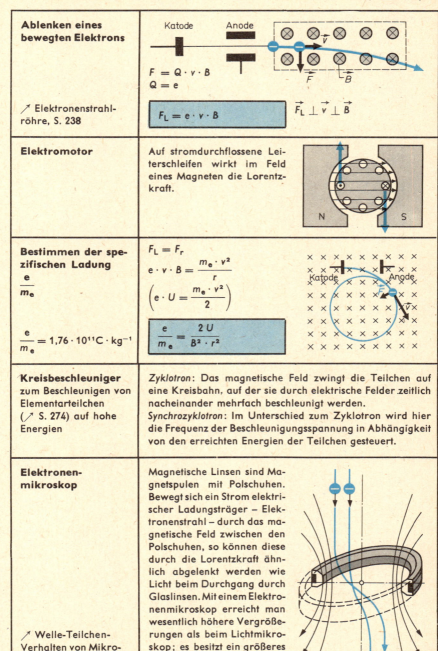

**Energie $E_{magn}$ des magnetostatischen Feldes**

Physikalische Größe, die das Arbeitsvermögen eines magnetostatischen Feldes kennzeichnet.

$$E_{magn} = \frac{1}{2} L \cdot I^2$$

$E_{magn}$: Energie des magnetostatischen Feldes
$L$: Induktivität einer Spule
$I$: elektrische Stromstärke in einer Spule

Einheit: 1 W · s (eine Wattsekunde).

Mit $L = \mu \cdot \dfrac{N^2 \cdot A_0}{l}$ und $H = I \cdot \dfrac{N}{l}$ erhält man eine äquivalente Gleichung:

$$E_{magn} = \frac{1}{2} \mu \cdot H^2 \cdot V$$

↗ homogenes magnetostatisches Feld im Innenraum einer von Gleichstrom durchflossenen Spule, S. 209, Permeabilität $\mu$, S. 208

## 9.6. Elektromagnetisches Feld

**Elektromagnetisches Feld**

Raumgebiet, in dem zeitlich veränderliche elektrische und magnetische Felder untrennbar miteinander verknüpft sind. Zur quantitativen Beschreibung kann die elektrische Feldstärke $\vec{E}$ (↗ S. 200) und die magnetische Flußdichte $\vec{B}$ (↗ S. 206) in Abhängigkeit von der Zeit $t$ verwendet werden; $\vec{E} = f(\vec{r}, t)$ bzw. $\vec{B} = f(\vec{r}, t)$.
↗ elektrostatisches Feld, S. 199, magnetostatisches Feld, S. 204

**Entstehung des elektromagnetischen Feldes**

Voraussetzungen für die Entstehung sind zeitlich veränderliche Ströme elektrischer Ladungsträger oder zeitlich veränderliche elektrische Felder.
Ein elektromagnetisches Feld tritt in Wechselwirkung mit ruhenden und bewegten Ladungsträgern.

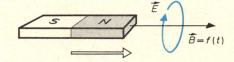

Verknüpfung eines zeitlich veränderlichen Magnetfeldes mit einem elektrischen Feld

**Elektromagnetische Induktion**

Vorgang, bei dem durch zeitlich konstante oder veränderliche magnetische

Felder zwischen den Enden einer Leiterschleife eine elektrische Spannung hervorgerufen wird.
↗ magnetostatisches Feld, S. 204, elektromagnetisches Feld, S. 212
↗ Generator und Motor, S. 216, Transformator, S. 217

## Magnetischer Fluß $\Phi$

Physikalische Größe zur quantitativen Beschreibung der elektromagnetischen Induktion.

$$\Phi = B \cdot A$$

$\Phi$: magnetischer Fluß
$B$: Betrag der magnetischen Flußdichte
$A$: wirksame Windungsfläche

Einheit: 1 Wb (ein Weber).   $1 \text{ Wb} = 1 \text{ V} \cdot \text{s} = 1 \text{ kg} \cdot \text{m}^2 \cdot \text{s}^{-2} \cdot \text{A}^{-1}$.

Für die wirksame Windungsfläche $A$ gilt: $A = A_0 \cdot \cos\alpha$.
Für eine Spule mit der Windungszahl $N$ erhält man:
$A = N \cdot A_0 \cdot \cos\alpha$. Aus $\Phi = B \cdot A$ erhält man $B = \dfrac{\Phi}{A}$; damit wird die Bezeichnung „magnetische Flußdichte $\vec{B}$" verständlich.

Zur Bestimmung der wirksamen Windungsfläche $A$

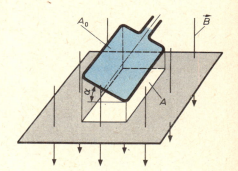

## Induktionsgesetz

Gesetzmäßiger Zusammenhang zwischen Induktionsspannung und magnetischem Fluß.

$$U_{ind} = \frac{d\Phi}{dt}$$

$U_{ind}$: Induktionsspannung
$\Phi$: magnetischer Fluß durch die wirksame Windungsfläche einer Leiterschleife bzw. Spule
$t$: Zeit

Mit $\Phi = B \cdot A$ erhält man $U_{ind} = \dfrac{d(B \cdot A)}{dt}$. Daraus resultieren prinzipiell zwei Möglichkeiten zum Erzeugen einer Induktionsspannung:

– Zeitliche Änderung des Betrages der magnetischen Flußdichte $B$ bei konstanter wirksamer Windungsfläche $A$ (↗ Transformator, S. 217);
– zeitliche Änderung der wirksamen Windungsfläche $A$ im konstanten magnetischen Feld (↗ Generator, S. 216).

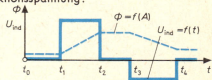

Zusammenhang zwischen Induktionsspannung und magnetischem Fluß in Abhängigkeit von der Zeit

## Induktion im zeitlich konstanten und im zeitlich veränderlichen Magnetfeld

| Bedingung | bewegter Leiter | ruhender Leiter |
|---|---|---|
| Möglichkeit der Realisierung | Zeitliches Ändern der vom magnetischen Feld erfaßten Leiterschleifenfläche | Zeitliches Ändern des magnetischen Feldes, das eine Leiterschleife durchsetzt |
| Spezialfall des Induktionsgesetzes | $U_{ind} = B \cdot \dfrac{dA}{dt}$<br>$B = $ konst.<br>$B \neq 0$<br>Drehen einer Leiterschleife im zeitlich konstanten Magnetfeld | $U_{ind} = A \cdot \dfrac{dB}{dt}$<br>$A = $ konst.<br>$A \neq 0$<br>Zeitliche Änderung der Erregerstromstärke |
| Schematische Darstellung | Die Änderung $\dfrac{d(B \cdot A)}{dt}$ wird erreicht durch $B \dfrac{dA}{dt}$ | Die Änderung $\dfrac{d(B \cdot A)}{dt}$ wird erreicht durch $A \dfrac{dB}{dt}$ |
| Technisches Beispiel | Generator, ↗ S. 216 | Transformator, ↗ S. 217 |

Neben diesen technisch bedeutsamen Möglichkeiten der Induktion einer Spannung können weitere aus dem Induktionsgesetz abgeleitet werden:
– Relativbewegung von Leiterschleife und Dauermagnet mit konstantem homogenem ($A$ veränderlich) oder inhomogenem Magnetfeld ($A$ und $B$ veränderlich);
– Auswechseln des Stoffes im felderfüllten Raumgebiet ($B$ veränderlich).

↗ magnetische Flußdichte $\vec{B}$, S. 206
↗ homogenes magnetostatisches Feld einer stromdurchflossenen Spule, S. 209

## Lenzsches Gesetz

Zusammenhang zwischen Polarität der Induktionsspannung und Ursache des Induktionsvorganges.

> Die Induktionsspannung besitzt eine solche Polarität, daß der durch sie hervorgerufene Strom der Ursache des Induktionsvorganges entgegenwirkt.

Das Lenzsche Gesetz ist ein Spezialfall des Gesetzes von der Erhaltung der Energie.
↗ Gesetz von der Erhaltung der Energie, S. 57
↗ Induktionsgesetz, S. 213

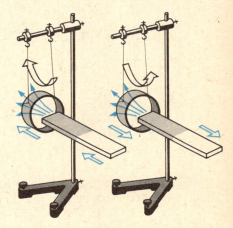

Experiment zum Nachweis des Lenzschen Gesetzes. Im beweglich hängenden Aluminiumring bewirkt die Induktionsspannung einen elektrischen Strom, der über die auftretende Kraft der Ursache dieses Vorganges entgegenwirkt.

## Wirbelströme

Ströme, die in ausgedehnten Metallteilen infolge elektromagnetischer Induktion hervorgerufen werden. Wenn die Ursache dafür die Bewegung derartiger Teile im stationären Magnetfeld ist, so tritt nach dem Lenzschen Gesetz eine der bewegenden Kraft entgegengerichtete Kraft auf.

■ Wirbelstromdämpfung, Wirbelstrombremse
Wirbelströme führen stets zur Erwärmung der Metallteile infolge ihres elektrischen Widerstandes. Unerwünschte Wirbelströme können durch Verwendung von Eisenkernen aus gegeneinander isolierten Blechlamellen oder von schlechtleitenden Kernen aus magnetischen Keramik-Materialien weitgehend eingeschränkt werden.
↗ Wirkungsgrad eines Transformators, S. 218

## Induktivität $L$

Physikalische Größe, die das elektrische Verhalten einer Spule bei Stromstärkeänderungen charakterisiert.

$$L = \mu \cdot \frac{N^2}{l} \cdot A_0$$

$L$: Induktivität
$\mu$: Permeabilität
$N$: Windungszahl der Spule
$A_0$: Inhalt der Windungsfläche
$l$: Länge der Spule

Einheit: 1 H
(ein Henry).
$1\,H = 1\,V \cdot s \cdot A^{-1}$.

## Selbstinduktion

Vorgang, bei dem durch ein zeitlich veränderliches Magnetfeld in einer felderzeugenden Spule selbst eine Spannung hervorgerufen wird. Dieser Vorgang verläuft nach dem Induktionsgesetz und dem Lenzschen Gesetz unter Berücksichtigung der Induktivität L der jeweiligen Spule.

$$U_{ind} = L \cdot \frac{dI}{dt}$$

$U_{ind}$: Selbstinduktionsspannung
$L$: Induktivität einer Spule
$I$: Erregerstromstärke in der Spule
$t$: Zeit

Die Selbstinduktionsspannung ist so gerichtet, daß sie den Aufbau bzw. den Abbau eines magnetischen Feldes verzögert.

↗ Induktionsgesetz, S. 213
↗ Lenzsches Gesetz, S. 214
↗ Induktivität L, S. 215

Die Selbstinduktion führt zum verzögerten Anwachsen der Stromstärke beim Schließen eines Stromkreises sowie zum allmählichen Abklingen der Stromstärke beim Abschalten der Spannungsquelle und weiterhin geschlossenem Stromkreis.

In ähnlicher Weise wird durch die Selbstinduktion das Verstärken oder Abschwächen der Stromstärke in einem Stromkreis verzögert.
↗ induktiver Widerstand $X_L$, S. 196

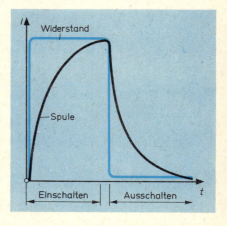

## Generator und Motor

**Generator.** Energiewandler, in dem die Relativbewegung eines Leiters im zeitlich konstanten magnetischen Feld zur Erzeugung einer Induktionsspannung genutzt wird.

**Motor.** Energiewandler, in dem die Kraft, der ein stromdurchflossener Leiter im magnetischen Feld unterliegt, zur Erzeugung eines Drehmoments genutzt wird.

| Gerät | Generator | Motor |
|---|---|---|
| Energieumwandlung | Umwandlung mechanischer Energie in elektrische Energie | Umwandlung elektrischer Energie in mechanische Energie |

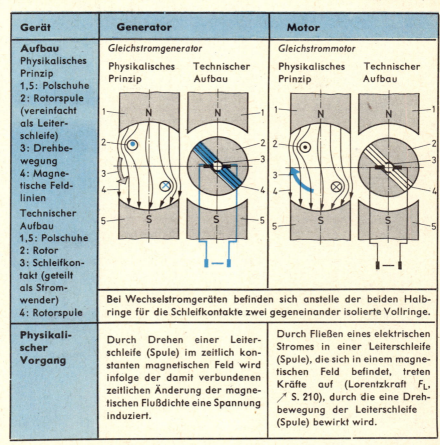

| Gerät | Generator | Motor |
|---|---|---|
| **Aufbau** Physikalisches Prinzip 1,5: Polschuhe 2: Rotorspule (vereinfacht als Leiterschleife) 3: Drehbewegung 4: Magnetische Feldlinien **Technischer Aufbau** 1,5: Polschuhe 2: Rotor 3: Schleifkontakt (geteilt als Stromwender) 4: Rotorspule | Gleichstromgenerator — Physikalisches Prinzip / Technischer Aufbau | Gleichstrommotor — Physikalisches Prinzip / Technischer Aufbau |
| | Bei Wechselstromgeräten befinden sich anstelle der beiden Halbringe für die Schleifkontakte zwei gegeneinander isolierte Vollringe. | |
| **Physikalischer Vorgang** | Durch Drehen einer Leiterschleife (Spule) im zeitlich konstanten magnetischen Feld wird infolge der damit verbundenen zeitlichen Änderung der magnetischen Flußdichte eine Spannung induziert. | Durch Fließen eines elektrischen Stromes in einer Leiterschleife (Spule), die sich in einem magnetischen Feld befindet, treten Kräfte auf (Lorentzkraft $F_L$, ↗ S. 210), durch die eine Drehbewegung der Leiterschleife (Spule) bewirkt wird. |

↗ Wechselstromgeneratoren, S. 193, Induktion im zeitlich konstanten und im zeitlich veränderlichen Magnetfeld, S. 214

## Transformator

Gerät zur Wandlung der Werte von Wechselspannungen und Wechselstromstärken. Er beruht auf dem Prinzip der Induktion im zeitlich veränderlichen Magnetfeld (↗ S. 214). Beim Anlegen einer Wechselspannung mit den sich zeitlich periodisch ändernden Größen $u = f(t)$, $i = f(t)$ und $B = f(t)$ an die Primärspule wird in der Sekundärspule eine Wechselspannung induziert.

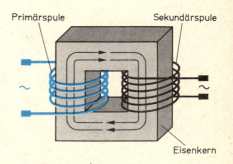

↗ Wechselspannung $u$, S. 194, magnetische Flußdichte $\vec{B}$, S. 206

**Übersetzungsverhältnisse am idealen („verlustfreien") Transformator**
($P_{S_1} = P_{S_2}$)

| Art der Übersetzung | Spannungsübersetzung | Stromstärkeübersetzung |
|---|---|---|
| Gleichung | $\dfrac{U_1}{U_2} = \dfrac{N_1}{N_2}$ | $\dfrac{I_1}{I_2} = \dfrac{N_2}{N_1}$ |
| Bedingung | Sekundärstromkreis offen (Leerlauf) | Sekundärstromkreis kurzgeschlossen (Kurzschluß) |
| Beispiel | Hochspannungstransformatoren zur Fernleitung der Energie, zur Zündung bei Benzinmotoren, zum Betrieb von Röntgenröhren | Schweißtransformatoren (Stromstärken von zehn bis einigen tausend Ampere) |

Bei einem *belasteten Transformator* sinkt die Sekundärspannung $U_2$ mit wachsender Belastung, d. h. bei wachsender Sekundärstromstärke $I_2$.
↗ Scheinleistung $P_S$, S. 197
Die Selbstinduktionsspannung bewirkt, daß beim unbelasteten Transformator nur ein Primärstrom mit geringer Stromstärke fließt. Beim belasteten Transformator fließt sekundär ein Strom mit größerer Stromstärke, während die Sekundärspannung sinkt.
Das Magnetfeld des Sekundärstromes bewirkt, daß sich die Energieaufnahme des Transformators der sekundärseitigen Belastung anpaßt – Rückwirkung.

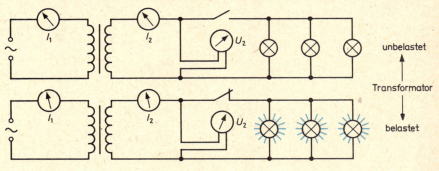

**Wirkungsgrad eines Transformators.** Er ist infolge unerwünschter Energieumwandlungen stets kleiner als 1.

$\eta$: Wirkungsgrad
$P_{W1}$: Wirkleistung im Primärstromkreis
$P_{W2}$: Wirkleistung im Sekundärstromkreis

↗ Wirkungsgrad $\eta$, S. 60, Wirkleistung $P_W$, S. 197, Wirbelströme, S. 215

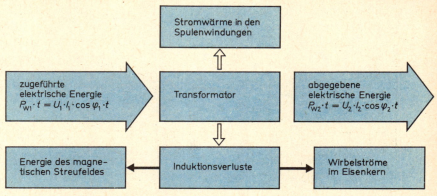

Energieumwandlungen beim Transformator

- Leistungstransformatoren im öffentlichen Energieversorgungsnetz haben einen Wirkungsgrad bis etwa 0,98.

## Elektromagnetische Schwingung

Vorgang, bei dem sich das elektromagnetische Feld zeitlich periodisch ändert. Dieser Vorgang kann durch den zeitlichen Verlauf entsprechender Größen beschrieben werden, z. B. für $E = f(t)$, $B = f(t)$, $u = f(t)$, $i = f(t)$.

↗ elektrische Feldstärke $\vec{E}$, S. 200, magnetische Flußdichte $\vec{B}$, S. 206
↗ Wechselspannung $u$, S. 194, Wechselstromstärke $i$, S. 194

## Geschlossener Schwingkreis

Stromkreis mit Spule und Kondensator, in dem elektromagnetische Schwingungen unterschiedlicher Frequenz erzeugt werden können (↗ auch Bild Röhrengenerator auf der nächsten Seite).
↗ Wechselstromfrequenz $f$, S. 195
Nach einmaliger Energiezufuhr finden im geschlossenen Schwingkreis zeitlich periodische Umwandlungen von elektrischer Feldenergie in magnetische Feldenergie und umgekehrt statt. Ein Teil der zugeführten Energie wird in Wärme umgewandelt infolge des ohmschen Widerstandes, so daß die zugeführte Energie allmählich abnimmt.

↗ gedämpfte Schwingung, S. 73
↗ Energie $E_{el}$ des elektrostatischen Feldes, S. 203
↗ Energie $E_{magn}$ des magnetostatischen Feldes, S. 212

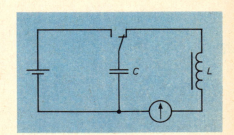

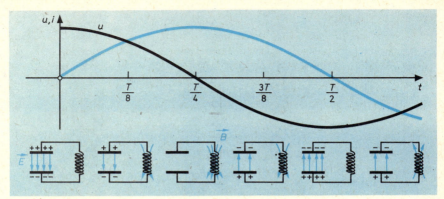

Prinzip der periodischen Energieumwandlungen im geschlossenen Schwingkreis bei einer ungedämpften Schwingung

## Röhrengenerator

Elektrische Schaltung zum Erzeugen ungedämpfter elektromagnetischer Schwingungen.
Dabei ist ein geschlossener Schwingkreis z. B. mit dem Gitterkreis einer Röhrentriode (↗ S. 237) gekoppelt (Meißnersche Rückkopplungsschaltung). Die Röhrentriode steuert die periodische Energiezufuhr zum Schwingkreis. Es entstehen ungedämpfte elektromagnetische Schwingungen mit der Eigenfrequenz $f_0$ des Schwingkreises.
↗ ungedämpfte und gedämpfte Schwingung, S. 73.
Die Schwingkreisspule ist mit der Spule im Gitterkreis induktiv gekoppelt. Dadurch entsteht am Gitter der Röhre eine Wechselspannung der Frequenz $f_0$ des Schwingkreises. Durch die Steuerwirkung des Gitters entstehen periodische Änderungen der Anodenstromstärke (Energiezufuhr), die im Schwingkreis ungedämpfte Schwingungen erregen.

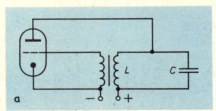
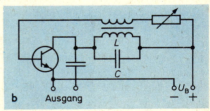

Rückkopplungsschaltungen mit einer Röhrentriode (a) und einem Transistor (b)

■ Hochfrequenzerwärmung (bei Frequenzen zwischen 10 kHz und 1 MHz) in Technik und Medizin.

*Induktive Hochfrequenzerwärmung:* Leiter im hochfrequenten Wechselfeld einer Spule (Oberflächenhärtung, Zonenschmelzen);
*Kapazitive Hochfrequenzerwärmung:* Nichtleiter im hochfrequenten Wechselfeld eines Kondensators (Plastschweißen, Kurzwellentherapie)

## Schwingkreisarten

| Art | Geschlossener Schwingkreis | | Offener Schwingkreis (Dipol) | |
|---|---|---|---|---|
| Darstellung | ++++ C  L  $\vec{E}$ | I  C  L  $\vec{B}$ | $\vec{E}$  ⊕ C ⊖ | L  $\vec{B}$  I |
| Energie-speicher | Kondensator mit Kapazität $C$ | Spule mit Induktivität $L$ | Antenne mit Kapazität $C$ und Induktivität $L$ | |
| Energieart | Elektrische Feldenergie | Magnetische Feldenergie | Elektrische und magnetische Feldenergie – Energie des elektromagnetischen Feldes | |
| Frequenz | Eigenfrequenz: $f_0 = \dfrac{1}{2\pi\sqrt{L \cdot C}}$ | | Frequenz der sich ausbreitenden Schwingung: $f = \dfrac{v}{\lambda}$ | |
| Beispiel | Erzeugen gedämpfter oder ungedämpfter elektromagnetischer Schwingungen durch einmalige oder periodische Energiezufuhr | | Erzeugen elektromagnetischer Wellen (Hertzscher Wellen) | |

↗ gedämpfte und ungedämpfte Schwingung, S. 73, elektrische Kapazität $C$, S. 202, Induktivität $L$, S. 215, elektromagnetische Welle, S. 76, Dipol, S. 223, elektromagnetisches Feld, S. 212

## Resonanz

Erscheinung bei erzwungenen elektromagnetischen Schwingungen, die dadurch eintritt, daß die Eigenfrequenz $f_0$ eines Schwingkreises (Resonator) mit der Erregerfrequenz $f_E$ des Erregerschwingkreises nahezu übereinstimmt.

↗ freie und erzwungene Schwingung, S. 74
↗ elektromagnetische Schwingung, S. 219
■ Abstimmkreis in Rundfunk- und Fernsehgeräten, Röhrengenerator

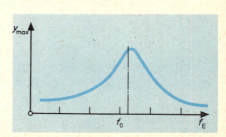

Resonanzkurve eines Resonators

## Ausbreitung eines elektromagnetischen Feldes

Vorgang, bei dem sich ein elektromagnetisches Feld in Form einer elektromagnetischen Welle im Raum ausbreitet.

■ Von einem Sendedipol ausgehend, breitet sich ein elektromagnetisches Feld als Hertzsche Welle (↗ S. 222) im Raum mit Lichtgeschwindigkeit aus.
↗ Dipolarten, S. 224
↗ Lichtgeschwindigkeit c, S. 260

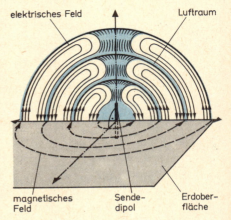

Prinzip der Ausbreitung eines elektromagnetischen Feldes von einem Sendedipol aus (Schnitt durch die obere Halbebene)

## Elektromagnetische Welle

Vorgang, bei dem sich ein elektromagnetisches Feld zeitlich und räumlich periodisch ändert. Es breitet sich im Raum aus. Eine elektromagnetische Welle kann durch entsprechende Feldgrößen in Abhängigkeit von Raumpunkt und Zeit beschrieben werden, $\vec{E} = f(\vec{r}, t)$ und $\vec{B} = f(\vec{r}, t)$.
Die elektrische Feldstärke $\vec{E}$ ist dabei stets senkrecht zur magnetischen Flußdichte $\vec{B}$ gerichtet.
↗ elektrische Feldstärke $\vec{E}$, S. 200, magnetische Flußdichte $\vec{B}$, S. 206

## Hertzsche Wellen

Elektromagnetische Welle mit einem Wellenlängenbereich von etwa 1 mm bis 10 km.
Diese Wellen gehen von einem *Sendedipol* aus und können vom *Empfangsdipol* aufgenommen werden. Sie werden auch Funkwellen genannt und dienen der Übertragung von Informationen (Sprache, Musik, Bilder, Steuerimpulse).
↗ Spektrum elektromagnetischer Wellen, S. 79, Dipolarten, S. 224

Eigenschaften Hertzscher Wellen

| Ausbreitung | Hertzsche Wellen breiten sich im Raum mit Lichtgeschwindigkeit aus |
|---|---|
| Reflexion | Hertzsche Wellen werden an elektrisch leitenden Flächen entsprechend dem Reflexionsgesetz reflektiert |
| Durchdringungsfähigkeit | Hertzsche Wellen durchdringen Isolatoren und werden von Leitern abgeschirmt |

Weitere Eigenschaften von Wellen (↗ S. 77) sind ebenfalls nachweisbar.
↗ Lichtgeschwindigkeit c, S. 260

*Einteilung Hertzscher Wellen*
*(Angaben für λ und f gerundet)*

| Wellenbereich | Wellenlänge λ in m | Frequenz f in MHz |
|---|---|---|
| Längstwellen | 15 000 bis 10 000 | 0,02 bis 0,03 |
| Langwellen | 10 000 bis 1 000 | 0,03 bis 0,3 |
| Mittelwellen | 1 000 bis 100 | 0,3 bis 3 |
| Kurzwellen | 100 bis 10 | 3 bis 30 |
| Ultrakurzwellen | 10 bis 1 | 30 bis 300 |
| Dezimeterwellen | 1 bis 0,1 | 300 bis 3 000 |
| Zentimeterwellen | 0,1 bis 0,01 | 3 000 bis 30 000 |
| Millimeterwellen | 0,01 bis 0,001 | 30 000 bis 300 000 |

↗ Kenngrößen einer Welle, S. 71

## Dipol

Offener Schwingkreis, in dem durch den angekoppelten geschlossenen Schwingkreis eines Röhrengenerators erzwungene elektromagnetische Schwingungen der Eigenfrequenz $f_0$ des geschlossenen Schwingkreises erregt werden.
In der Umgebung des Dipols entsteht ein elektromagnetisches Feld (↗ S. 212), das sich im Raum in Form einer elektromagnetischen Welle (↗ S. 222) ausbreitet.
↗ Schwingkreisarten, S. 221, Röhrengenerator, S. 220,
↗ elektromagnetische Schwingung, S. 219

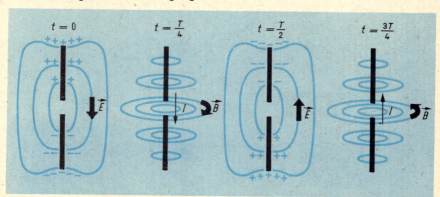

Schematische Darstellung des elektromagnetischen Feldes um einen Dipol. Die Maxima der elektrischen Feldstärke $\vec{E}$ und der magnetischen Flußdichte $\vec{B}$ sind jeweils um eine Viertelperiode gegeneinander verschoben.

## 9/6

*Dipolarten*

| Art | Sendedipol | Empfangsdipol |
|---|---|---|
| Aufbau | (Schaltbild: Generator an Dipol) | (Schaltbild: Diode, Dipol und Messgerät) |
| Wirkprinzip | Abstrahlung einer elektromagnetischen Welle, durch die Energie des elektromagnetischen Feldes übertragen wird. Die Frequenz dieser Welle ist gleich der Frequenz der im Dipol erzwungenen elektromagnetischen Schwingung. | Anregung des Dipols zu erzwungener elektromagnetischer Schwingung durch elektromagnetische Induktion (Rahmenantenne) oder durch Influenz (stabförmiger Dipol). Ursache dafür sind elektromagnetische Wellen.<br>Die Frequenz der im Dipol erzwungenen Schwingung ist gleich der Frequenz der vom Sendedipol ausgestrahlten Welle. Durch einen mit der Antenne (Dipol) gekoppelten Abstimmkreis kann Resonanz mit dem jeweiligen Sender erreicht werden. |

↗ elektromagnetische Welle, S. 222, elektromagnetisches Feld, S. 212, elektromagnetische Schwingung, S. 219, elektromagnetische Induktion, S. 193

## Modulation

Vorgang, bei dem einer hochfrequenten Trägerschwingung der Hertzschen Welle eine Signalschwingung erheblich kleinerer Frequenz (z. B. 16 Hz bis 15 kHz – Sprache und Musik) überlagert wird. Ein Sendedipol kann die modulierte hochfrequente Hertzsche Welle abstrahlen.
↗ Hertzsche Wellen, S. 222, Sendedipol, S. 224

## Modulationsarten

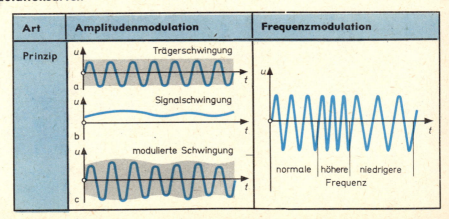

224

| Art | Amplitudenmodulation | Frequenzmodulation |
|---|---|---|
|  | a: Hochfrequente Trägerschwingung ($f < 30$ MHz)<br>b: Niederfrequente Signalschwingung<br>c: Amplitudenmodulierte HF-Schwingung. Diese kann nach Verstärkung als Hertzsche Welle ausgestrahlt werden. | Die Normalfrequenz der hochfrequenten Trägerschwingung ($f > 30$ MHz) wird durch die Frequenz der Signalschwingung verändert. |
| Beispiel | Fernseh-Bildsignalübertragung | Fernseh-Tonsignalübertragung |

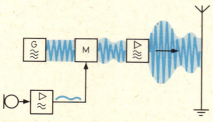

Blockschaltbild für das Erzeugen einer amplitudenmodulierten HF-Schwingung und nachfolgender Verstärkung sowie Abstrahlung als hochfrequente Hertzsche Welle

**Demodulation**

Vorgang der Trennung einer tonfrequenten Signalschwingung von der Trägerschwingung.

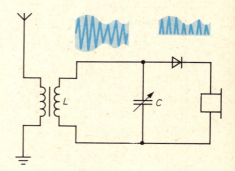

*Prinzip des Empfangs modulierter Hertzscher Wellen*

Die Antenne (Empfangsdipol) empfängt gleichzeitig Hertzsche Wellen unterschiedlicher Frequenz der verschiedenen Sender. Der angekoppelte geschlossene Schwingkreis (Abstimmkreis) wird durch Verändern der Kapazität (Drehkondensator, S. 201) auf Resonanz mit der Sendefrequenz des gewünschten Senders eingestellt. Der in der Antenne induzierte hochfrequente Wechselstrom wird durch einen Gleichrichter in pulsierenden Gleichstrom umgewandelt (Demodulation). Die Membran eines Lautsprechers kann der hochfrequenten Trägerschwingung nicht folgen; sie strahlt daher nur Schallwellen mit der Frequenz der Signalschwingung ab.

↗ Hertzsche Wellen, S. 222, elektromagnetische Induktion, S. 193, geschlossener Schwingkreis, S. 221.

## Anwendung Hertzscher Wellen

| Sprechfunk | Richtfunk | Funkmessung |
|---|---|---|
| Für Funkverbindungen im Umkreis bis 15 km um die Sendestation werden UKW-Sprechfunkanlagen verwendet. Tragbare und für den Einbau in Fahrzeuge vorgesehene Funksprechgeräte (Leistung etwa 10 Watt; Wellenlänge etwa 2 m) erlangen besondere Bedeutung beim Einsatz im Gesundheits-, Bau-, im Verkehrswesen, für Bergbau, Volkspolizei, Nationale Volksarmee und Landwirtschaft | Dezimeter- und Zentimeterwellen werden von Parabolspiegeln gebündelt. Mit Sendeleistungen von nur wenigen Watt werden Entfernungen bis 50 km überbrückt. Auf Richtfunkstrecken können wegen der sehr hohen Frequenzen durch mehrfache Modulation gleichzeitig mehrere Rundfunk- und Fernsehsendungen und bis 1000 Telefongespräche übertragen werden. Anwendung von Richtfunkstrecken im Nachrichtenwesen | Ein vom Sender ausgestrahltes kurzes Funksignal wird am Objekt reflektiert und vom Empfänger wieder aufgenommen. Aus der Laufzeit des Signals und der Ausbreitungsgeschwindigkeit ergibt sich die Entfernung des Objekts. Einsatz von Funkmeßgeräten (Radaranlagen); Ortung von bewegten Objekten und Fahrzeugen; Geschwindigkeitsmessungen von Fahrzeugen |

## Maxwellsche Gleichungen

Grundgesetze der Maxwellschen Theorie zur Beschreibung elektromagnetischer Erscheinungen.
↗ elektromagnetisches Feld, S. 212, J. C. Maxwell, S. 312

Sowohl ein elektrischer Strom als auch ein zeitlich veränderliches elektrisches Feld sind untrennbar mit einem Magnetfeld verknüpft.

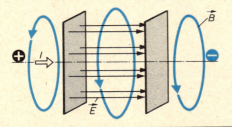

Aufladen eines Plattenkondensators. Das magnetische Feld umgibt den stromdurchflossenen Leiter und durchsetzt auch den Raum des Plattenkondensators.

Jedes zeitlich veränderliche Magnetfeld ist untrennbar mit einem elektrischen Feld verknüpft.

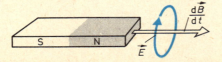

Die zeitliche Änderung eines Magnetfeldes in einem Raumgebiet ist mit einem elektrischen Feld verknüpft.

## 9.7. Elektrische Leitungsvorgänge

**Elektrische Leitungsvorgänge**

Vorgänge der gerichteten Bewegung elektrischer Ladungsträger in festen, flüssigen und gasförmigen Stoffen sowie im Vakuum.

**Modell elektrischer Leitungsvorgänge**

Modell zur Untersuchung, Beschreibung und Erklärung von elektrischen Leitungsvorgängen in verschiedenen Stoffen und im Vakuum (↗ Modell, S. 25).
Obwohl bei diesem Modell und seiner Anwendung vordergründig der Gleichstromkreis den Betrachtungen zugrunde gelegt wird, sind diese gesetzmäßigen Zusammenhänge ebenso Grundlage für Leitungsvorgänge im elektrischen Wechselfeld (↗ Wechselstromkreis, S. 193). In diesem Fall sind die zeitlichen Änderungen entsprechender Vorgänge und Größen zu berücksichtigen.

*Merkmale des Modells*

| | |
|---|---|
| *Voraussetzung* für elektrische Leitungsvorgänge:<br>– Vorhandensein eines elektrischen Feldes<br>  ↗ elektrostatisches Feld, S. 199<br>– Wanderungsfähige Ladungsträger im betrachteten Raumgebiet<br>  A, B: Ionen<br>    C: Elektron<br>  ↗ Ionenbeziehung, Wiss Ch, S. 47<br>  ↗ Metallbindung, Wiss Ch, S. 48 | |
| *Verlauf* elektrischer Leitungsvorgänge:<br>Beschleunigte Bewegung der Ladungsträger in Feldrichtung;<br>Umwandlung von elektrischer Feldenergie in kinetische Energie der Ladungsträger und in magnetische Feldenergie;<br>↗ elektrischer Strom, S. 183<br>Behinderung der gerichteten Bewegung wanderungsfähiger Ladungsträger durch Stöße mit anderen Stoffteilchen<br>↗ elektrischer Widerstand R, S. 188<br>(Temperaturerhöhung im Leiter)<br>↗ kinetische Energie $E_{kin}$, S. 128<br>↗ elektrischer Strom, S. 183, Leitungsvorgang im metallischen Leiter, S. 228 | |
| Gesamtstromstärke $I$ | $I = I_- + I_+$<br>$I_-$: Stromstärke, bewirkt durch negative Ladungsträger<br>$I_+$: Stromstärke, bewirkt durch positive Ladungsträger |

## 9/7

Art und Anzahl der wanderungsfähigen Ladungsträger in einem Stoff hängen u. a. wesentlich von der jeweils vorherrschenden chemischen Bindung in diesem Stoff ab.
Energiezufuhr führt i. a. zur Änderung der Konzentration und der Beweglichkeit der wanderungsfähigen Ladungsträger im jeweiligen Stoff.
Nach der Konzentration (Anzahl je Volumeneinheit) der Ladungsträger unter Normalbedingungen kann man Stoffe nach ihrer elektrischen Leitfähigkeit einteilen.

| Leiter | Halbleiter | Isolator |
| --- | --- | --- |
| Stoffe, die unter Normalbedingungen wanderungsfähige Ladungsträger und damit eine gute elektrische Leitfähigkeit besitzen. | Stoffe, die unter Normalbedingungen nur wenige wanderungsfähige Ladungsträger und damit eine geringere elektrische Leitfähigkeit besitzen. | Stoffe, die unter Normalbedingungen nur äußerst wenige wanderungsfähige Ladungsträger und damit praktisch keine elektrische Leitfähigkeit besitzen. |
| Aluminium, Kupfer | Silizium, Germanium | Glas, Keramik |

↗ spezifischer elektrischer Widerstand $\varrho$, S. 188

**Leitungsvorgang im metallischen Leiter**

Vorgang der gerichteten Bewegung wanderungsfähiger Elektronen in einem metallischen Leiter.

$I = I_-$

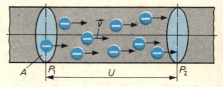

Infolge einer elektrischen Spannung $U$ zwischen den Punkten $P_1$ und $P_2$ führen die wanderungsfähigen Elektronen im elektrischen Feld eine gerichtete Bewegung mit der mittleren Driftgeschwindigkeit $\bar{v}$ aus; dabei durchwandert je Zeiteinheit die Gesamtladung $Q$ die Leiterquerschnittsfläche $A$.

$Q = n \cdot V \cdot e$

$n$: Konzentration der Leitungselektronen
$V$: Volumen des Leiterstückes
$e$: elektrische Elementarladung

Auf Grund der Wechselwirkung der Leitungselektronen mit den Gitterbausteinen wird ein Teil elektrischer Energie in kinetische Energie der Gitterbausteine und somit in thermische Energie umgewandelt. Das führt zur Erhöhung der inneren Energie des Leiters.
↗ thermische Energie, S. 153, innere Energie $U$, S. 151
Bei konstanter Temperatur gilt für einen metallischen Leiter das Ohmsche Gesetz (↗ S. 187).

Temperaturerhöhung führt bei einem metallischen Leiter zur Verringerung der Beweglichkeit der Ladungsträger infolge heftiger Bewegung der Gitterbausteine. Bei konstanter Ladungsträgerkonzentration sinkt damit die elektrische Stromstärke.

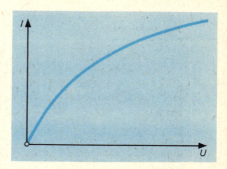

$I$-$U$-Kennlinie einer Glühlampe. Infolge Temperaturerhöhung des Leiters ist bei wachsender Spannung die Zunahme der Stromstärke immer geringer.

## Leitungsvorgang im Halbleiter

Vorgang der gerichteten Bewegung wanderungsfähiger Elektronen und Defektelektronen in einem Halbleiter.

**Eigenleitung.** Bei $T = 0$ K besitzen reine Halbleiter auf Grund vorherrschender Atombindung (↗ Wiss Ch, S. 42) keine elektrische Leitfähigkeit, da die Elektronen fast ausschließlich an regelmäßig angeordnete Atome gebunden sind (Halbleitereinkristall). Durch Energiezufuhr (Wärme, Licht u. a.) können Elektronen aus dem Kristallverband herausgelöst werden und eine geringe elektrische Leitfähigkeit bewirken.

**Störstellenleitung.** Sie wird möglich nach Dotieren (Fremdstoffzusätze) von Halbleitermaterial mit Atomen, deren Wertigkeit nicht mit der der Atome des Halbleitermaterials übereinstimmt. Je nach der Art der Störstellen entsteht $n$-leitendes (negative Elektronenleitung) oder $p$-leitendes (positive Defektelektronenleitung) Halbleitermaterial.

| Einbau von dreiwertigem Bor in einen Halbleitereinkristall ohne Gitterfehlordnung. Durch das fehlende vierte Valenzelektron wird der Kristall $p$-leitend ($I_+ \gg I_-$) | Einbau von fünfwertigem Phosphor in einen Halbleiterkristall ohne Gitterfehlordnung. Durch das fünfte Valenzelektron wird der Kristall $n$-leitend ($I_- \gg I_+$) |
|---|---|

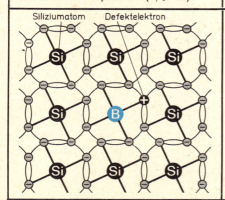
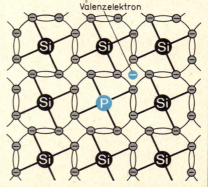

# 9/7

Für die Herstellung und Anwendung elektronischer Bauelemente aus Halbleitermaterialien ist die Störstellenleitung von entscheidender Bedeutung.
↗ Thermistor, S. 233, Fotowiderstand, S. 233, Halbleiterdiode, S. 234

In Halbleitern wird die elektrische Leitfähigkeit durch Elektronen und Defektelektronen bewirkt.

$$I = I_- + I_+$$

Bei Temperaturerhöhung steigt bei Halbleitern die Ladungsträgerkonzentration; die Beweglichkeit der Ladungsträger nimmt dabei – wie bei Metallen – ab. Da der erste Vorgang überwiegt, wächst i. a. damit die elektrische Stromstärke.

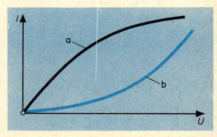

$I$-$U$-Kennlinie bei Eigenerwärmung
a: Glühlampe, b: Halbleiterbauelement

*Vergleich der Leitungsvorgänge Metall – Halbleiter*

| Stoff | Metall | Halbleiter | Metall | Halbleiter |
|---|---|---|---|---|
| Bedingung | $\vartheta =$ konstant | | Temperaturänderung durch Eigenerwärmung | |
| Art der Ladungsträger | Elektronen | Elektronen oder Defektelektronen | Elektronen | Elektronen oder Defektelektronen |
| Konzentration der Ladungsträger | konstant | konstant | konstant | steigt stark mit der Temperatur |
| Beweglichkeit der Ladungsträger | konstant | konstant | sinkt bei steigender Temperatur | sinkt bei steigender Temperatur |
| Kennlinie | | | | |

## Leitungsvorgang in einem Elektrolyten

Vorgang der gerichteten Bewegung wanderungsfähiger *Ionen* in der wäßrigen Lösung eines Elektrolyten.

## Elektrolyt

Stoff, der in wäßriger Lösung oder in der Schmelze wanderungsfähige Ionen (Kationen, Anionen) besitzt.

- Salze, Säuren, Basen
  ↗ Wiss Ch, Elektrolyte, S. 93

  Durch Dissoziation eines Elektrolyten in Wasser entstehen wanderungsfähige Ionen. Diese können in einem elektrischen Feld zur Katode (Kationen) bzw. zur Anode (Anionen) wandern.

  $$I = I_- + I_+$$

  An den Elektroden werden die Ionen durch Aufnahme bzw. Abgabe von Elektronen entladen. Die neutralen Stoffe werden abgeschieden.

- Kupfer-, Blei-, Zink- und Aluminiumgewinnung, Oberflächenveredlung.

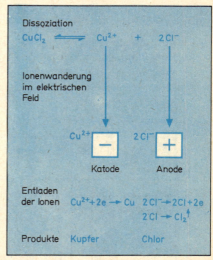

Schematische Darstellung des Leitungsvorganges in einer wäßrigen Kupfer(II)-Chlorid-Lösung

## Leitungsvorgang in Gas

Vorgang der gerichteten Bewegung wanderungsfähiger Ladungsträger in einem Gas. Ladungsträger können *Elektronen* und *Ionen* sein. Diese entstehen aus neutralen Gasteilchen durch Energiezufuhr (Wärme, Röntgenstrahlung, radioaktive Strahlung u. a.).

$$I = I_- + I_+$$

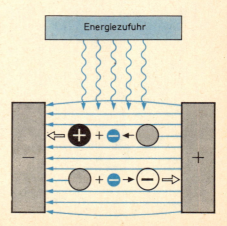

Schematische Darstellung des Leitungsvorganges in einem Gas

# ➡ 9/7

**Stoßionisation.** Vorgang, bei dem Ladungsträger eines Gases mit niedrigem Druck durch ein elektrisches Feld so stark beschleunigt werden, daß sie beim Zusammenstoß mit neutralen Gasteilchen diese ionisieren können.

*I-U*-Kennlinie eines Gases mit niedrigem Druck

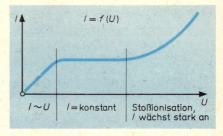

## Leitungsvorgang im Vakuum

Vorgang der gerichteten Bewegung von wanderungsfähigen *Elektronen* in einem Vakuum. Diese Elektronen (Ladungsträger) müssen im Vakuum zunächst durch *Glühemission* oder *Fotoemission* bereitgestellt werden.

$$I = I_-$$

| Art der Ladungsträgererzeugung | Glühemission | Fotoemission |
|---|---|---|
| Merkmal der Erzeugung von Ladungsträgern | Durch Erwärmen von Metallkörpern erhält ein Teil der Elektronen an der Oberfläche dieser Körper eine so hohe kinetische Energie, daß diese Elektronen aus der Oberfläche heraustreten können. | Durch Belichten von Metall- oder Metalloxidkörpern erhält ein Teil der Elektronen an der Oberfläche dieser Körper eine so hohe kinetische Energie, daß diese Elektronen aus der Oberfläche heraustreten können. |
| Schematische Darstellung | | |

↗ kinetische Energie $E_{kin}$, S. 128
↗ Beschleunigungsarbeit für Elektronen, S. 199

## Leitfähigkeitsverhalten einiger Stoffe

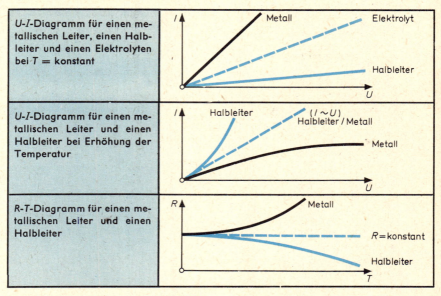

| | |
|---|---|
| $U$-$I$-Diagramm für einen metallischen Leiter, einen Halbleiter und einen Elektrolyten bei $T =$ konstant | |
| $U$-$I$-Diagramm für einen metallischen Leiter und einen Halbleiter bei Erhöhung der Temperatur | |
| $R$-$T$-Diagramm für einen metallischen Leiter und einen Halbleiter | |

↗ elektrischer Widerstand $R$, S. 188

## Thermistor

Halbleiterwiderstand, dessen elektrische Leitfähigkeit bei Erhöhung der Umgebungstemperatur beachtlich zunimmt. Bei konstanter Spannung wird dadurch die elektrische Stromstärke größer.

Thermistoren werden z. B. in *Widerstandsthermometern* zum Messen von Temperaturen von etwa $-50\,°C$ bis $+450\,°C$ verwendet.

↗ Temperaturmessung, S. 152
↗ spezifischer elektrischer Widerstand $\varrho$, S. 188

Thermistoren werden aus Germanium oder Oxid-Keramikmassen (Magnesium-, Titan-, Urandioxid) hergestellt.

## Fotowiderstand

Halbleiterwiderstand, dessen elektrische Leitfähigkeit bei Lichteinfall sehr stark zunimmt. Damit steigt bei konstanter Spannung mit wachsender Beleuchtungsstärke die elektrische Stromstärke.

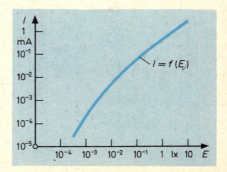

$I$-$E$-Diagramm eines Fotowiderstandes (Eichkurve);
$I$: elektrische Stromstärke
$E$: Beleuchtungsstärke

### 9/7

- Anwendungsbeispiele: Messen der Beleuchtungsstärke E, Lichtschrankenanlagen

  Wirkungsweise: Indem das jeweilige Halbleitermaterial Licht absorbiert (Photoneneinfall), werden in ihm Elektronen wanderungsfähig.

- Lichtempfindliche Halbleitermaterialien: Kadmiumsulfid, Kadmiumselenid oder Bleisulfid.

  Bleisulfid-Fotowiderstände können zum Nachweis von infrarotem Licht verwendet werden.

  ↗ Welle-Teilchen-Verhalten von Licht, S. 85, äußerer lichtelektrischer Effekt, S. 86, Spektrum elektromagnetischer Wellen, S. 90

## Halbleiterdiode

Halbleiterbauelement, das aus einem Einkristall mit einer *p-leitenden* und einer *n-leitenden* Schicht besteht. An der Berührungsfläche beider Schichten bildet sich eine *Grenzschicht*, die für das jeweilige elektrische Verhalten des Bauelementes bestimmend ist.

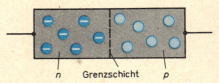

Schematischer Aufbau einer Halbleiterdiode

↗ Kristall, Wiss Ch, S. 53, Schaltzeichen, S. 31

**Gleichrichterwirkung.** Durch Anlegen einer äußeren Spannung an eine Halbleiterdiode kann man je nach der Polung die Grenzschicht verbreitern (Schaltung in Sperrichtung) oder diese mit Ladungsträgern überfluten (Schaltung in Durchlaßrichtung).

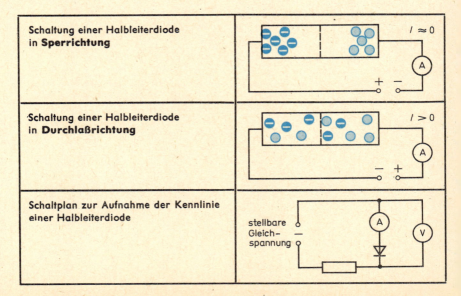

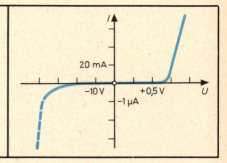

Kennlinie einer Siliziumdiode
Wichtige Kenngrößen sind die maximale Sperrspannung und die maximale Durchlaßstromstärke.

- Anwendungsbeispiel: Gleichrichten von Wechselströmen (wie mit einer Röhrendiode, ↗ S. 236)
↗ Wechselstrom, S. 193

## Fotodiode

Halbleiterbauelement, das aus einem Einkristall mit einer p- und einer n-leitenden Schicht besteht. In der Berührungsfläche beider Schichten – Grenzschicht – wird die elektrische Leitfähigkeit durch Lichteinfall beeinflußt. Es kann ein von der Beleuchtungsstärke abhängiger Fotostrom fließen.

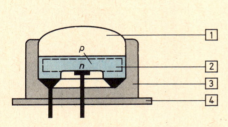

Schematischer Aufbau einer Fotodiode;
1: Fenster, 2: Lichtempfindliche pn-Schicht,
3: Gehäuse, 4: Grundplatte

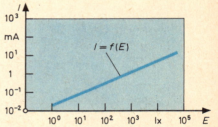

$I$-$E$-Diagramm einer Fotodiode;
$I$: elektrische Stromstärke
$E$: Beleuchtungsstärke (in Lux)

## Flächentransistor

Halbleiterbauelement, das aus einem Einkristall mit drei leitenden Schichten besteht (p-n-p oder n-p-n). Dadurch hat ein Flächentransistor zwei Grenzschichten.
↗ Leitungsvorgang im Halbleiter, S. 229, Halbleiterdiode, S. 234
Die äußeren Anschlüsse nennt man *Emitter* E und *Kollektor* K, den mittleren Anschluß *Basis* B.
↗ Schaltzeichen, S. 31

Schematischer Aufbau eines *npn*-Siliziumtransistors

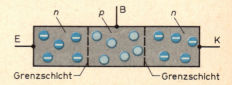

## 9/7

Ein Transistor wird mit zwei voneinander unabhängigen Stromkreisen betrieben. Dabei schaltet man grundsätzlich die Grenzschicht BE in Durchlaßrichtung und die Grenzschicht CB in Sperrichtung. Bei konstanter Kollektorspannung läßt sich dadurch mit einer geringen Basisstromstärke $I_B$ die oftmals erheblich größere Kollektorstromstärke $I_C$ steuern.

- Anwendungsbeispiel: Rundfunk- und Fernsehtechnik, EDV-Anlagen

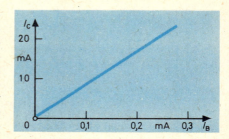

$I_C$-$I_B$-Steuerkennlinie eines Siliziumtransistors ($U_{CE}$ = konstant);
$\dfrac{I_C}{I_B}$ kennzeichnet die Stromverstärkung

Halbleiterbauelemente sind im Vergleich mit Elektronenröhren weniger störanfällig. Sie benötigen keinen Heizstrom (Energieeinsparung, sofort betriebsbereit!), besitzen bedeutend geringere Abmessungen sowie eine große Lebensdauer und haben ein sehr günstiges Masse-Leistungsverhältnis. Daher ersetzen sie in den meisten Einsatzgebieten die Elektronenröhren. Halbleiterbauelemente sind in immer stärkerem Maße in mikroelektronischen Schaltkreisen integriert.

### Röhrendiode

Vakuumröhre, die aus einem Glaskolben besteht, in dem sich *Katode* und *Anode* befinden. Die Katode kann geheizt werden. Durch Glühemission werden Elektronen in das Vakuum emittiert.

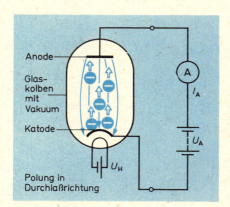

Aufbau und Funktion einer Röhrendiode;

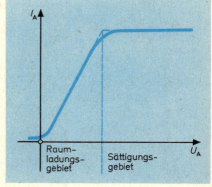

$I_A$-$U_A$-Kennlinie einer Röhrendiode

Eigenschaften von Vakuumröhren kann man aus ihren *Kennlinien* ablesen. Die Kennlinie einer Röhrendiode wird durch den funktionalen Zusammenhang $I_A = f(U_A)$ dargestellt.

↗ Leitungsvorgang im Vakuum, S. 232
↗ Kennlinien und Kenngrößen einiger elektronischer Bauelemente, S. 239

**Gleichrichterwirkung.** Verbindet man die Anode mit dem positiven und die geheizte Katode mit dem negativen Pol einer Spannungsquelle, so kann ein Strom fließen (Durchlaßrichtung). Bei umgekehrter Polung ist kein Stromfluß nachweisbar (Sperrichtung).

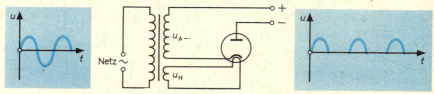

■ Einweggleichrichtung einer Wechselspannung mit einer Röhrendiode.
↗ Schaltzeichen, S. 31.

## Röhrentriode

Vakuumröhre, die aus einem Glaskolben besteht, in dem sich drei Elektroden befinden: *Katode, Anode, Gitter.* In dieser Röhre werden die Elektronen durch *Glühemission* aus der Katode herausgelöst. An das Gitter wird eine gegenüber der Katode negative Spannung gelegt. Damit wird dem elektrischen Feld zwischen Katode und Anode ein zweites, entgegengesetzt gerichtetes elektrisches Feld zwischen Gitter und Katode überlagert.

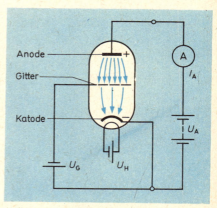

Aufbau und Funktion einer Röhrentriode

Die Anodenstromstärke $I_A$ kann bei konstanter Anodenspannung $U_A$ in Abhängigkeit von der Gitterspannung $U_G$ zwischen Null und dem jeweils zulässigen Maximalwert gesteuert werden.
↗ Leitungsvorgang im Vakuum, S. 232.

Unter verschiedenen Triodenkennlinien ist die $I_A$-$U_G$-Kennlinie von Bedeutung; sie läßt die Steuerwirkung einer Röhrentriode erkennen.

■ Steuerröhre in der Rundfunk- und Fernsehtechnik, in Verstärkeranlagen; kontaktloser und (annähernd) trägheitsloser Schalter.
↗ Schaltzeichen, S. 31, Kennlinien und Kenngrößen einiger elektronischer Bauelemente, S. 239

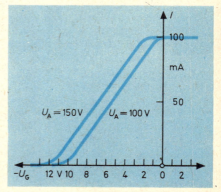

$I_A$-$U_G$-Kennlinie einer Röhrentriode

## ➡ 9/7

**Vakuum-Fotozelle**

Vakuumröhre mit zwei Elektroden (Diode). Bei Lichteinfall können aus der Fotokatode (z. B. aus Alkalimetall) durch Fotoemission Elektronen herausgelöst werden.
↗ Leitungsvorgang im Vakuum, S. 232

Wird in der Fotozelle zwischen Fotokatode und Anode ein elektrisches Feld erzeugt, so fließt oberhalb einer vom Katodenmaterial abhängigen Frequenz (Grenzfrequenz) ein von der Intensität (Helligkeit) des einfallenden Lichtes abhängiger Elektronenstrom.
↗ äußerer lichtelektrischer Effekt, S. 86, Lichtquanten, S. 87

Es gibt auch *gasgefüllte* Fotozellen. In diesen Röhren steigt durch Stoßionisation (↗ S. 232) der Elektronenstrom auf das 5- bis 10fache im Vergleich zur Vakuumröhre.

■ Anwendungsbeispiele: Zählvorrichtung am Fließband, Steuerung von Türen und Rolltreppen, Lichtschranken, Tonfilmtechnik.

**Elektronenstrahlröhre**

Vakuumröhre, die aus einem *Glaskolben mit Leuchtschirm* besteht. Im Glaskolben befinden sich eine indirekt geheizte *Katode, Zylinderanoden* sowie *elektrische* oder (außerhalb des Kolbens) *magnetische Ablenksysteme* für den Elektronenstrahl. Zur Steuerung der Intensität des Elektronenstrahles dient ein *Wehneltzylinder*.
Elektronenstrahlen werden nach ihrer Herkunft auch Katodenstrahlen genannt.

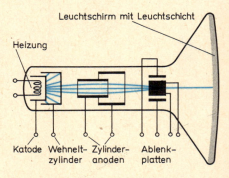

Aufbau einer Elektronenstrahlröhre

In einer Elektronenstrahlröhre werden die von der Katode emittierten Elektronen in einem elektrostatischen Feld (↗ S. 199) zwischen Katode und Zylinderanoden beschleunigt und danach durch elektrische oder magnetische Felder (in den Ablenksystemen) abgelenkt. Der so gesteuerte Elektronenstrahl trifft auf den Leuchtschirm und regt dort die *Leuchtschicht* zum Aussenden von Licht an. Die Helligkeit des Lichtes und damit die Intensität des Elektronenstrahles kann mit dem Wehneltzylinder geregelt werden. Dazu legt man an den Wehneltzylinder eine gegenüber der Katode negative Spannung (ähnlich dem Gitter in einer Röhrentriode, ↗ S. 237).
↗ Eigenschaften des elektrostatischen Feldes, S. 199, Beschleunigung elektrisch geladener Teilchen, S. 199, Lorentzkraft $F_L$, S. 210

**Eigenschaften von Elektronenstrahlen.** Sie breiten sich geradlinig aus, rufen mechanische und thermische Wirkungen hervor, haben negative Ladung, werden in elektrischen und magnetischen Feldern abgelenkt, schwärzen fotografische

Platten, schlagen aus Metallen Sekundärelektronen heraus, ionisieren Gase, regen Leuchtstoffe zum Leuchten an und erzeugen beim Aufprall auf Metalle Röntgenstrahlen.
↗ Welle-Teilchen-Verhalten von Röntgenstrahlung, S. 259

■ Bildröhre im Fernsehempfänger

## Elektronenstrahloszillograf

Elektrisches Meßgerät und Aufzeichnungsgerät, mit dem beispielsweise eine zu untersuchende Wechselspannung über das horizontale Plattenpaar (y-Platten) der Röhre den Elektronenstrahl und damit den vorher in der Mitte des Bildschirms sichtbaren Leuchtpunkt abwechselnd nach oben und unten ablenkt. Durch eine im Gerät erzeugte Kippspannung wird der Strahl zusätzlich periodisch in horizontaler Richtung (an den x-Platten) von links nach rechts über den Bildschirm bewegt. Der Leuchtpunkt auf dem Bildschirm durchläuft eine charakteristische Kurve, die dem Verlauf des Graphen der zu untersuchenden Wechselspannung im $u$-$t$-Diagramm entspricht. Ist die Bildschirmfläche geeicht, dann kann diese Kurve quantitativ ausgewertet werden.

## Kennlinien und Kenngrößen einiger elektronischer Bauelemente

| Bauelement | prinzipieller Kennlinienverlauf | Beispiele für wichtige Kenngrößen bzw. Grenzdaten |
|---|---|---|
| Glühlampe ⊗ | $I$-$U$-Kennlinie (ansteigende Sättigungskurve) | Nennspannung, Nennleistung |
| Thermistor | $I$-$U$-Kennlinie (exponentiell ansteigend) | Kaltwiderstand, maximale Leistung |
| Halbleiterdiode ▷|‎ | $I$-$U$-Kennlinie (Durchlaß- und Sperrbereich) | maximale Sperrspannung, maximale Durchlaßstromstärke |

## ➡ 9/7

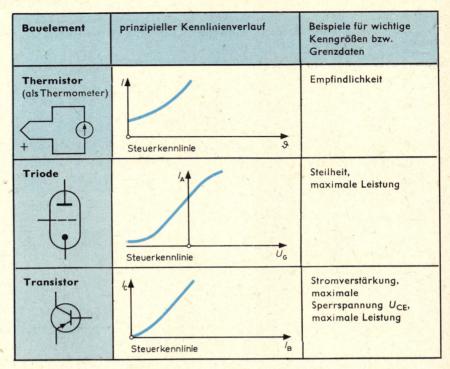

**Elektronische Steuerung und Verstärkung**

Elektronische Prozesse, bei denen mittels elektronischer Bauelemente elektrische Größen durch Steuergrößen wie Temperatur Gitterspannung, Basisstromstärke, Beleuchtungsstärke u. a. in beabsichtigten Grenzen beeinflußt werden können.

**Steuerung.** Sie kann durch Steuerkennlinien beschrieben werden. Aus diesen Kennlinien lassen sich die Kenngrößen der steuerungsfähigen Bauelemente ableiten. Steuerungsfähige Bauelemente werden i. a. bei einer konstanten Betriebsspannung eingesetzt.

▪ Steuerung einer Lichtschrankenanlage, Tonwiedergabe mittels Fotozelle (↗ S. 238)
↗ Thermistor, S. 233, Fotowiderstand, S. 233, Flächentransistor, S. 235, Röhrentriode, S. 237, Elektronenstrahlröhre, S. 238, Kennlinien und Kenngrößen einiger elektronischer Bauelemente, S. 239

**Verstärkung:** Sie wird durch *Steuerungsprozesse* bewirkt, bei denen die Leistung des gesteuerten Prozesses stets größer ist als die Steuerleistung.
Stromverstärkung mittels Flächentransistor (↗ S. 235).
↗ elektrische Leistung $P_{el}$, S. 192

**Elektrische Leitungsvorgänge**

| | Ladungsträger und Art der Erzeugung Gesamtstromstärke | Bauelement | Anwendungsprinzip | Art der Verwendung |
|---|---|---|---|---|
| **Metall** | Elektronen, als Ladungsträger vorhanden $I = I_-$ | elektrische Leiter | Ladungstransport | Energiefortführung, Energieumwandlung, elektrischer Widerstand |
| **Halbleiter** | Elektronen und Defektelektronen durch Energiezufuhr bzw. Dotierung | Halbleiter-Diode | Gleichrichter | Steuerelement |
| | | Flächentransistor | Verstärker | |
| **Flüssigkeit** | Ionen durch Dissoziation $I = I_+ + I_-$ | Elektrolysezelle Galvanisches Element | Zersetzung von Stoffen mit Hilfe des elektrischen Stromes | Stoffgewinnung Energiegewinnung |
| **Gas** | Ionen und Elektronen durch Ionisation $I = I_+ + I_-$ | gasgefüllte Fotozelle | lichtelektrischer Effekt | Steuerelement |
| **Vakuum** | Elektronen durch Glühemission bzw. Fotoemission $I = I_-$ | Röhren-Diode | Gleichrichter | Steuerelement |
| | | Röhren-Triode | Verstärker | |
| | | Vakuum-Fotozelle | Stromschalter | |

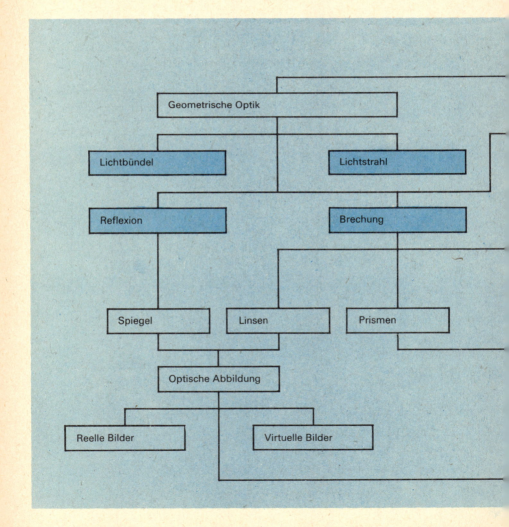

# Optik 10

Die Optik ist das Teilgebiet der Physik, in dem optische Erscheinungen und Vorgänge untersucht und mit Hilfe von drei Modellen beschrieben werden.

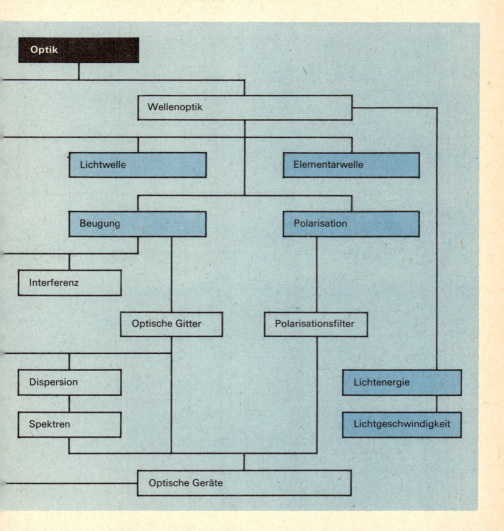

**10/1**

## 10.1. Geometrische Optik

**Geometrische Optik**

Teilgebiet der Physik, in dem physikalische Erscheinungen und Vorgänge mit Hilfe des Modells Lichtstrahl beschrieben werden. Teilchen- und Wellencharakter des Lichtes werden dabei nicht berücksichtigt.
↗ Lichtwellen, S. 259
↗ Photon, S. 87

**Modelle der Optik**

| Geometrisches Modell | Wellenmodell | Teilchenmodell |
|---|---|---|
| Der Lichtstrahl | Die Lichtwelle | Das Lichtteilchen |
| ↗ Geometrische Optik, S. 244 | ↗ Wellenoptik, S. 259 | ↗ Quanteneigenschaften des Lichtes, S. 89 |

**Lichtquelle**

Körper, der Licht aussendet, das von seinen Atomen bzw. Molekülen emittiert wird. Alle Körper, von denen Licht ausgesendet oder reflektiert wird, heißen **sichtbare Körper.**

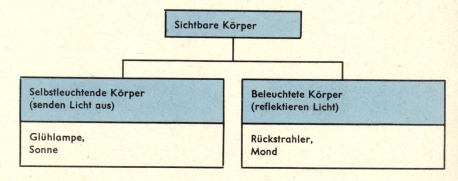

**Lichtausbreitung**

Licht breitet sich in einem isotropen (nach allen Seiten des Raumes hin gleiche physikalische Eigenschaften aufweisend) Medium geradlinig und mit großer, aber endlicher Geschwindigkeit aus.
↗ Lichtgeschwindigkeit, S. 260, 321

Auf der geradlinigen Ausbreitung des Lichtes beruhen:

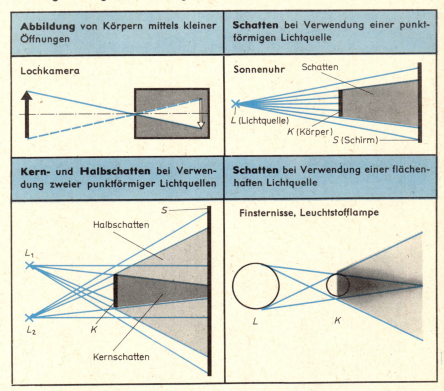

### Lichtstrahl

Modell zur Darstellung eines Lichtbündels. Man betrachtet immer die Achse eines Lichtbündels.
↗ Modell, S. 25

### Lichtbündel

Das von einer Blende begrenzte Licht.

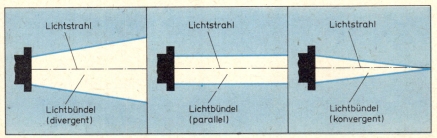

## ➡ 10/1

**Umkehrbarkeit des Lichtweges**

Eigenschaft des Lichtes, seinen Weg auch in umgekehrter Richtung durchlaufen zu können. So läuft z. B. der Vorgang der Reflexion oder der Brechung unabhängig von der Richtung der Ausbreitung des Lichtes in gleicher Weise ab.
↗ Reflexion, Brechung, S. 261

**Optische Bilder**

Abbildungen von Gegenständen durch Spiegel oder Linsen
↗ Spiegel, S. 246, Linse, S. 252

| Reelle Bilder | Virtuelle Bilder |
|---|---|
| Sie entstehen am Schnittpunkt von Strahlen, die vom gleichen Punkt des Gegenstandes ausgehen, und sind auf einem Schirm auffangbar.<br>↗ S. 246 | Sie entstehen am Schnittpunkt der rückwärtigen Verlängerung divergenter Strahlen und sind nicht auffangbar.<br>↗ S. 246 |

**Reflexion**

Physikalischer Vorgang, bei dem Licht aus einem Medium kommend an einer Grenzfläche in das gleiche Medium **reflektiert** wird.

Man unterscheidet:

| Regelmäßige Reflexion | Diffuse Reflexion |
|---|---|
| Licht trifft auf eine glatte Grenzfläche | Licht trifft auf eine rauhe Grenzfläche |
| Spiegel | Zimmerdecke |

**Spiegel**

Körper mit glatter Fläche, die den größten Teil auftreffenden Lichtes reflektiert.

■ Spiegelkörper mit polierter Oberfläche bestehen meist aus Glas, Quarz oder Metall.
Glatte Flüssigkeitsoberflächen eignen sich ebenfalls als Spiegel.

## Reflexion an glatten Flächen

Zur Beschreibung der an Spiegeln gültigen Gesetzmäßigkeiten werden folgende Begriffe verwendet:

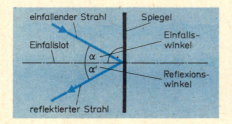

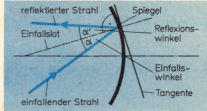

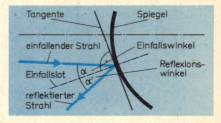

Das Reflexionsgesetz gilt unabhängig davon, ob das Licht an einer ebenen oder an einer gekrümmten Fläche reflektiert wird

## Reflexionsgesetz

Bei der Reflexion des Lichtes sind Einfallswinkel und Reflexionswinkel gleich groß. Einfallender Strahl, reflektierter Strahl und Einfallslot liegen in einer Ebene.

$\alpha = \alpha'$

$\alpha$: Einfallswinkel
$\alpha'$: Reflexionswinkel

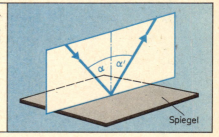

## Bildentstehung am ebenen Spiegel

Infolge Reflexion entsteht vom Gegenstand (G) stets ein *virtuelles* Bild (B). Die *Gegenstandsweite s* ist genauso groß wie die *Bildweite s'*. *Gegenstandsgröße y* und *Bildgröße y'* sind ebenfalls gleich.
↗ Reflexionsgesetz, S. 247

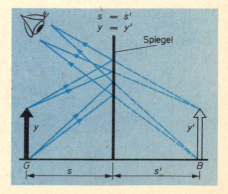

## 10/1

**Gekrümmte Spiegel**

| Unterscheidung nach der Form | | Unterscheidung nach der dem Licht zugewandten Seite | |
|---|---|---|---|
| sphärischer Spiegel **(Kugelspiegel)** | asphärischer Spiegel **(Parabolspiegel)** | **Wölbspiegel (Konvexspiegel)** | **Hohlspiegel (Konkavspiegel)** |

Begriffe am gekrümmten Spiegel

| Begriff | Zeichen | Erläuterung | Darstellung |
|---|---|---|---|
| **Krümmungsmittelpunkt** | M | Mittelpunkt einer Kugel, aus der man sich einen Hohlspiegel herausgeschnitten denken kann | |
| **Scheitelpunkt** | S | geometrischer Mittelpunkt der spiegelnden Fläche | |
| **Optische Achse** | | Gerade durch Krümmungsmittelpunkt M und Scheitelpunkt S | |
| **Brennpunkt** | F | Schnittpunkt der durch den Spiegel reflektierten achsennahen Parallelstrahlen | |
| **Brennweite** | f | Abstand zwischen S und F (bei Kugelspiegel und achsennahen Strahlen $f = \dfrac{r}{2}$) | |
| **Krümmungsradius** | r | Radius der gekrümmten Spiegelfläche | |

## Strahlenverlauf am Hohlspiegel

Zur zeichnerischen Darstellung der Bildentstehung am Hohlspiegel wählt man aus der Vielzahl der durch den Spiegel reflektierten Strahlen mindestens zwei der folgend beschriebenen drei Strahlen aus:

| Name des Strahles | Verlauf vor der Reflexion | Verlauf nach der Reflexion | Zeichnerische Darstellung |
|---|---|---|---|
| **Parallelstrahl** | Parallel zur optischen Achse | Durch den Brennpunkt | |
| **Brennpunktstrahl** | Durch den Brennpunkt F | Parallel zur optischen Achse | |
| **Mittelpunktstrahl** | Durch den Krümmungsmittelpunkt M | Wird in sich selbst reflektiert | |

## Bildentstehung an gekrümmten Spiegeln

Die Abbildung entsteht unter folgenden Voraussetzungen:
- Es werden achsennahe Lichtbündel verwandt;
- Die Lichtbündel bilden mit der optischen Achse kleine Winkel.

| Spiegelart | Ort des Gegenstandes | Ort des Bildes | Art, Lage, Größe des Bildes | Geometrische Darstellung |
|---|---|---|---|---|
| **Ebener Spiegel** | Vor dem Spiegel $\infty > s > 0$ | Genausoweit hinter dem Spiegel, wie sich der Gegenstand vor dem Spiegel befindet $s' = -s$ | virtuell, aufrecht, $y' = y$ | Wandspiegel, Taschenspiegel, Rückspiegel |

249

## 10/1

| Spiegel-art | Ort des Gegenstandes | Ort des Bildes | Art, Lage, Größe des Bildes | Geometrische Darstellung |
|---|---|---|---|---|
| **Hohl-spiegel** | Außerhalb der doppelten Brennweite $s > 2f$ | Zwischen einfacher und doppelter Brennweite auf der gleichen Seite des Spiegels $2f > s' > f$ | reell, umgekehrt, kleiner als der Gegenstand $y' < y$ | Spiegelfernrohr |
| | Im Krümmungsmittelpunkt $s = 2f$ | Im Krümmungsmittelpunkt auf der gleichen Seite des Spiegels $s' = 2f$ | reell, umgekehrt, gleichgroß wie der Gegenstand $y' = y$ | Projektoren (Abbildung der Lichtquelle) |
| | Zwischen einfacher und doppelter Brennweite $2f > s > f$ | Außerhalb der doppelten Brennweite auf der gleichen Seite des Spiegels $s' > 2f$ | reell, umgekehrt, größer als der Gegenstand $y' > y$ | |
| | Innerhalb der einfachen Brennweite $s < f$ | Auf der anderen Seite des Spiegels $0 < |s'| < \infty$ | virtuell, aufrecht, größer als der Gegenstand $y' > y$ | Rasierspiegel |
| **Wölb-spiegel** | Vor dem Spiegel $\infty > s > 0$ | Auf der anderen Seite des Spiegels $|s'| < f$ | virtuell, aufrecht, kleiner als der Gegenstand $y' < y$ | Rückspiegel |

## Spiegel: Abbildungsgleichung

$$\frac{1}{f} = \frac{1}{s} + \frac{1}{s'}$$

$f$: Brennweite des Spiegels
$s$: Gegenstandsweite
$s'$: Bildweite

## Abbildungsmaßstab

Größenverhältnis von Bild zu Gegenstand.

$$\frac{y'}{y} = \frac{s'}{s}$$

$y$: Gegenstandsgröße
$y'$: Bildgröße
$s$: Gegenstandsweite
$s'$: Bildweite

Für virtuelle Bilder, die stets hinter dem Spiegel entstehen, ist die Bildweite $s'$ negativ. Die Brennweite eines Hohlspiegels ist positiv, die eines Wölbspiegels negativ.

## Brechung des Lichtes

Physikalischer Vorgang, bei dem Licht beim Übergang von einem optischen Medium in ein anderes an der Grenzfläche seine Geschwindigkeit und damit für einen Einfallswinkel $\alpha \neq 0$ seine Richtung ändert.

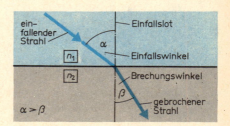

## Brechungsgesetz

Geht Licht von einem optischen Medium in ein anderes über, so ändert sich an der Grenzfläche beider Medien seine Geschwindigkeit und damit bei $\alpha \neq 0$ seine Richtung. Einfallender Strahl, Einfallslot und gebrochener Strahl liegen in einer Ebene.

$$\frac{\sin \alpha}{\sin \beta} = n$$

$$\frac{\sin \alpha}{\sin \beta} = \frac{c_1}{c_2} = \frac{n_2}{n_1}$$

$\alpha$: Einfallswinkel
$\beta$: Brechungswinkel
$c$: Lichtgeschwindigkeit im betreffenden Medium
$n$: Brechzahl des betreffenden Mediums

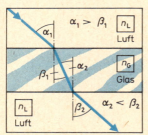 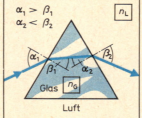 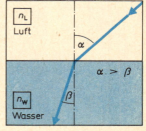

$n_G$, $n_W$: optisch dicht; $n_L$: optisch dünn

## 10/1

### Brechzahl n

Physikalische Größe zur Beschreibung der Richtungsänderung des Lichtes bei der Brechung. Sie ist eine Stoffkonstante.
Für das Vakuum gilt $n_v = 1$. Dann gilt für die Brechzahl $n_x$ eines beliebigen Stoffes: $\dfrac{\sin \alpha_v}{\sin \beta} = n_x$

Von zwei Medien bezeichnet man das als *optisch dichter*, das die größere Brechzahl besitzt.
↗ Brechungsgesetz, S. 251

### Totalreflexion

Vorgang, der beim Auftreffen von Licht auf die Grenzfläche zwischen zwei optisch verschieden dichten Medien auftritt, wenn der Einfallswinkel $\alpha$ größer als der Grenzwinkel $\alpha_G$ wird. Diesen Winkel bezeichnet man als Grenzwinkel $\alpha_G$.
Bei $\alpha = \alpha_G$ ist der Brechungswinkel $\beta_G = 90°$.

Es gilt:

$\sin \alpha_G = \dfrac{n_2}{n_1}$, da $\sin \beta_G = 1$.

Das Licht wird dabei nicht mehr gebrochen, sondern zurück in das optisch dichtere Medium reflektiert.

- Totalreflektierende Prismen, Lichtleiter

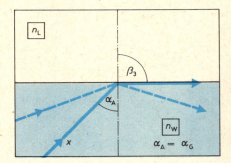

### Optische Linsen

Lichtdurchlässige Körper, die von zwei gewölbten Flächen oder einer ebenen und einer gewölbten Fläche begrenzt werden.
↗ Bedingungen für Linsen, S. 254

Konvexlinsen                    Konkavlinsen

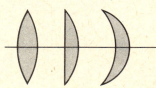 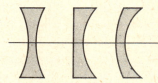

**Sammel- und Zerstreuungslinsen.** Je nach dem Verlauf von Parallelstrahlen, die durch Linsen gebrochen werden, spricht man von Sammellinsen oder Zerstreuungslinsen.
Zur Vereinfachung der Darstellung des Strahlenverlaufes zeichnet man anstelle der zweifachen Brechung an den beiden Linsenflächen die Lichtstrahlen so, als ob sie nur einmal in der Linsenebene gebrochen würden.

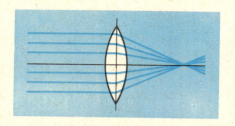 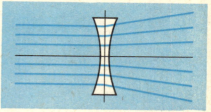

## Begriffe an Konvexlinsen

| Begriff | Zeichen | Erläuterung | Darstellung |
|---|---|---|---|
| Krümmungsmittelpunkt | $M_1/M_2$ | Die Mittelpunkte der die Linse begrenzenden Kugelflächen | |
| Optische Achse | | Gerade durch die Krümmungsmittelpunkte $M_1$ und $M_2$ | |
| Optischer Mittelpunkt | O | Schnittpunkt der optischen Achse mit der Linsenebene | |
| Linsenebene (dünne Linse) | | Ebene durch den optischen Mittelpunkt O senkrecht zur optischen Achse | |
| Brennpunkt | F | Schnittpunkt der achsennah in die Linse einfallenden, gebrochenen Parallelstrahlen | |
| Brennweite | f | Strecke zwischen O und F | |
| Krümmungsradius | r | Radius der gekrümmten Linsenoberfläche. (für dünne bikonvexe Linsen, $n = 1,5$, gilt mit guter Näherung: $f = r$) | |

## ➡ 10/1

**Strahlenverlauf an Linsen**

Zur zeichnerischen Darstellung der Bildentstehung an dünnen Linsen wählt man aus der Vielzahl der durch die Linse gebrochenen Strahlen mindestens zwei der folgend beschriebenen drei Strahlen aus:

| Name des Strahls | Verlauf vor bzw. an der Sammellinse | Verlauf vor bzw. an der Zerstreuungslinse |
|---|---|---|
| **Parallelstrahl** verläuft nach der Brechung durch den Brennpunkt | Parallel zur optischen Achse | Parallel zur optischen Achse |
| **Brennpunktstrahl** verläuft nach der Brechung parallel zur optischen Achse | Durch einen Brennpunkt der Linse | Bis zur Linsenebene in Richtung auf den Brennpunkt, der auf der anderen Seite der Linse liegt |
| **Mittelpunktstrahl** wird nicht gebrochen | Durch den Mittelpunkt der Linse | Durch den Mittelpunkt der Linse |

**Bildentstehung an Linsen**

Infolge Brechung des Lichtes werden durch Linsen bzw. Linsensysteme Gegenstände abgebildet.
Abbildungsbedingungen:
– Es werden dünne Linsen verwandt;
– Die einfallenden Lichtbündel sind achsennah.
Für die hier dargestellten Fälle gilt zusätzlich:
– Der Stoff, aus dem die Linse besteht, ist optisch dichter als der Stoff der Umgebung.
Ort, Lage und Größe des Bildes hängen von der Gegenstandsweite ab. Bewegt sich der Gegenstand G in Richtung der optischen Achse, so bewegt sich das Bild B jeweils gleichsinnig. Dabei ändert sich seine Größe und seine Lage.

| Linsenart | Ort des Gegenstandes | Ort des Bildes | Art, Lage, Größe des Bildes | Geometrische Darstellung |
|---|---|---|---|---|
| **Sammellinsen** | Außerhalb der doppelten Brennweite $s > 2f$ | Zwischen einfacher und doppelter Brennweite auf der anderen Seite der Linse $f < s' < 2f$ | reell, umgekehrt, kleiner als der Gegenstand $y' < y$ | ■ Objektive des Keplerschen Fernrohres und des Mikroskopes |
| | In der doppelten Brennweite $s = 2f$ | In der doppelten Brennweite auf der anderen Seite der Linse $s' = 2f$ | reell, umgekehrt, gleichgroß wie der Gegenstand $y' = y$ | ■ Umkehrlinse im Keplerschen Fernrohr |
| | Zwischen einfacher und doppelter Brennweite $2f > s > f$ | Außerhalb der doppelten Brennweite auf der anderen Seite der Linse $s' > 2f$ | reell, umgekehrt größer als der Gegenstand $y' > y$ | ■ Objektiv von Projektoren |
| | Innerhalb der einfachen Brennweite $s < f$ | Auf derselben Seite der Linse $0 < |s'| < \infty$ | virtuell, aufrecht größer als der Gegenstand $y' > y$ | ■ Lupe, Okulare von Keplerschem Fernrohr und Mikroskop |
| **Zerstreuungslinsen** | $\infty > s > 0$ | Bildweite kleiner als Gegenstandsweite; auf derselben Seite der Linse $|s'| < f$ | virtuell, aufrecht kleiner als der Gegenstand $y' < y$ | ■ Okular des Galileischen Fernrohres |

## 10/1

### Abbildungsgleichung für Linsen in Luft

$$\frac{1}{f} = \frac{1}{s} + \frac{1}{s'}$$

$f$: Brennweite der Linse
$s$: Gegenstandsweite
$s'$: Bildweite

Für virtuelle Bilder, die stets auf der gleichen Seite der Linse wie der Gegenstand entstehen, ist die Bildweite $s'$ negativ. Die Brennweite einer Sammellinse ist positiv, die einer Zerstreuungslinse negativ.
↗ Abbildungsgleichung für Spiegel, S. 251

### Auge

Lichtsinnesorgan höher entwickelter Lebewesen (Wirbeltiere).
Eine Sammellinse erzeugt auf der Netzhaut ein umgekehrtes und reelles Bild. Je kleiner die Gegenstandsweite ist, desto größer ist das auf der Netzhaut entstehende Bild. Die Anpassung an verschiedene Gegenstandsweiten erfolgt durch Ändern der Krümmung der Augenlinse. Dies bewirkt eine Änderung der Brennweite.
↗ Bildentstehung an Linsen, S. 254

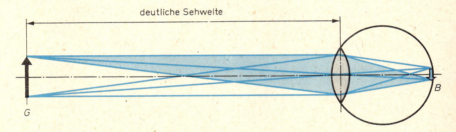

### Lupe

Optisches Gerät, bei dem sich der Gegenstand innerhalb der einfachen Brennweite einer Sammellinse befindet. Es entsteht ein vergrößertes virtuelles Bild. Durch Benutzung der Lupe entsteht auf der Netzhaut des Auges ein vergrößertes Bild.

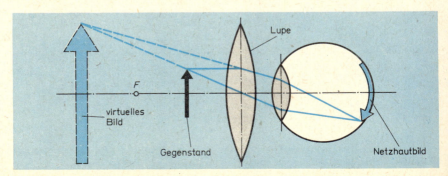

## Kamera

Optisches Gerät mit einem Objektiv, das aus einer Sammellinse oder einem Linsensystem besteht. Es erzeugt ein reelles Bild. Die Entfernungseinstellung erfolgt durch Verändern der Bildweite (Abstand Objektiv-Film). Die auf den Film fallende Lichtmenge und die Tiefenschärfe werden durch die Blende verändert. Das Normalobjektiv mancher Fotoapparate kann gegen andere Objektive (Weitwinkelobjektiv – kleine Brennweite, Teleobjektiv – große Brennweite) ausgewechselt werden. Auf dem Film wird dann ein größerer oder kleinerer Teil des Gegenstandes abgebildet.

## Projektoren

Optische Geräte, mit denen Bilder vergrößert auf einer Bildfläche sichtbar gemacht werden.

| **Diaskop** (Bildwerfer) | **Episkop** |
|---|---|
| Es werden lichtdurchlässige Vorlagen (Diapositive) projiziert. Das Diapositiv wird von einer Lichtquelle **durchleuchtet**. Das Objektiv erzeugt ein reelles Bild auf einem Schirm. Aufgabe des *Kondensors* ist es, einen möglichst großen Anteil des von der Lichtquelle kommenden Lichtes gleichmäßig durch das Diapositiv fallen zu lassen. Dieses System liegt auch dem Tageslichtschreibprojektor zugrunde. | Es werden lichtundurchlässige Vorlagen projiziert. Die abzubildende Vorlage wird **beleuchtet**. Das Objektiv erzeugt ein reelles Bild auf einem Schirm. Aufgabe der *Hohlspiegel* ist es, möglichst viel Licht der Lichtquelle auf die Vorlage zu reflektieren. |

## Fernrohr

Optisches Gerät mit Objektiv und Okular zur vergrößerten Abbildung weit entfernter Objekte.
**Objektiv.** Linse bzw. Linsenkombination, die dem Gegenstand (Objekt) zugewandt ist.
**Okular.** Linse bzw. Linsenkombination, die dem Auge (lat. oculus) zugewandt ist.

## 10/1

| Spiegelfernrohr (Reflektor) | Bild entsteht mit Hilfe eines Hohlspiegels |
|---|---|
| Linsenfernrohr (Refraktor) | Bild entsteht mit Hilfe von Linsen |

**Keplersches** (astronomisches) **Fernrohr**

Mit Hilfe des Objektivs entsteht ein umgekehrtes reelles Zwischenbild innerhalb der Brennweite des Okulars. Das Okular wirkt wie eine Lupe und erzeugt das umgekehrte virtuelle Hauptbild. Es werden drei- bis fünftausendfache Vergrößerungen erreicht. Größere Objektivdurchmesser ergeben ein helleres Bild. Umkehrung des Zwischenbildes durch zusätzliche Sammellinse zwischen Objektiv und Okular.

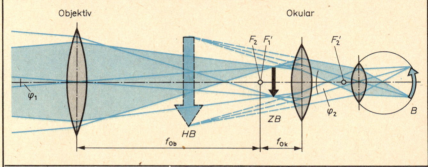

**Galileisches** (holländisches) **Fernrohr**

Mit Hilfe des Objektivs und des Okulars entsteht ein aufrechtes virtuelles Bild. Es ist sehr kurz und führt zu einer drei- bis fünffachen Vergrößerung. Das Okular ist eine Zerstreuungslinse.

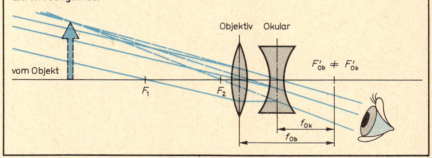

## Mikroskop

Optisches Gerät mit Objektiv und Okular zur vergrößerten Abbildung sehr kleiner Objekte.

Das Objektiv erzeugt ein reelles vergrößertes *Zwischenbild* innerhalb der Brennweite des Okulars. Das Okular wirkt wie eine Lupe.

Die Gesamtvergrößerung $V_G$ ist gleich dem Produkt aus den Vergrößerungen $V_{Ob}$ des Objektivs und $V_{Ok}$ des Okulars.

$V_G = V_{Ob} \cdot V_{Ok}$.
1500fache Vergrößerungen sind möglich.
↗ Elektronenmikroskop, S. 211

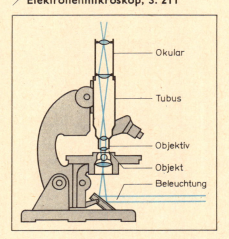
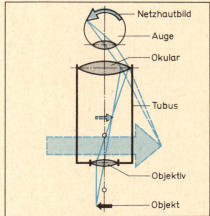

## 10.2. Wellenoptik

**Wellenoptik**

Teilgebiet der Physik, in dem optische Erscheinungen und Vorgänge mit Hilfe des Wellenmodells des Lichtes beschrieben werden.
↗ Photonenmodell, S. 87

**Lichtwelle**

Modell zur Darstellung der Lichtausbreitung.
**Licht** hat den Charakter von elektromagnetischen Wellen bestimmter Frequenzen.
↗ Elektromagnetisches Spektrum, S. 90

| Erscheinungsform der Welle | Lichtquelle | Anwendungsbeispiel |
|---|---|---|
| **Infrarotes Licht** | Infrarotstrahler | Fotografie, Wärmestrahler, Medizin, Militärtechnik |
| **Sichtbares Licht** | Natürliche und künstliche Lichtquellen | Beleuchtung, Signaltechnik |
| **Ultraviolettes Licht** | Bogenlampe, Quecksilberdampflampe | Medizin, Kriminaltechnik |
| **Röntgenlicht** | Röntgenröhre | Medizin, Werkstoffprüfung |

## 10/2

**Energie des Lichtes**

> Licht breitet sich in Form von Wellen aus. Bei der Lichtausbreitung wird Energie übertragen, jedoch kein Stoff transportiert.

■ Vorgänge bei der Fotosynthese und im Fotoelement sind Energieübertragungs- und -umwandlungsprozesse.

**Lichtgeschwindigkeit c**

Geschwindigkeit, mit der sich eine Phase einer Lichtwelle im Raum ausbreitet. Sie ist abhängig von dem Medium, in dem die Ausbreitung erfolgt.

$$c = \lambda \cdot f$$

$c$: Lichtgeschwindigkeit
$\lambda$: Wellenlänge des Lichtes im betreffenden Medium
$f$: Frequenz des Lichtes

Von zwei lichtdurchlässigen Medien nennt man dasjenige *optisch dünner*, in dem das Licht die größere Geschwindigkeit hat.
↗ Brechzahl, S. 252, Phase, S. 160

*Lichtgeschwindigkeit in verschiedenen Medien*

| Medium | $c$ in km·s$^{-1}$ | Medium | $c$ in km·s$^{-1}$ |
|---|---|---|---|
| Vakuum | 299 792 | Kronglas | 197 180 |
| Luft | 299 711 | Flintglas | 185 160 |
| Wasser | 225 350 | Diamant | 121 340 |
| Alkohol | 220 380 | | |

**Wellenlänge $\lambda$ und Frequenz $f$ des Lichtes**

| | Wellenlänge $\lambda$ in nm (im Vakuum) | Frequenz $f$ in Hz |
|---|---|---|
| Infrarotes Licht | 400 000 bis 770 | $7{,}5 \cdot 10^{11}$ bis $3{,}9 \cdot 10^{14}$ |
| Sichtbares Licht | 770 bis 390 | $3{,}9 \cdot 10^{14}$ bis $7{,}7 \cdot 10^{14}$ |
| Ultraviolettes Licht | 390 bis 10 | $7{,}7 \cdot 10^{14}$ bis $3 \cdot 10^{16}$ |
| Röntgenstrahlen | 10 bis 0,01 | $3 \cdot 10^{16}$ bis $3 \cdot 10^{19}$ |

Die Wellenlänge ist von dem Medium abhängig, in dem sich das Licht ausbreitet. Die Frequenz ist vom Medium unabhängig.
↗ Spektralfarben, S. 267

## Reflexion, Brechung und Beugung von Lichtwellen

| | Reflexion | Brechung | Beugung |
|---|---|---|---|
| Erscheinung | Zurückwerfen einer Lichtwelle, wenn sie auf die Grenze zweier Medien trifft. | Richtungsänderung der Lichtwelle, wenn sie von einem Medium in ein anderes übertritt. | Richtungsänderung einer Lichtwelle, wenn sie auf Kanten oder schmale Spalte trifft. |
| Anwendung des Huygensschen Prinzips (↗ S. 76) | | | |

## Interferenz

Überlagerung zweier oder mehrerer Wellen, die zur Verstärkung oder Schwächung der Wellen im Überlagerungsgebiet führt. Voraussetzung für das Entstehen von Interferenzbildern sind **kohärente Lichtbündel**, die eine Weglängendifferenz $\Delta\lambda$ aufweisen.

**Weglängendifferenz** $\Delta\lambda$. Differenz der Lichtwege zweier Wellenzüge. Sie wird in Vielfachen der Wellenlänge ausgedrückt.
Helligkeit, wenn $\Delta\lambda = k \cdot \lambda$ ($k = 0, 1, 2, \ldots$);
Dunkelheit, wenn $\Delta\lambda = \dfrac{2k+1}{2} \cdot \lambda$ ($k = 0, 1, 2, \ldots$).

**Kohärentes Licht.** Wellenzüge heißen **kohärent**, wenn ihre Weglängendifferenz nur vom Ort, nicht aber von der Zeit abhängt. Kohärentes Licht kann durch Aufspalten von Licht einer nahezu punktförmigen Lichtquelle in mehrere Wellenzüge gewonnen werden.

## 10/2

### Arten der Interferenz

| Interferenz durch **Reflexion** | Interferenz durch **Brechung** | Interferenz durch **Beugung** |
|---|---|---|
| (Spiegel 1, Spiegel 2, $L_1'$, $L_2'$, L, h d h d h) | (Prisma, $L_1'$, L, $L_2'$, h d h d h) | ($\lambda/2$, $\lambda$, h d h d h) |
| Oberflächenvergütung von Linsen | Dickenmessung | Gitterspektrometer |

**Interferenz durch Beugung am Doppelspalt**

Interferenz tritt an einem Doppelspalt auf, wenn dessen Spaltabstand $b$ größer als die Wellenlänge $\lambda$ des Lichtes, aber klein gegen den Abstand $e$ zum Schirm ist.

**Interferenzmaximum:**

$$\frac{n \cdot \lambda}{b} = \frac{s_n}{e_n}$$

für $n = 0, \pm 1, \pm 2, \ldots$

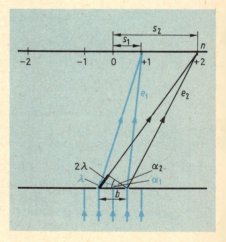

$\lambda$: Wellenlänge des Lichtes
$b$: Spaltabstand
$s$: Abstand des Maximums vom Maximum 0. Ordnung
$e$: Abstand des Maximums vom Doppelspalt

**Wellenlänge des Lichtes**

$$\lambda = \frac{s_n \cdot b}{e_n}$$

$$\lambda = b \cdot \sin \alpha_1$$

- Spektrometer

## Interferenz durch Beugung am Gitter

Überlagerung von Lichtwellen, die durch die Spalte eines Gitters gebeugt werden.

Gitter enthalten viele Spalte (bis zu 2000 auf 1 mm). Der Abstand *b* zweier Spalte wird **Gitterkonstante** genannt. Je kleiner die Gitterkonstante ist, desto größer ist der Winkelabstand der Interferenzmaxima.
↗ Gitterspektrum, S. 265

Beugungsfiguren hinter einem Gitter mit 2, 4 und mehr Spalten

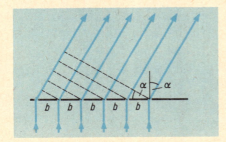

Beugung am Gitter

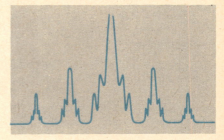

Energieverteilung an einem Gitter mit 6 Spalten

## Interferenz durch Reflexion und Brechung an planparallelen Platten und Keilplatten

Überlagerung von Lichtwellen, die nach Reflexion an zwei verschiedenen Grenzflächen einen Gangunterschied durch den geometrischen Wegunterschied der beiden Wellenzüge, durch die Veränderung der Wellenlänge im vom Licht durchdrungenen Medium und durch den Phasensprung bei der Reflexion besitzen.

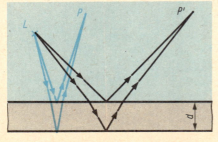

Interferenz an einer planparallelen Platte

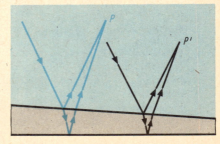

Interferenz an einer Keilplatte

# 10/2

Das Entstehen von Interferenzmaxima bzw. -minima hängt von der Dicke $d$ der Platte, dem Einfallswinkel $\alpha$ des Lichtes und von der Brechzahl $n$ des Stoffes ab, aus dem die Platte besteht.

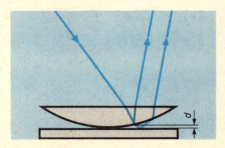

Die Interferenzen entstehen im Luftspalt zwischen Linse und Platte

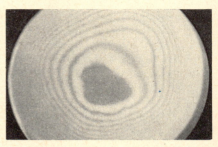

Prüfen der Güte einer Linse durch Newtonsche Ringe

■ Interferenzfilter, Oberflächenvergütung von Linsen, Prüfverfahren durch Newtonsche Ringe.

## Röntgenwellen

Elektromagnetische Wellen, die beim Auftreffen energiereicher Elektronen auf Metallflächen entstehen. Da die Elektronen beim Auftreffen stark gebremst werden, spricht man von **Röntgenbremsstrahlung**.
↗ elektromagnetisches Spektrum, S. 79

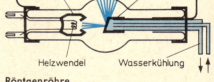

Röntgenröhre

**Eigenschaften.** Röntgenwellen
– sind nicht sichtbar,
– durchdringen Körper,
– ionisieren Stoffe,
– werden gebeugt.
Die Durchdringungsfähigkeit (Härte) der Röntgenwellen ist direkt proportional der Röhrenspannung.

**Anwendung.** Röntgenwellen dienen
– der medizinischen Diagnostik,
– der medizinischen Therapie,
– der Untersuchung der Struktur von Stoffen,
– der Analyse chemischer Zusammensetzung von Stoffen.

### Beugung von Röntgenwellen

Erscheinung hinter durchleuchteten Kristallen, die den Wellencharakter bestätigt. Die Beugung erfolgt an den Atomen oder Ionen, die weitgehend regelmäßig im Kristall angeordnet sind. Röntgenwellenbeugung dient der Untersuchung des atomaren Aufbaus von Stoffen.

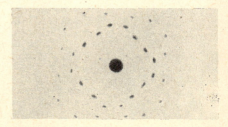

Laue-Diagramm

*Energieumwandlung durch Röntgenwellen*

| Energieart vor der Umwandlung | Erscheinung bei der Umwandlung | Energieart nach der Umwandlung |
|---|---|---|
| Elektromagnetische Energie (Energie der Röntgenwellen) | Leuchten eines Röntgenschirms | Lichtenergie |
| | Ionisation in Gasen | Kinetische Energie |
| | Schwärzen von Fotopapier Verändern organischer Zellen | Chemische Energie |

## Spektrale Zerlegung des Lichtes

Weißes Licht (Sonnenlicht) besteht aus einer lückenlosen Folge verschiedener elektromagnetischer Wellen unterschiedlicher Frequenz.
↗ Photonenmodell des Lichtes, S. 87.
Die Zerlegung des weißen Lichtes erfolgt durch Brechung oder Beugung.

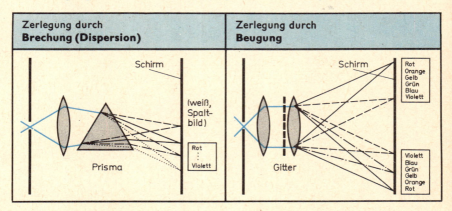

## Spektren

Lichtfarbband, das nach Zerlegung weißen Lichtes auf einem Schirm abgebildet wird.

**Dispersionsspektrum** (Prismenspektrum). Farbband, das durch ein *Prisma* infolge Brechung entsteht. Infolge unterschiedlicher Brechzahlen für die einzelnen Anteile des weißen Lichtes in Stoffen werden sie verschieden stark gebrochen.

■ Blaues Licht wird stärker gebrochen als rotes.        ↗ Spektren, S. 90

**Beugungsspektrum** (Gitterspektrum). Farbband, das durch ein *Gitter* infolge Beugung entsteht. Infolge unterschiedlicher Wellenlängen der einzelnen Anteile des weißen Lichtes entstehen die Interferenzmaxima bei verschiedenen Beugungswinkeln.

Rotes Licht wird stärker gebeugt als blaues.

## 10/2
**Arten der Spektren**

| Einteilung | Bezeichnung des Spektrums | Merkmale |
|---|---|---|
| Nach Art der Zerlegung | **Dispersionsspektrum** (Prismenspektrum) | Tritt nur einfach auf; rotes Licht wird am wenigsten gebrochen; die Verteilung der Wellenlängen ist nicht linear. |
| | **Beugungsspektrum** (Gitterspektrum) | Tritt paarweise in mehreren Ordnungen auf, rotes Licht wird am stärksten gebeugt; die Verteilung der Wellenlängen ist fast linear |
| Nach dem Erscheinungsbild des Spektrums | **Kontinuierliches Spektrum** | Es ist ein lückenloses Farbband |
| | **Diskontinuierliches Spektrum** | |
| | Linienspektrum | Es besteht aus einzelnen, scheinbar unregelmäßig angeordneten Linien |
| | Bandenspektrum | Es besteht aus einer Vielzahl von Linien, die in Gruppen angeordnet sind. |
| Nach der Art, wie der das Spektrum erzeugende Stoff wirkt | **Emissionsspektrum** | Entsteht, wenn der betreffende Stoff Licht aussendet. |
| | **Absorptionsspektrum** | Entsteht, wenn der betreffende Stoff aus weißem Licht einzelne Anteile absorbiert (dunkle Linien im kontinuierlichen Spektrum). |

## Spektralfarben

Farben, die durch Zerlegung weißen Lichtes mittels Prisma oder Gitter entstehen.

| Farbe | Infrarot | Rot | Orange | Gelb | Grün | Blau | Indigo | Violett | Ultraviolett |
|---|---|---|---|---|---|---|---|---|---|
| Wellenlänge im Vakuum in $10^2$ nm | 4 000 bis 7,7 | 7,7 bis 6,7 | 6,7 bis 6,0 | 6,0 bis 5,7 | 5,7 bis 4,9 | 4,9 bis 4,6 | 4,6 bis 4,3 | 4,3 bis 3,9 | 3,9 bis 0,1 |
| Frequenz in $10^{14}$ Hz | 0,007 bis 3,9 | 3,9 bis 4,5 | 4,5 bis 5,0 | 5,0 bis 5,3 | 5,3 bis 6,1 | 6,1 bis 6,5 | 6,5 bis 7,0 | 7,0 bis 7,7 | 7,7 bis 300 |

## Spektralanalyse

Verfahren, mit dem aus dem Spektrum die qualitative (Art der Bestandteile) und quantitative (mengenmäßiger Anteil der Bestandteile; Massen bis zu $10^{-7}$ g) Zusammensetzung fester, flüssiger und gasförmiger Stoffe ermittelt wird. Die Spektralanalyse beruht auf der Tatsache, daß jeder Stoff im gasförmigen Aggregatzustand ein für ihn charakteristisches Spektrum besitzt. Es können Emissions- und Absorptionsspektren untersucht werden. Im einfachsten Falle wird der Stoff durch Einbringen in eine Flamme zum Lichtaussenden angeregt. Die Erzeugung des Spektrums erfolgt im Spektrometer.

### Anwendung der Spektralanalyse

| Besonderheiten im Spektrum | Schlußfolgerungen | Anwendungsbereiche |
|---|---|---|
| Lage der Linien | Bestimmung der Art bzw. der Zusammensetzung der Stoffe | chemische Forschung chemische Industrie Medizin |
| Intensität der Linien | Bestimmung des mengenmäßigen Anteils der Stoffe | Landwirtschaft Astronomie |
| Verschiebung der Linien | Relativbewegung zwischen Lichtquelle und Spektrometer | Astronomie |
| Verbreiterung der Linien | hoher Gasdruck bzw. hohe Gastemperatur | physikalische Forschung, Astronomie |

**Spektrometer.** Gerät zur spektralen Zerlegung einer Strahlung durch ein Prisma oder ein Gitter.

## ➡ 10/2

**Körperfarben**

Farben, die entstehen, wenn ein Körper, der mit weißem Licht beleuchtet wird, Teile des Lichtes absorbiert und den restlichen Teil reflektiert.

■ Körper erscheint

— weiß, wenn er weißes Licht vollständig reflektiert;
— schwarz, wenn er alles Licht absorbiert;
— rot, wenn er rotes Licht reflektiert und alles andersfarbige Licht absorbiert.

**Farbmischungen**

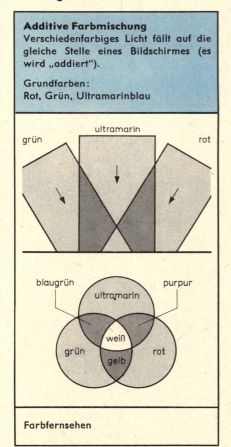

Farbfernsehen

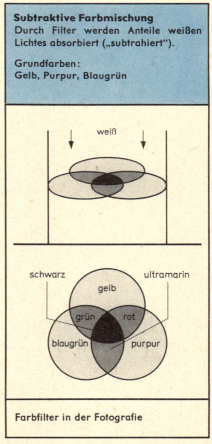

Farbfilter in der Fotografie

Die Vereinigung aller Spektralfarben ergibt Weiß.

Filtert man aus weißem Licht eine einzelne Spektralfarbe aus, so entsteht aus den restlichen Spektralfarben eine Mischfarbe.

## Komplementärfarben

Farbpaare, die durch additive Farbmischung Weiß ergeben:

| rot | – blaugrün | grün | – purpurrot |
|---|---|---|---|
| orange | – eisblau | violett | – grüngelb |
| gelb | – ultramarinblau | | |

## Polarisation des Lichtes

Vorgang, bei der natürliches Licht, das aus vielen transversalen Wellenzügen besteht, einen **Polarisator** passiert. Es sind dann nur noch Wellenzüge vorhanden, die in einer Ebene schwingen. Dieses Licht heißt **linear polarisiert**.

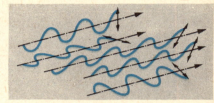

Schwingungsrichtungen bei natürlichem Licht

## Polarisation durch Reflexion und Brechung

Polarisation durch **Reflexion**

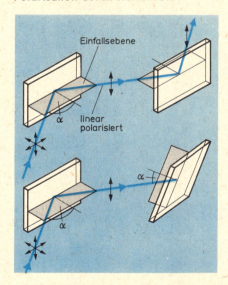

Wellenmechanisch erklärbarer Vorgang, der stattfindet, wenn Licht unter dem Brewsterschen Winkel $\alpha_p$ (Polarisationswinkel) auf eine Glasplatte fällt. Das reflektierte Licht schwingt dann nur noch senkrecht zur Einfallsebene.

Polarisation durch **Brechung**

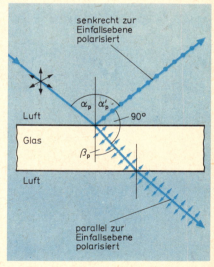

Wellenmechanisch erklärbarer Vorgang, der stattfindet, wenn die Wellennormalen des reflektierten und gebrochenen Lichtes einen rechten Winkel bilden. Das gebrochene Lichtbündel besteht dann aus polarisiertem Licht, das in der Einfallsebene schwingt.

# 10/2

**Brewstersches Gesetz**

| Der reflektierte Strahl ist vollständig polarisiert, wenn die Summe aus Polarisationswinkel $\alpha_p$ und Brechungswinkel $\beta_p$ gleich 90° ist. | $\alpha_p + \beta_p = 90°$ |

Da diese Bedingungen von der Art des Stoffes und damit von der Brechzahl $n$ abhängig ist, gilt:

| Reflektierter und gebrochener Strahl sind senkrecht zueinander polarisiert, wenn der Tangens des Polarisationswinkels $\alpha_p$ gleich der Brechzahl $n$ ist. | $\tan \alpha_p = n$ |

## Doppelbrechung

Erscheinung, die darauf beruht, daß sich das Licht im Kristall in Abhängigkeit von der Richtung mit unterschiedlicher Geschwindigkeit ausbreitet, und die dazu führt, daß bei manchen Kristallen (z. B. Kalkspat) ein einfallender Strahl **doppelt gebrochen** wird. Die beiden gebrochenen Lichtstrahlen sind senkrecht zueinander polarisiert.

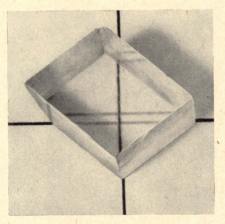 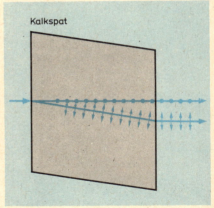

**Polarisationsfilter.** Folien, in die viele kleine Kristalle (z. B. Turmalin) eingebettet sind, die das Licht linear polarisieren. Die Ausrichtung der Kristalle erfolgt bei der Herstellung auf elektrischem Wege.

## Spannungsdoppelbrechung

Erscheinung, die sich zeigt, wenn in einem lichtdurchlässigen Körper mechanische Spannungen erzeugt werden und dabei die stark belasteten Gebiete doppeltbrechend werden.

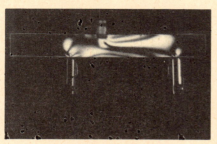 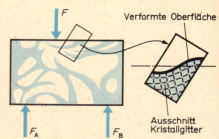

- Mechanische Spannungen können in mit polarisiertem Licht durchstrahlten Modellen von Maschinenelementen sichtbar gemacht werden. Je nach Belastung der einzelnen Gebiete des Körpers erscheinen diese hell oder dunkel bzw. farbig, wenn weißes polarisiertes Licht benutzt wird.

**Drehung der Schwingungsebene**

Eigenschaft mancher Stoffe, z. B. Quarz, Zucker in Lösung, die Schwingungsebene polarisierten Lichtes zu drehen. Solche Stoffe nennt man **optisch aktiv**. Der Drehwinkel hängt von der Art des Stoffes, von der vom Licht zu durchlaufenden Schichtdicke, bei Lösungen von der Konzentration und von der Wellenlänge des Lichtes ab.

- Konzentrationsbestimmung mittels Polarimeters (Zuckergehalt von Rüben, Harnuntersuchungen).

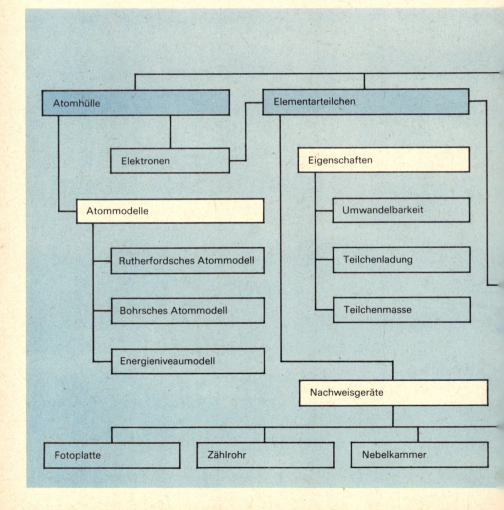

# Atom- und Kernphysik 11

Teilgebiet der Physik, in dem der Aufbau der Atome, deren Eigenschaften, die Vorgänge innerhalb der Atome und die Wechselwirkungen zwischen den Atomen beschrieben werden.

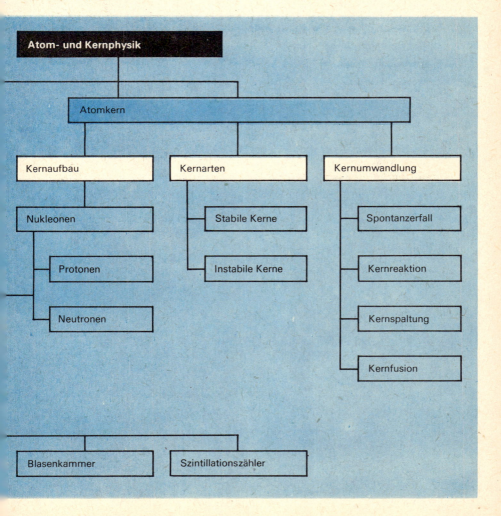

## 11.1. Elementarteilchen – Atombau

**Elementarteilchen**

Einfachste bisher bekannte Bausteine der Materie, die sich mit den gegenwärtig zur Verfügung stehenden Energien nicht in einfachere Gebilde zerlegen lassen. Sie wandeln sich unter Einfluß ihrer gegenseitigen Wechselwirkung und unter Berücksichtigung der Erhaltungssätze für Energie und Impuls sowie bei bestimmten Quantenzahlen ineinander um oder sie zerfallen in andere Elementarteilchen. Die mittlere Lebensdauer liegt zwischen $10^{-23}$ s und $\infty$ (stabile Elementarteilchen). Neben den Bestandteilen der Atome (Elektronen, Protonen, Neutronen) wurden inzwischen bei Kernumwandlungen und in der Höhenstrahlung mehr als 200 Elementarteilchen entdeckt. Man unterscheidet vier verschiedene Gruppen von Elementarteilchen, die Photonen, die Leptonen, die Mesonen und die Baryonen.
↗ Baryonen S. 275

**Eigenschaften der Elementarteilchen**

- können einen der drei Ladungswerte $-e$, $0$ und $+e$ haben;
- besitzen eine bestimmte Ruhmasse, die zwischen 0 und 25000 $m_e$ liegt;
- von ihnen wurden bisher keine Bruchstücke beobachtet;
- können sich weitgehend ineinander umwandeln (unter Einfluß ihrer Wechselwirkung und unter Gültigkeit der Erhaltungssätze für Energie, Impuls, Drehimpuls und bestimmte Quantenzahlen);
- zu jedem Elementarteilchen existiert ein Antiteilchen;
- Teilchen und zugeordnetes Antiteilchen unterscheiden sich im Vorzeichen der ladungsartigen Quantenzahlen und der Seltsamkeit (Fermionen zusätzlich in der Parität);
- tritt ein Teilchen der Ruhmasse $m_0$ mit seinem zugeordneten Antiteilchen in Wechselwirkung, dann annihilieren (zerstrahlen) sie unter Freisetzung der Energie $2\,m_0 \cdot c^2$.

### Übersicht über einige Elementarteilchen

| Gruppe | Bezeichnung | Symbol: Teilchen | $\dfrac{Q}{e}$ | $\dfrac{m_0}{m_e}$ | Zerfallsschema | Symbol: Antiteilchen |
|---|---|---|---|---|---|---|
| **Photonen** | Photon | $\gamma$ | 0 | 0 | stabil | $\gamma$ |
| **Leptonen** (leichte Teilchen) | Neutrino | $\nu$ | 0 | 0 | stabil | $\bar{\nu}$ |
|  | Elektron | $e^-$ | $-1$ | 1 | stabil | $e^+$ |

| Gruppe | Bezeich-nung | Symbol: Teilchen | $\frac{Q}{e}$ | $\frac{m_o}{m_e}$ | Zerfallsschema | Symbol: Anti-teilchen |
|---|---|---|---|---|---|---|
| **Mesonen** (mittel-schwere Teilchen) | π-Meson | $\pi^0$ $\pi^+$ | 0 +1 | 264 273 | $\pi^0 \to \begin{cases} \gamma + \gamma \\ e^+ + e^- + \gamma \end{cases}$ | $\bar{\pi}^0$ $\pi^-$ |
| | K-Meson | $K^+$ $K^0$ | +1 0 | 967 974 | $K^+ \to \begin{cases} \pi^+ + \pi^0 \\ \pi^+ + \pi^+ + \pi^- \end{cases}$ | $K^-$ $\bar{K}^0$ |
| **Baryonen** (schwere Teilchen) | Proton | p | +1 | 1836 | stabil | $\bar{p}$ |
| | Neutron | n | 0 | 1839 | $n \to p + e^- + \bar{\nu}$ | $\bar{n}$ |

## Elementarteilchen und ihre Wechselwirkung

### Paarzerstrahlung

Positron und Elektron vereinigen sich im Kernkraftfeld zu einem Zwillingspaar, das sich danach in zwei in entgegengesetzter Richtung auseinanderfliegende Gammaquanten gleicher Energie umwandelt (↗ S. 84)

$$e^+ + e^- \to 2\gamma$$

| Ruhenergie | Strahlung |
|---|---|
| $m_{e^+} = m_{e^-}$ | |

$2m_e \cdot c^2 = 2E_\gamma$
$m_e \cdot c^2 = E_\gamma$
$0{,}511 \text{ MeV} = E_\gamma$

Berechnung der Wellenlänge:

$$E_\gamma = h \cdot f = h \cdot \frac{c}{\lambda} = m_e \cdot c^2$$

$$\lambda = \frac{h}{m_e \cdot c}$$

$$\lambda = 2{,}43 \cdot 10^{-12} \text{ m}$$

wird im Kristall-Gammaspektrographen gemessen

### Paarbildung

Ein energiereiches Gammaquant ($E = 1{,}02$ MeV) wandelt sich im Kernkraftfeld in ein Positron-Elektron-Paar um, das die überschüssige Energie des Quants als kinetische Energie übernimmt. Aus Gründen der Impulserhaltung erfolgt die Paarbildung nur in Atomkernnähe

$$\gamma \to e^+ + e^-$$
$$E_\gamma = h \cdot f > 1{,}02 \text{ MeV}$$

Erreicht die Energie eines Quants 2 MeV, so kann im Kernkraftfeld auch die Paarbildung von Nukleonen und Antinukleonen einsetzen

Die Paarzerstrahlung ist eine Bestätigung dafür, daß auch Elementarteilchen nichts Unwandelbares und ewig Beständiges sind, sondern daß auch sie einer ständigen Veränderung unterliegen.

## ➡ 11 / 1

**Nachweis der Elementarteilchen**

| Nachweisgeräte für Elementarteilchen | | | | |
|---|---|---|---|---|
| **Kernspurplatte** (Fotoplatte) ↗ S. 276 | **Zählrohr, Ionisationskammer** ↗ S. 277 | **Nebelkammer** ↗ S. 277 | **Blasenkammer** ↗ S. 278 | **Spinthariskop, Szintillationszähler** ↗ S. 278 |
| **Vorgänge während der Wechselwirkung zwischen Elementarteilchen und Nachweisgerät** | | | | |
| Erzeugung chemischer Strukturveränderungen in besonders präparierten fotografischen Schichten | Erzeugung von Ionen in Gasen, in denen ein äußeres elektrisches Feld besteht | Erzeugung von Ionen in einem durch Dampf übersättigten Gas | Erzeugung von Ionen in einer überhitzten Flüssigkeit | Anregung von Atomen |
| **Äußere Erscheinung des Nachweises** | | | | |
| Spurenbildung, die bei einer Entwicklung der Platte als Schwärzung in Erscheinung tritt | Akustischer Nachweis der Entladungsstöße durch Lautsprecher und Verstärker | Bildung von Nebelspuren | Bildung von Blasenspuren (Dampfbläschen) | Erzeugung von Lichtblitzen auf einer Leuchtstoffträgerschicht |

### Kernspurplatte

Fotoplatte, die gegenüber üblichen fotografischen Schichten größere Schichtdicken, einen hohen Bromsilbergehalt und ein extrem feines Korn aufweist.

Schnell bewegte geladene Teilchen hinterlassen beim Durchdringen der fotografischen Schicht Spuren, die beim Entwickeln der Platte sichtbar werden.

Fotoplatte mit Elementarteilchenspuren, die durch die Neutralisierung der Silberatome entstanden sind

## Ionisationskammer

Gefäß (1), das mit Luft oder einem anderen Gas gefüllt ist, und in dem sich zwei gegeneinander isolierte Elektroden (2, 3) befinden, an die eine sehr hohe Gleichspannung (kV-Bereich) gelegt werden kann, so daß zwischen ihnen ein starkes elektrisches Feld besteht. Wenn ein ionisierendes Teilchen (Elementarteilchen) in die Ionisationskammer gelangt, dann werden in dem Füllgas Ionen erzeugt, die zu der ihrer Ladung entgegengesetzten Elektrode wandern.

In dem äußeren Stromkreis wird dadurch ein Stromfluß bewirkt, der an einem eingeschalteten Widerstand R auch als Spannungsstoß feststellbar ist. Diese Strom- und Spannungsstöße können verstärkt und dann gemessen oder gezählt werden.
↗ Elektrische Leitung in Gasen, S. 227

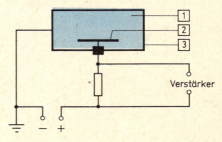

## Zählrohr

Gerät, das die durch einfallende Elementarteilchen mittels Stoßionisation erzeugte Ladungsträgerlawine in zählbare Stromimpulse umwandelt.
Eindringende geladene Teilchen (1) ionisieren eine bestimmte Anzahl der Atome des Füllgases. Die durch Ionisation entstandenen Elektronen und Ionen (2) werden im elektrischen Feld beschleunigt, besonders die Elektronen stoßen mit weiteren Gasatomen zusammen und ionisieren auch diese (↗ Stoßionisation, S. 232). Sie lösen damit eine Ladungsträgerlawine aus, die im Zählrohrkreis einen Stromstoß erzeugt. Der kurzzeitige Stromstoß ergibt am Außenwiderstand (3) des Zählrohres einen Spannungsstoß, der mittels des anschließenden Verstärkers als knackendes Geräusch hörbar gemacht werden kann.

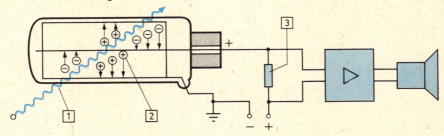

## Nebelkammer

Gerät zum Sichtbarmachen der Spuren elektrisch geladener Teilchen. In einem abgeschlossenen, zylinderförmigen Gefäß wird staubfreie Luft durch Wasserdampf und Ethanol nahezu gesättigt. Durch rasche adiabatische Ausdehnung (5) wird die Luft so weit abgekühlt, daß der Raum mit Dampf übersättigt ist. Eindringende geladene Teilchen (4) ionisieren das Gas längs ihrer Spur. An den

## 11/1

ionisierten Gasatomen (Kondensationskeime) setzen sich feine Wassertröpfchen (3) ab, die bei geeigneter Beleuchtung (1) beobachtet (2) und auch fotografiert werden können.

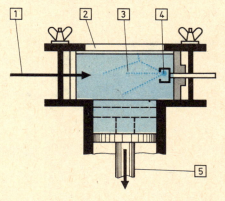

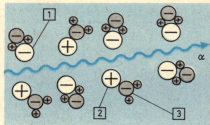

Nebelkammer
Ionen sind Kondensationskeime im Wasserdampf
1 negative Ionen, 2 positive Ionen
3 Wassermoleküle (Dipole)

## Blasenkammer

Mit einer überhitzten Flüssigkeit gefülltes Gefäß zum Sichtbarmachen der Bahnen elektrisch geladener Teilchen. Beim Durchgang schneller geladener Teilchen bilden sich an den Ionen Dampfbläschen, die als Teilchenspur fotografiert werden. Da die Teilchen in der überhitzten Flüssigkeit stärker gebremst werden, entstehen kürzere und für kleine Zeitintervalle besser auswertbare Teilchenspuren.

## Spinthariskop

Nachweisgerät für energiereiche geladene Teilchen (1), die beim Auftreffen auf einem Leuchtschirm (2) Lichtblitze auslösen, die beobachtet und gezählt werden können.

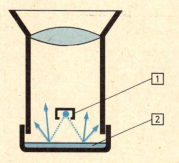

## Szintillationszähler

Detektor zum Nachweis von Elementarteilchen und Quanten der Kernstrahlung und zur Bestimmung ihrer Energie. Er besteht aus einem Szintillator (1) und einem Sekundärelektronenvervielfacher. Trifft z. B. ein Elementarteilchen auf den Szintillator (Leuchtstoffträger), so erzeugt es dort einen Lichtblitz, der über einen Lichtleiter (2) zur Photokatode (3) gelangt und dort ein Elektron auslöst. Dies wird durch eine angelegte Spannung nach $K_1$ hin beschleunigt und löst dort Sekundärelektronen aus, die wiederum nach $K_2$ beschleunigt werden.

Auf diese Weise wird die Elektronenanzahl von Stufe zu Stufe vermehrt (Sekundärelektronenvervielfacher). Solche Zähler haben eine extrem hohe Ansprechgeschwindigkeit. Es können noch zwei Teilchen oder Photonen getrennt registriert werden, wenn sie in Zeitintervallen von $10^{-9}$ Sekunden nacheinander einfallen.

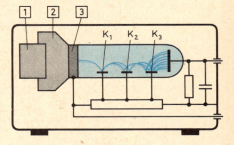

Neue Erkenntnisse über Elementarteilchen wurden mit Hilfe von Teilchenbeschleunigern (Zyklotron, Synchrozyklotron) gewonnen.

## Übersicht zum Atombau

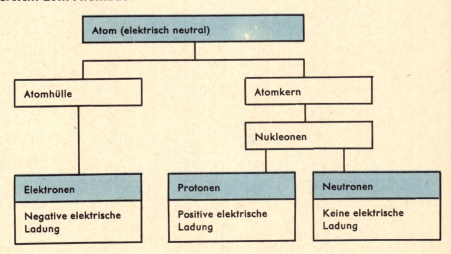

## Atome

Teilchen, aus denen die chemischen Elemente aufgebaut sind. Sie können durch chemische Reaktionen nicht zerlegt werden. Atome bestehen aus dem Atomkern und aus der Atomhülle.
Im Atom ist die Anzahl der Elektronen in der Atomhülle gleich der Anzahl der Protonen im Atomkern. Das Atom ist nach außen hin elektrisch neutral.

| Atomdurchmesser | $d_{Atom} \approx 10^{-10}$ m |
|---|---|

↗ Chemisches Element, Wiss Ch, S. 8

➡ **11/1**

### Atomhülle

(Modell der Räume größter Aufenthaltswahrscheinlichkeit der Elektronen).
Aus Schalen zusammengesetzte Hülle um den Atomkern, die alle zu einem Atom gehörenden Elektronen enthält, welche die Kernladung kompensieren.
↗ Außenelektronen, S. 280

### Elektronenschalen

Modell der Räume größter Aufenthaltswahrscheinlichkeit der Elektronen mit annähernd gleicher Energie der Elektronen. Jede Elektronenschale kann eine bestimmte maximale Anzahl von Elektronen aufnehmen. Allgemein gilt, daß die $n$-te Schale $2 \cdot n^2$ Elektronen aufnehmen kann.
↗ Energieniveaus des Atoms, S. 91, Wiss Ch, S. 32

### Außenelektronen

Elektronen in der Außenschale eines Atoms. Die Außenelektronen (auch Valenzelektronen) bestimmen weitgehend die chemischen Eigenschaften und die Reaktionsfähigkeit der Elemente.
↗ Valenzelektronen, Wiss Ch, S. 38

### Atomkern

Innerer Teil des Atoms, ist positiv geladen und vereinigt in sich fast die gesamte Masse des Atoms. Alle Atomkerne sind aus Nukleonen aufgebaut.

### Übersicht zum Atomkern

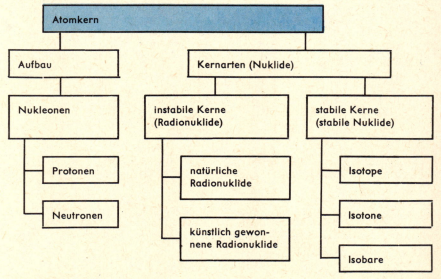

↗ Nuklide, S. 281

## Nukleonen

Teilchen, aus denen der Atomkern besteht: Proton und Neutron. Die Nukleonen werden durch Kernkräfte zusammengehalten.
↗ Übersicht zum Atombau, S. 279, Kernkräfte, S. 286

## Ordnungszahl Z

Zahl, die die Reihenfolge der Elemente im Periodensystem kennzeichnet (auch Kernladungszahl).
Für das elektrisch neutrale Atom gilt:

| Ordnungszahl | = | Kernladungszahl | = | Protonenanzahl | = | Elektronenanzahl |
|---|---|---|---|---|---|---|

## Massenzahl A

Summe aller Nukleonen eines Atomkerns. Die Massenzahl A entspricht der aufgerundeten relativen Atommasse $A_r$.

| Massenzahl A | $A = Z + N$ |
|---|---|

## Symbolschreibweise

Kennzeichnet den Atombau eines elektrisch neutralen Atoms.

| Massenzahl $A$<br>Kernladungszahl $Z$ Symbol des Elements | $^{7}_{3}Li$ |
|---|---|

$^{7}_{3}Li$  Massenzahl  $A = 7$
      Protonenanzahl  $Z = 3$
      Neutronenanzahl  $N = A - Z = 4$

## Nuklide

Atomarten mit gegebener Protonenanzahl und Massenzahl A sowie einer Lebensdauer $> 10^{-10}$ s.

| Isotope | Isotone | Isobare |
|---|---|---|
| Nuklide mit gleicher Protonenanzahl Z (↗ S. 281) | Nuklide mit gleicher Neutronenanzahl N | Nuklide mit gleicher Nukleonenanzahl A |
| $^{234}_{92}U$<br>$^{235}_{92}U$<br>$^{238}_{92}U$ | $^{13}_{6}C$<br>$^{14}_{7}N$ | $^{40}_{18}Ar$<br>$^{40}_{19}K$<br>$^{40}_{20}Ga$ |

### Atommasse $m_A$

Masse eines bestimmten Atoms.
Einheit: 1 kg

Wasserstoff $m_A$ (H) = $1{,}67 \cdot 10^{-27}$ kg
Kohlenstoff $m_A$ (C) = $19{,}9 \cdot 10^{-27}$ kg
Sauerstoff $m_A$ (O) = $26{,}6 \cdot 10^{-27}$ kg

### Relative Atommasse $A_r$

Quotient aus der Masse eines Atoms eines Elements und dem zwölften Teil der Atommasse des Kohlenstoffnuklids $^{12}_{6}C$.

| Relative Atommasse $A_r$ | $A_r = \dfrac{m_A}{\frac{1}{12} m_A (^{12}_{6}C)}$ |
|---|---|

Wasserstoffatom ($^{1}_{1}$H)   $A_r$ = 1,007 825
Kohlenstoffatom ($^{12}_{6}$C)   $A_r$ = 12,000 000
Sauerstoffatom ($^{16}_{8}$O)   $A_r$ = 15,994 915

Die meisten Elemente bestehen aus mehreren Isotopen.
↗ Isotope, S. 289

Chlor besteht zu 75,53 % aus dem Isotop $^{35}_{17}$Cl mit $A_r$ = 34,968 851 und zu 24,47 % aus dem Isotop $^{37}_{17}$Cl mit $A_r$ = 36,965 898.

Die relative Atommasse des Mischelements Cl:
$A_r = 34{,}968\,851 \cdot 0{,}755\,3 + 36{,}965\,898 \cdot 0{,}244\,7$
$A_r = 35{,}453$.

### Atomare Masseneinheit u

Zwölfter Teil der Masse des Kohlenstoffnuklids $^{12}_{6}C$.

| Atomare Masseneinheit | $1\,u = \dfrac{1}{12} m_A (^{12}_{6}C)$ <br> $1\,u = 1{,}660\,5655 \cdot 10^{-27}$ kg <br> $1\,kg = 0{,}602\,2044 \cdot 10^{27}\,u$ |
|---|---|
| Masse eines Atoms | $m_A = A_r \cdot 1u$ |

■ Wasserstoff: $A_r = 1{,}007\,825$
$m_A$ (H) = $1{,}007\,825 \cdot 1{,}660\,5655 \cdot 10^{-27}$ kg
$m_A$ (H) = $1{,}674 \cdot 10^{-27}$ kg

## Kernladung

Anzahl der Protonen im Atomkern.

| Kernladungszahl = Protonenanzahl = Ordnungszahl |
|---|

## Aufbau der Atomkerne einiger Elemente

| Teilchen bzw. Elemente | Symbol | Massenzahl $A$ | Protonenanzahl $Z$ | Neutronenanzahl $N$ | Kernmasse bzw. Teilchenmasse $m_{oK}$ | Schreibweise |
|---|---|---|---|---|---|---|
| Proton | p | 1 | 1 | 0 | 1,00728 u | $^1_1p$ |
| Neutron | n | 1 | 0 | 1 | 1,00867 u | $^1_0n$ |
| Helium | He | 4 | 2 | 2 | 4,00260 u | $^4_2He$ |
| Lithium | Li | 7 | 3 | 4 | 7,01601 u | $^7_3Li$ |
| Beryllium | Be | 9 | 4 | 5 | 9,01218 u | $^9_4Be$ |
| Bor | B | 10 | 5 | 5 | 10,01294 u | $^{10}_5B$ |
| Stickstoff | N | 14 | 7 | 7 | 14,00307 u | $^{14}_7N$ |
| Sauerstoff | O | 16 | 8 | 8 | 15,99492 u | $^{16}_8O$ |
| Natrium | Na | 23 | 11 | 12 | 22,98977 u | $^{23}_{11}Na$ |
| Phosphor | P | 31 | 15 | 16 | 30,97376 u | $^{31}_{15}P$ |
| Kobalt | Co | 59 | 27 | 32 | 58,93319 u | $^{59}_{27}Co$ |
| Nickel | Ni | 60 | 28 | 32 | 59,93078 u | $^{60}_{28}Ni$ |
| Blei | Pb | 208 | 82 | 126 | 207,97666 u | $^{208}_{82}Pb$ |
| Radium | Ra | 226 | 88 | 138 | 226,02554 u | $^{226}_{88}Ra$ |
| Uran | U | 238 | 92 | 146 | 238,05081 u | $^{238}_{92}U$ |

## Rutherfordsches Atommodell

Ersatzobjekt, das durch folgende Merkmale gekennzeichnet ist:

- Das Atom besteht aus Atomkern und Atomhülle.
- Der Atomkern ist positiv geladen und vereinigt in sich fast die gesamte Masse.
- Der Atomkern wird nach der Art eines Planetensystems von Elektronen umkreist.

- Die Größe des Atoms entspricht dem Radius der äußersten Umlaufbahn der Elektronen
- Die Gesamtheit der Elektronen bildet die Atomhülle, die mit ihrer negativen Ladung die Kernladung kompensiert.

↗ Modell, S. 25

**Leistungsfähigkeit und Grenzen des Rutherfordschen Atommodells**

| Übereinstimmung mit der Erfahrung | Widersprüche mit der Erfahrung |
|---|---|
| – Atome sind keine einfachen Kügelchen, sondern kompliziert zusammengesetzte Gebilde, die aus Atomkern und Atomhülle bestehen.<br>– Atommodell vermag alle experimentellen Befunde beim Durchgang von Beta- und Alphateilchen durch Metallfolien zu erklären. | – Atommodell ist mit der Existenz stabiler Atome nicht vereinbar. Nach den Gesetzen der klassischen Elektrodynamik stellt jedes auf einer kreisförmigen oder elliptischen Bahn sich bewegende Elektron einen schwingenden Dipol dar, der ständig Energie abstrahlt. Eine solche Energieabstrahlung wird aber bei nichtangeregten Atomen nicht beobachtet. |

**Das Bohrsche Atommodell**

Ersatzobjekt zur Erklärung der Existenz stabiler Atome, das durch folgende Postulate gekennzeichnet ist:
- Die Elektronen umlaufen den Atomkern nur auf einer bestimmten, diskreten Anzahl von Bahnen strahlungslos. Jede dieser Bahnen entspricht einer bestimmten Energie (diskrete Energiezustände) des Atoms.
- Bei Energieaufnahme bzw. Energieabgabe geht das Elektron von einem dieser diskreten Zustände zu einem Zustand höherer Energie bzw. niedrigerer Energie über. Die Energie des emittierten bzw. absorbierten Lichtquants entspricht der Energiedifferenz aus Anfangs- und Endzustand.

**Leistungsfähigkeit und Grenzen des Bohrschen Atommodells**

| Übereinstimmung mit der Erfahrung | Widersprüche mit der Erfahrung |
|---|---|
| – Die nach Modell möglichen Energiewerte und Frequenzen des Wasserstoffatoms und der wasserstoffähnlichen Ionen (z. B. $He^+$, $Li^{2+}$) stimmen mit experimentellen Ergebnissen überein.<br>– Bahnradius der Bahn ($n = 1$) des Wasserstoffatoms liegt in der Größenordnung des gaskinetisch bestimmten Atomradius. | – Postulate erscheinen als willkürliche Zusatzforderungen an ein aus der Mechanik unverändert übernommenes Teilchenbild. Für die Postulate kann keine zwingende Begründung gegeben werden.<br>– Das strahlungslose Umlaufen der Elektronen auf bestimmten Bahnen widerspricht den Gesetzen der Elektrodynamik. |

# 11/2

| Übereinstimmung mit der Erfahrung | Widersprüche mit der Erfahrung |
|---|---|
| – Nachweis der postulierten, diskreten Energieniveaus durch den Franck-Hertz-Versuch (↗ S. 322).<br>– Durch Berechnung der Energieniveaus des Wasserstoffatoms kann die Rydberg-Frequenz auf Naturkonstanten zurückgeführt werden. | – Modell versagt bei Mehrelektronensystemen (z. B. Helium).<br>– Zur Erklärung des vom Wasserstoffatom emittierten Linienspektrums ist in diesem Modell der Bahnbegriff notwendig. Dieser erweist sich infolge des Welle-Teilchen-Verhaltens von Mikroobjekten (↗ S. 96) und auf Grund der Heisenbergschen Unbestimmtheitsrelation als unbrauchbar.<br>– Für die Feinstruktur der Spektrallinien kann keine Erklärung gegeben werden |

↗ Wellenmechanisches Atommodell, Wiss Ch, S. 28
↗ Quanten, S. 84

## 11.2. Kernphysik

**Energietopfmodell**

Kernmodell zur Beschreibung der potentiellen Energie eines Nukleons als Funktion des Abstandes vom Kernmittelpunkt.

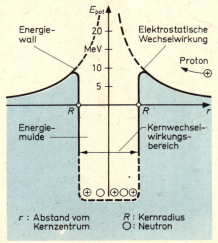

Energietopfmodell eines Protons

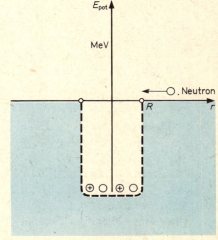

Energietopfmodell eines Neutrons

## 11/2

### Tröpfchenmodell

Kernmodell zur Beschreibung des Atomkerns als eine Ansammlung dicht aneinander gebundener, starrer und kugelförmiger Nukleonen, der in seinem Verhalten mit einem Flüssigkeitstropfen vergleichbar ist. Das Kernvolumen nimmt proportional der Nukleonenanzahl zu.

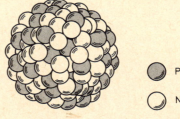

Tröpfchenmodell eines Atomkerns. Gleiches Volumen je Kernteilchen, starke Wechselwirkung nur mit den Nachbarteilchen

### Kernkräfte

Außerordentlich große, ladungsunabhängige, nur zwischen benachbarten Nukleonen wirkende Kräfte von geringer Reichweite ($R \approx 10^{-15}$ m). Sie bewirken eine sehr starke Bindung der Nukleonen im Kern und unterscheiden sich grundsätzlich von elektrostatischen und Gravitationskräften:
($F_{Kern} : F_{Gravitation} = 1 : 10^{-40}$).

### Kernradius $R$

Wirkungsbereich der Kernkräfte.

| Kernradius | $R = R_0 \cdot \sqrt[3]{A}$ <br> $R_0 \approx 1{,}4 \cdot 10^{-15}$ m |
|---|---|

### Kernmasse $m_{oK}$

experimentell bestimmbare Masse eines Atomkerns.
Die Masse eines Atomkerns ist stets kleiner als die Summe der Massen seiner Bausteine (↗ Massedefekt).

$$m_{oK} < Z \cdot m_{op} + N \cdot m_{on}$$

$Z$ : Protonenanzahl
$m_{op}$ : Masse eines Protons
$N$ : Neutronenanzahl
$m_{on}$ : Masse eines Neutrons

### Massedefekt $\Delta m_o$

$$\Delta m_o = (Z \cdot m_{op} + N \cdot m_{on}) - m_{oK}$$

$Z$ : Protonenanzahl
$m_{op}$ : Masse eines Protons
$N$ : Neutronenanzahl
$m_{on}$ : Masse eines Neutrons
$m_{oK}$ : Kernmasse

Der Massedefekt $\Delta m_o$ ist gleich der Differenz aus der Summe der Massen aller Nukleonen eines Kerns und der experimentell bestimmten Masse $m_{oK}$ eines entsprechenden Atomkerns.

## Kernbindungsenergie $E_B$

Energie, die man aufwenden muß, um den Atomkern in einzelne Nukleonen zu zerlegen. Dieselbe Energie wird frei, wenn der Kern aus den einzelnen Nukleonen zusammengefügt wird. Der Betrag der freiwerdenden Energie $E_B$ ist ein Maß für die Stabilität des gebildeten Kerns.

Die Kernbindungsenergie $E_B$ entspricht der dem Kernmassedefekt $\Delta m_0$ äquivalenten Energie.

↗ spezielle Relativitätstheorie, S. 80.

$$E_B = \Delta m_0 \cdot c^2$$
$$E_B = [(Z \cdot m_{op} + N \cdot m_{on}) - m_{oK}] \cdot c^2$$

$\Delta m_0$ : Kernmassedefekt
$c$ : Lichtgeschwindigkeit
$m_{oK}$ : Kernmasse

Dem Kernmassedefekt von 1 u ist die Energie 931,50 MeV äquivalent.

**1 u · c² = 931,50 MeV**

Die Kernbindungsenergie ist für stabile Kerne aus den Massedefekten und der Einsteinschen Gleichung bestimmbar.

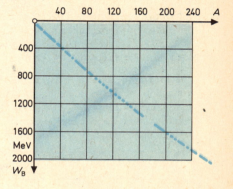

Kernbindungsenergie in Abhängigkeit von der Massenzahl

## Kernbindungsenergie je Nukleon

Energie, die für alle Kernarten unterschiedlich ist. Da bei mittelschweren Atomkernen (Eisen) die Bindungsenergie je Nukleon am größten ist, wird sowohl beim Aufbau mittelschwerer Kerne aus leichten als auch bei der Spaltung schwerer Kerne Energie frei.

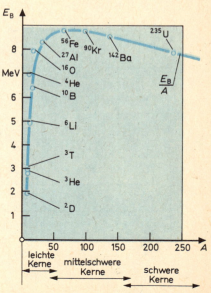

Kernbindungsenergie je Nukleon in Abhängigkeit von der Massenzahl

## Stabile Atomkerne (stabile Nuklide)

Atomkerne, die sich nicht spontan umwandeln. Sie werden maßgeblich von der Anzahl der Nukleonen, dem Protonen-Neutronen-Verhältnis und dem Betrag der Kernbindungsenergie je Nukleon bestimmt. Zur Zeit sind etwa 270 stabile Nuklide bekannt.

## Instabile Atomkerne (Radionuklide)

Kerne, die solange ohne äußeren Anlaß und unabhängig von mechanischer, thermischer oder anderer Beeinflussung durch Energieabgabe in Form von radioaktiver Strahlung mehr oder weniger schnell zerfallen, bis ein stabiler Atomkern erreicht ist. Zur Zeit sind etwa 1300 Radionuklide bekannt.

**Natürliche Radionuklide.** In der Natur vorkommende instabile Nuklide.

**Künstliche Radionuklide.** Instabile Kerne, die durch Kernreaktionen entstehen. (↗ Kernreaktion, S. 290)

## Radioaktive Zerfallsreihen (radioaktive Familien)

Zuordnung der im natürlichen Uran oder Thorium vorkommenden Radionuklide zu einzelnen Folgen radioaktiver Zerfallsprodukte, die infolge des Spontanzerfalls (↗ S. 290) entstehen. Es gibt drei natürliche radioaktive Zerfallsreihen, die mit bestimmten langlebigen Nukliden beginnen und mit stabilen Bleiisotopen enden.

| Zerfallsreihe | Ausgangsnuklid | Endnuklid |
|---|---|---|
| Uran – Radium | $^{238}_{92}U$ | $^{206}_{82}Pb$ |
| Uran – Aktinium | $^{235}_{92}U$ | $^{207}_{82}Pb$ |
| Thorium | $^{232}_{90}Th$ | $^{208}_{82}Pb$ |

Außerhalb dieser Zerfallsreihen kommen in der Natur noch weitere Radionuklide vor, die eine besonders große Halbwertszeit besitzen.

| Radionuklid | Zerfallsart | Halbwertszeit | Radionuklid | Zerfallsart | Halbwertszeit |
|---|---|---|---|---|---|
| $^{40}_{19}K$ | $\beta^-$ | $1{,}28 \cdot 10^9$ a | $^{180}_{73}Ta$ | $\beta^+$ | $2 \cdot 10^{13}$ a |
| $^{87}_{37}Rb$ | $\beta^-$ | $5 \cdot 10^{10}$ a | $^{187}_{75}Re$ | $\beta^-$ | $5 \cdot 10^{10}$ a |
| $^{115}_{49}In$ | $\beta^-$ | $6 \cdot 10^{14}$ a | $^{190}_{78}Pt$ | $\alpha$ | $6 \cdot 10^{11}$ a |
| $^{142}_{58}Ce$ | $\alpha$ | $5 \cdot 10^{15}$ a | $^{204}_{82}Pb$ | $\alpha$ | $1{,}4 \cdot 10^{17}$ a |
| $^{144}_{60}Nd$ | $\alpha$ | $5 \cdot 10^{15}$ a | $^{209}_{83}Bi$ | $\alpha$ | $2 \cdot 10^{17}$ a |

## Isotope

Nuklide, deren Kerne gleich viele Protonen, aber unterschiedlich viele Neutronen enthalten und damit verschiedene Massen haben. Isotope weisen gleiche chemische, aber unterschiedliche physikalische Eigenschaften (z. B. Kernmasse, Wärmeleitfähigkeit, Diffusionsgeschwindigkeit usw.) auf.

## Isotopentrennung

Verfahren zur Trennung bzw. Anreicherung eines Isotopengemisches von Nukliden mit gleicher Protonenanzahl auf der Grundlage unterschiedlicher physikalischer Eigenschaften (z. B. Kernmasse, Diffusionsgeschwindigkeit, Wärmeleitfähigkeit usw.).

## Massenspektrographische Isotopentrennung

Verfahren zur genauen Massebestimmung von Nukliden und zur Trennung von Isotopen eines chemischen Elements im gasförmigen und ionisierten Zustand mit dem Massenspektrograph. Das Wirkungsprinzip des Massenspektrographen beruht auf der unterschiedlich starken Ablenkung von Ionen unterschiedlicher Masse in elektrischen und magnetischen Feldern.

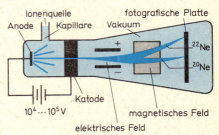

Schematische Darstellung eines Massenspektrographen

## Stufendiffusion

Entmischung (Trennung) von Isotopen aufgrund der unterschiedlichen Diffusionsgeschwindigkeit von Nukliden unterschiedlicher Masse durch feinporige Membranen.

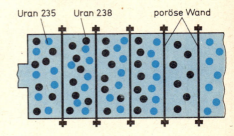

Schematische Darstellung einer Stufendiffusion

## Thermodiffusion

Effekt, der dadurch entsteht, daß in einem gasförmigen Isotopengemisch, in dem ein Temperaturgefälle besteht, Nuklide mit der größeren Masse in Richtung der tieferen Temperatur und die Nuklide mit der kleineren Masse in die entgegengesetzte Richtung diffundieren.

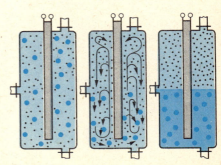

Thermodiffusionsanlage

## 11 / 2

### Zentrifugieren

Trennung eines Isotopengemisches mit der Ultrazentrifuge bei extrem hohen Drehzahlen (bis $10^7$ min$^{-1}$), wobei sich die schwereren Isotope am äußeren, die leichteren Isotope am inneren Radius ansammeln und von da getrennt abgezogen werden können.

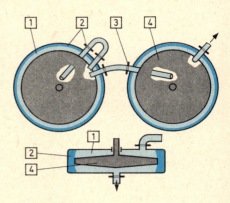

Schnitt durch eine Gaszentrifuge
1 – Gasgemisch U-235 und U-238,
2 – mit U-238 angereichertes Gemisch,
3 – mit U-235 angereichertes Gemisch,
4 – Rotor

### Kernumwandlung

Vorgang, der in Form einer Kernreaktion, eines spontanen Zerfalls, einer spontanen bzw. induzierten Kernspaltung oder durch eine Kernfusion ablaufen kann.

| Bezeichnung der Kernumwandlung | Voraussetzung der Kernumwandlung | Folge der Kernumwandlung |
|---|---|---|
| **Spontanzerfall** $^{226}_{88}Ra \rightarrow {}^{222}_{86}Rn + {}^{4}_{2}\alpha$ | Instabilität der Atomkerne durch anomales Protonen-Neutronen-Verhältnis oder infolge zu großer innerer Energie | Emission von Teilchen oder Gammastrahlung, bis stabile Kerne entstehen |
| **Kernreaktion** ${}^{4}_{2}\alpha + {}^{14}_{7}N \rightarrow {}^{17}_{8}O + {}^{1}_{1}H$ | Stoß eines Atomkerns mit einem anderen Atomkern bzw. Elementarteilchen bzw. Gammaquant | Stabile und instabile Kerne entstehen. Instabile Kerne zerfallen spontan unter Emission von Teilchen oder Gammastrahlung in stabile Kerne |
| **Kernspaltung** ${}^{1}_{0}n + {}^{235}_{92}U \rightarrow {}^{142}_{56}Ba + {}^{91}_{36}Kr + 3\,{}^{1}_{0}n + \gamma\text{-Strahlung}$ | Auftreffen von Neutronen auf spaltbare Kerne | Instabile ${}^{236}_{92}U$-Kerne spalten sich in zwei fast gleich große Kerne unter Emission einiger Neutronen |

| Bezeichnung der Kernumwandlung | Voraussetzung der Kernumwandlung | Folge der Kernumwandlung |
|---|---|---|
| **Kernfusion** | Verschmelzen leichter Atomkerne zu schwereren bei hohen Temperaturen | Aufbau schwererer Atomkerne |

## Spontanzerfall

Eigenschaft einer Reihe von Nukliden, sich ohne jede äußere Einwirkung unter Aussendung einer charakteristischen Strahlung (radioaktive Strahlung) umzuwandeln. Man bezeichnet diesen Vorgang als Radioaktivität.

| Art | Darstellung mit Elementsymbol | Beispiel |
|---|---|---|
| **Zerfall mit α-Emission** | $^A_Z X \rightarrow {}^{A-4}_{Z-2} X + {}^4_2 \alpha$ | $^{226}_{88} Ra \rightarrow {}^{222}_{86} Rn + {}^4_2 \alpha$ <br> $226 = 222 + 4$ <br> $88 = 86 + 2$ |
| **Zerfall mit $\beta^-$-Emission** | $^A_Z X \rightarrow {}^{A}_{Z+1} X + {}^{0}_{-1} e$ | $^{214}_{82} Pb \rightarrow {}^{214}_{83} Bi + {}^{0}_{-1} e$ <br> $214 = 214 + 0$ <br> $82 = 83 + (-1)$ |
| **Zerfall mit $\beta^+$-Emission** | $^A_Z X \rightarrow {}^{A}_{Z-1} X + {}^{0}_{+1} e$ | $^{30}_{15} P \rightarrow {}^{30}_{14} Si + {}^{0}_{+1} e$ <br> $30 = 30 + 0$ <br> $15 = 14 + (+1)$ |
| **$\gamma$-Strahlung** <br> $X^*$: angeregter Atomkern | $^A_Z X^* \rightarrow {}^{A}_{Z} X + \gamma$ | $^{208}_{82} Pb^* \rightarrow {}^{208}_{82} Pb + \gamma$ |

Bei allen diesen Umwandlungen gelten die Erhaltungssätze für physikalische Größen (Ladung, Energie, Masse-Energie-Äquivalenz, Impuls, Drehimpuls). ↗ Erhaltungssätze, S. 56

## Radioaktive Strahlung

Bei der Umwandlung von Radionukliden (↗ S. 287) auftretende charakteristische Strahlung. Man unterscheidet Alpha-, Beta- und Gammastrahlung (↗ S. 292).

## ➡ 11/2

**Arten der radioaktiven Strahlung**

| Alphastrahlung | Betastrahlung | Positronstrahlung | Gammastrahlung |
|---|---|---|---|
| $^{4}_{2}$He oder $\alpha$ | $^{0}_{-1}$e oder $\beta^-$ | $^{0}_{+1}$e oder $\beta^+$ | $\gamma$ |
| Zweifach positiv geladene Heliumkerne | Elektronen | Positronen | Energiereiche elektromagnetische Strahlung, die als Begleiterscheinung bei Kernumwandlungen auftritt |
| Ablenkung durch magnetische und elektrische Felder ||| Weder elektrisch noch magnetisch ablenkbar |

$D_\alpha$  $D_\beta$  Durchdringungsvermögen  $D_\gamma$

Näherungsweise gilt für diese Strahlenarten bei gleicher Energie für das Durchdringungsvermögen $D$:
$D_\alpha : D_\beta : D_\gamma = 1 : 100 \cdot 10\,000$

$I_\alpha$  Ionisationsvermögen $I_\beta$  $I_\gamma$

Näherungsweise gilt für diese Strahlenarten bei gleicher Energie für das Ionisierungsvermögen $I$:
$I_\alpha : I_\beta : I_\gamma = 10\,000 : 100 : 1$

### Nachweis der radioaktiven Strahlung

beruht auf dem physikalischen Vorgang der Ionisation (↗ S. 180), bei dem die radioaktive Strahlung ihre Energie ganz oder teilweise an einen geeigneten Stoff (z. B. ein Gasgemisch) abgibt.

**Nachweisgeräte** für Elementarteilchen: ↗ Fotoplatte, S. 276; ↗ Zählrohr, S. 277; ↗ Blasenkammer, S. 278.

### Kernzerfall als statistisches Gesetz

Vorgang, bei dem während der Halbwertszeit aus einer großen Anzahl von Atomen eines Radionuklids die Hälfte der Atome zerfällt. Das kann gesetzmäßig vorhergesagt werden. Für das einzelne Atom kann aber nicht vorausgesagt werden, ob es zu den Atomen gehören wird, die zerfallen, oder zu denen, die nicht zerfallen. Wann und ob ein bestimmtes, einzelnes Atom zerfällt, ist zufällig. Wenn es aber zerfällt, so hat der Zerfall seine Ursachen, die durch die Eigenschaften des Atoms und durch die objektiven Zusammenhänge aller Atome des Stoffes bedingt und bestimmt sind. Die Gesamtheit dieser Bedingungen ist aber nicht bis in alle Einzelheiten erfaßbar. Dem Gesamtverhalten einer sehr großen Anzahl von Atomen, welches unter den gegebenen Bedingungen verwirklicht wird, entspricht ein statistisches Gesetz. Es ist das Zerfallsgesetz.

↗ Statistisches Gesetz, S. 17

### Zerfallsgesetz

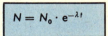

$N_0$: Anzahl der zu Beginn des Zeitabschnittes $t$ vorhandenen instabilen Nuklide
$N$: Anzahl der nach Ablauf der Zeit $t$ noch nicht zerfallenen Nuklide
$\lambda$: die für das Nuklid charakteristische Zerfallskonstante
$e$: Basis des natürlichen Logarithmensystems ($e = 2{,}71828$)

Spontanzerfall

### Halbwertszeit $T_{1/2}$

Zeit, in der sich die Hälfte der ursprünglich vorhandenen Atome eines Radionuklids umwandelt (zerfällt).

| Halbwertszeit | |
|---|---|
| | $T_{1/2} = \dfrac{\ln 2}{\lambda} = \dfrac{0{,}693}{\lambda}$ |

| Nuklid | Halbwertszeit $T_{1/2}$ | Nuklid | Halbwertszeit $T_{1/2}$ |
|---|---|---|---|
| $^{234}_{92}U$ | $2{,}52 \cdot 10^5$ a | $^{218}_{84}Po$ | 2,05 min |
| $^{226}_{88}Ra$ | $1{,}622 \cdot 10^3$ a | $^{214}_{82}Pb$ | 26,8 min |
| $^{222}_{86}Rn$ | 3,825 d | $^{214}_{84}Po$ | $1{,}6 \cdot 10^{-4}$ s |

### Kernreaktion

Umwandlung eines Atomkernes, die durch Stoß entweder mit einem anderen Atomkern oder einem Elementarteilchen bzw. Gamma-Quant erfolgt. Es entsteht ein instabiler, angeregter Zwischenkern. Dieser zerfällt spontan mehr oder weniger schnell unter Emission von Teilchen oder Gammastrahlung in einen stabilen Kern.

**Energiebilanz der Kernreaktion durch $\alpha$-Teilchen**

| $^{14}_{7}N + ^{4}_{2}He \longrightarrow ^{1}_{1}p + ^{17}_{8}O$ | |
|---|---|
| vor der Kernreaktion | nach der Kernreaktion |
| $m_o(^{14}_{7}N) = 14{,}003\,07$ u<br>$m_o(^{4}_{2}He) = 4{,}002\,60$ u | $m_o(^{17}_{8}O) = 16{,}999\,13$ u<br>$m_o(^{1}_{1}p) = 1{,}007\,28$ u |
| 18,005 67 u    kleiner als    18,006 41 u | |
| $\Delta m_o = -0{,}000\,74$ u<br>$E_Q = \Delta E_B = -0{,}000\,74 \text{ u} \cdot 931{,}50 \frac{\text{MeV}}{\text{u}}$<br>$E_Q = \Delta E_B = -0{,}689$ MeV | |
| Kernreaktion verläuft endotherm | |

Aus dieser Rechnung folgt für die dargestellte Kernreaktion, daß das stoßende $\alpha$-Teilchen eine Mindestenergie von 0,689 MeV besitzen muß, damit die Kernumwandlung angeregt wird und abläuft.

**Energiebilanz einer Kernreaktion durch Neutronen**

| $^{10}_{5}B + ^{1}_{0}n \longrightarrow ^{4}_{2}\alpha + ^{7}_{3}Li$ | $10 + 1 = 4 + 7$<br>$5 + 0 = 2 + 3$ |
|---|---|
| vor der Kernreaktion | nach der Kernreaktion |
| $m_o(^{10}_{5}B) = 10{,}012\,94$ u<br>$m_o(^{1}_{0}n) = 1{,}008\,67$ u | $m_o(^{7}_{3}Li) = 7{,}016\,01$ u<br>$m_o(^{4}_{2}\alpha) = 4{,}002\,60$ u |
| 11,021 61 u    größer als    11,018 61 u | |
| $\Delta m_o = 0{,}003\,00$ u<br>$E_Q = \Delta E_B = 0{,}003\,00 \text{ u} \cdot 931{,}50 \frac{\text{MeV}}{\text{u}}$<br>$E_Q = \Delta E_B = 2{,}79$ MeV | |
| Kernreaktion verläuft exotherm | |

Energie wird frei. Es ist die kinetische Energie des emittierten $\alpha$-Teilchens.

## Herstellung von Radionukliden

Bestrahlung inaktiver Substanzen mit Neutronen (z. B. im Reaktor).

- $^{59}_{27}Co(n, \gamma)\ ^{60}_{27}Co$ mit $T_{1/2} = 5{,}24$ a
  
  Bestrahlung inaktiver Substanzen mit geladenen beschleunigten Teilchen oder Ionen (z. B. in Beschleunigern).

- $^{25}_{12}Mg(p, \alpha)\ ^{22}_{11}Na$ mit $T_{1/2} = 2{,}58$ a
  
  Isolierung und Aufbereitung von Spaltprodukten aus Reaktorbrennelementen (z. B. Uran).

- $^{235}_{92}U(n, f)\ ^{137}_{55}Cs$, Betastrahler mit $T_{1/2} = 26{,}6$ a
  
  f: fission (engl.), d. h. Kernspaltung

## Kernspaltung

Zerlegung eines schweren Atomkerns nach Aufnahme eines Neutrons in zwei mittelschwere Kerne und zwei oder drei Neutronen.

- Durch Aufnahme eines auf einen $^{235}_{92}U$-Kern auftreffenden Neutrons geht dieser Kern in den instabilen $^{236}_{92}U$-Kern über, der unter unmittelbarer Emission einiger Neutronen in zwei fast gleich große Kerne gespalten wird. Dabei wird Kernbindungsenergie frei. Der größte Teil dieser Energie tritt sofort als Bewegungsenergie der Spaltstücke und der Neutronen sowie als $\gamma$-Strahlung auf, während der geringere Teil beim weiteren Zerfall der radioaktiven Spaltstücke durch $\beta$- und $\gamma$-Strahlung emittiert wird

$$^{235}_{92}U + ^{1}_{0}n \rightarrow\ ^{236}_{92}U^{*} \rightarrow\ ^{143}_{56}Ba + ^{90}_{36}Kr + 3(^{1}_{0}n) + \Delta E_B \text{ freiwerdende Energie}$$

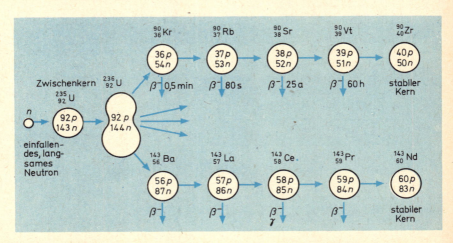

Uran-Kernspaltung

## 11/2

**Energiebilanz bei einer Kernspaltung**

$$^{235}_{92}U + ^{1}_{0}n \longrightarrow ^{143}_{56}Ba + ^{80}_{36}Kr + 3\,(^{1}_{0}n) + \Delta E_B$$

| vor der Kernspaltung | nach der Kernspaltung |
|---|---|
| $^{235}_{92}U$: 235,043 93 u | $^{143}_{56}Ba$: 142,920 55 u |
| $^{1}_{0}n$:     1,008 67 u | $^{90}_{36}Kr$:   89,904 3 u |
| | $3\,(^{1}_{0}n)$:    3,026 01 u |
| 236,052 6 u  größer als | 235,850 86 u |

$\Delta m_o = $ 236,052 6 u $-$ 235,850 86 u
$\Delta m_o = $    0,201 7 u
$\Delta E_B = $    0,201 7 u $\cdot$ 931,50 $\frac{MeV}{u}$
$\underline{\Delta E_B \approx 188\ MeV}$

| Zusammensetzung der je Spaltung nutzbaren Energie in MeV | |
|---|---|
| während der Kernspaltung | während des Zerfalls |
| Spaltstücke $E_{kin} \approx$ 165 MeV<br>Neutron $E_{kin} \approx$ 5 MeV<br>$\gamma$-Strahlung $E_\gamma \approx$ 7 MeV | Elektronen $E_{kin} \approx$ 7 MeV<br>$\gamma$-Strahlung $E_\gamma \approx$ 6 MeV<br>Neutrinos $E_\nu \approx$ 10 MeV |
| 177 MeV | 23 MeV |
| Mittelbar äußert sich diese frei werdende Energie als Wärme | |

Bei vollständiger Spaltung von etwa 1 kg $^{235}_{92}U$ tritt ein Massedefekt von $\Delta m_o = $ 1 g auf, der einem Energiewert von $25 \cdot 10^6$ kWh entspricht. Das ist gleich der elektrischen Energie, die 100000 Haushalte einer Großstadt für eine Zeit von zwei bis drei Monaten benötigen.

| Brennstoff | Frei werdende Energie in MJ $\cdot$ kg$^{-1}$ |
|---|---|
| Braunkohle | 18,5 |
| Lufttrockenes Holz | 15 |
| Steinkohle | 29 |
| Benzin | 47 |
| $^{235}_{92}$Uran (Kernspaltung) | $\approx 8,4 \cdot 10^7$ |

## Ungesteuerte Kernkettenreaktion

Kernspaltungsprozeß, bei dem die Anzahl der die Spaltung fortsetzenden Neutronen und der gespalteten Kerne lawinenartig ansteigt.

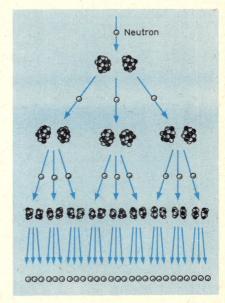

Kettenreaktion

## Gesteuerte Kernkettenreaktion

Kernspaltungsprozeß, bei dem die Anzahl der die Spaltung fortsetzenden Neutronen konstant gehalten wird.

Bedingungen für das Zustandekommen einer gesteuerten Kernkettenreaktion sind:
1. **Geeigneter Kernbrennstoff** ist erforderlich, d. h. dieser Kernbrennstoff muß spaltbare Nuklide (z. B. $^{235}_{92}U$, $^{238}_{92}U$, $^{239}_{94}Pu$) enthalten und in ihm muß eine Kettenreaktion ablaufen können.
2. Eine bestimmte **Mindestmasse** an spaltbarer Substanz (kritische Masse) muß vorhanden sein, damit Neutronen nicht wirkungslos entweichen.
3. **Reflektoren** zur Verringerung der bei der Spaltung aus dem Material diffundierenden Neutronen.
4. **Bremssubstanzen** (Moderatoren) zum Abbremsen der schnellen Neutronen auf die für die Kernspaltung günstige Geschwindigkeit.
5. Es müssen stets mehr Neutronen bei einer Spaltung frei werden, als zu dieser Spaltung geführt haben.
6. **Steuer- und Regelstäbe**, die in der Lage sind, Neutronen zu absorbieren (Bor und Kadmium).

## Kernfusion

Vorgang, bei dem leichte Atomkerne, vorzugsweise Wasserstoffkerne, zu schwereren vereinigt (verschmolzen) werden. Die Kernfusion ist eine exotherme Kernreaktion, die nur bei sehr hohen Temperaturen ($T > 10^6$ K) und geeigneter Teilchendichte abläuft.

Grundreaktionen:

| | |
|---|---|
| $^2_1D + ^3_1T \longrightarrow ^1_0n + ^4_2He + 16,8$ MeV | Frei werdende Energie, bezogen auf den Einzelprozeß |
| $^2_1D + ^2_1D \longrightarrow ^1_1p + ^3_1T + 4,0$ MeV | |
| $^2_1D + ^3_2He \longrightarrow ^1_1p + ^4_2He + 18,3$ MeV | |

## Energiebilanz bei einer Kernfusionsreaktion

| $^2_1D + ^3_1T \longrightarrow ^4_2He + ^1_0n + \Delta E_B$ (frei werdende Energie) ||
|---|---|
| vor der Fusion | nach der Fusion |
| $^3_1T: m_{oT} = 3,0160$ u <br> $^2_1D: m_{oD} = 2,0141$ u | $^4_2He: m_{oHe} = 4,00260$ u <br> $^1_0n: m_{on} = 1,00867$ u |
| 5,0301 u | größer als    5,0113 u |
| $\Delta m_o = 5,0301$ u $- 5,0113$ u <br> $\Delta m_o = 0,0188$ u <br> $\Delta E_B = 0,0188$ u $\cdot 931{,}50 \dfrac{\text{MeV}}{\text{u}}$ <br> $\Delta E_B = 17{,}5$ MeV ||
| Kernfusionsreaktion verläuft exotherm. ||

## 11.3. Anwendung kernphysikalischer Erkenntnisse

**Bestrahlungsverfahren**

Die von den radioaktiven Nukliden ausgesandten Strahlen können bei ihrer Absorption in Stoffen chemische, physikalische und biologische Veränderungen bewirken.

- In der Industrie verwendet man radioaktive Nuklide zur Veredlung von Plasten und anderen Werkstoffen. Plaste erhalten z. B. durch Bestrahlen eine höhere Festigkeit und Temperaturbeständigkeit.
- In der Medizin verwendet man radioaktive Nuklide zur Strahlentherapie und Strahlensterilisation (Entkeimung von Instrumenten, Arzneimitteln und Verbandstoffen).
- Durch Bestrahlung von Nahrungsmitteln kann eine Sterilisation, Pasteurisation

(Fleisch, Fisch, Früchte und Gemüse) Desinfektion, Desinsektion (Verhinderung der Fortpflanzungsfähigkeit von Insekten und Keimhemmung) erzielt werden. Gegenüber chemischen Konservierungsmethoden werden bei der Strahlenbehandlung den Lebensmitteln keinerlei Fremdstoffe zugesetzt.

### Durchstrahlungsverfahren

Die von radioaktiven Nukliden ausgesandten Strahlen können Werkstoffe durchdringen. Sie sind deshalb geeignet zur zerstörungsfreien Materialprüfung von Werkstoffen und Werkstücken. Zwischen einer $\gamma$-Strahlungsquelle und dem Detektor (Film oder Zählrohr) befindet sich das Prüfgut. Durch Materialfehler wird die durchdringende Strahlung weniger geschwächt.

- Berührungslose Dicken- und Flächenmassebestimmung bei der kontinuierlichen Blech-, Papier- und Folienfertigung.

### Markierungsverfahren

Radioaktive Nuklide können auf Grund ihrer Strahlung sehr empfindlich nachgewiesen werden. Der Ablauf chemischer, technologischer und biologischer Prozesse läßt sich durch Markieren der beteiligten gasförmigen, flüssigen oder festen Stoffe mit radioaktiven Atomen erkennbar machen.

### Strahlenschutz

| mögliche Schädigung des Organismus | Schutzmaßnahme | physikalische Begründung |
|---|---|---|
| Einwirkung radioaktiver Strahlung von außen | – möglichst großen Abstand zur Strahlenquelle halten<br>– Verwenden von Strahlenschutzschichten<br>– bei radioaktiver Gefahr Schutzraum aufsuchen<br>– Beschränkung der Dauer der Einwirkung der Strahlen<br>– größte Sauberkeit beim Umgang mit radioaktiven Nukliden | – begrenzte Reichweite und begrenztes Durchdringungsvermögen radioaktiver Strahlen<br>– Stoffabhängigkeit des Durchdringungsvermögens radioaktiver Strahlen<br>– Ionisierungsvermögen<br>– Kontaminierung |
| Inkorporation | – Durch Atom- und Körperschutzmittel verhindern, daß radioaktive Substanz in den Körper gelangt<br>– Kontrolle der Nahrung durch Meßgeräte | – Absorption des radioaktiven Staubes<br>– Ionisierungsvermögen |

## Kernreaktor

Anlage, in der eine gesteuerte Kettenreaktion der Kernspaltung ablaufen kann. Die Kernenergie erscheint zunächst als kinetische Energie der Spaltprodukte. Diese werden im umgebenden Material abgebremst; die dabei entstehende Wärme wird über einen Kühlmittelkreislauf abgeführt und zur Elektroenergieerzeugung genutzt.
↗ Kernspaltung, S. 295
↗ Kettenreaktion, S. 294

## Verwendung von Kernreaktoren

**Leistungsreaktor** zur Gewinnung wirtschaftlich verwertbarer Energien
↗ Druck- und Siedewasserreaktor, S. 300

**Forschungsreaktor**
– als Neutronenquelle für Forschungszwecke,
– zur Erzeugung von Radionukliden,
– zum Studium der Reaktorphysik,

**Brutreaktor** zur Erzeugung spaltbaren Materials (↗ S. 301)

## Druckwasserreaktor

Anlage, in der schwach angereichertes Uran als Brennstoff dient, das sich in dünnen Hüllen aus Stahl befindet, um zu verhindern, daß radioaktive Spaltprodukte in den Kreislauf geraten.

Diese Brennstoffstäbe werden in einen Druckwasserbehälter gehängt. Das Wasser wird als Moderator und als Wärmeableiter genutzt. Genügend hoher Druck sorgt dafür, daß es nicht zum Sieden kommt. Die Steuerung erfolgt durch Regelstäbe.

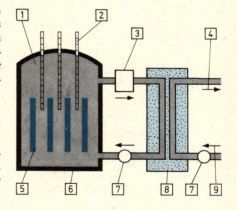

Schema eines Druckwasserreaktors
1 – Wasser, 2 – Regelstäbe, 3 – Druckerzeuger, 4 – Wasserdampf, 5 – Uranstäbe, 6 – Strahlenschutz, 7 – Pumpe, 8 – Wärmeaustauscher, 9 – Speisewasser

## Siedewasserreaktor

Anlage, bei der das Wasser an der Oberfläche der Uranstäbe zum Sieden kommt. Die gewonnene Energie wird mit dem Wasserdampf über einen Wärmeaustauscher einer Turbine zugeführt. Wasser ist gleichzeitig Moderator und Wärmeableiter.

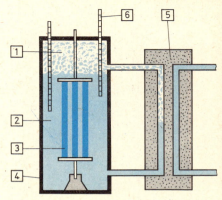

Schema eines Siedewasserreaktors
1 – Wasserdampf, 2 – Wasser, 3 – Uranstäbe, 4 – Strahlenschutz, 5 – Wärmeaustauscher, 6 – Regelstäbe

**Brutreaktor**

Anlage, deren Zentrum die Spaltzone bildet, die das spaltbare Material ($^{235}$Uran, $^{239}$Plutonium) enthält. Hier entstehen durch Kernspaltung Wärme und die zum Brüten erforderlichen schnellen Neutronen, die in die Brutzone dringen und dort durch Kernumwandlungen neues spaltbares Material erzeugen. Die entstehenden Brutprodukte müssen in gewissen Abständen aus dem Reaktor entfernt und aufbereitet werden.

Da der Brutreaktor mit schnellen Neutronen arbeitet, ist ein Moderator nicht erforderlich. Als Kühlmittel verwendet man flüssiges Natrium, um die Neutronen nicht zu bremsen.

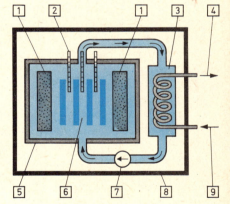

Schema eines schnellen Brutreaktors
1 – Brutzone, 2 – Regelstäbe, 3 – Wärmeaustauscher, 4 – Wasserdampf, 5 – Graphitreflektor, 6 – Spaltzone, 7 – Pumpe für Flüssigmetall-Kreislauf, 8 – Strahlenschutz, 9 – Speisewasser

**Kernfusionsreaktor**

Anlage, in der eine gesteuerte Kernfusion erfolgt. Prinzipiell hängt die Realisierung der gesteuerten Kernfusion von der Lösung folgender Probleme ab:
– Vorhandensein **geeigneter Brennstoffe** (z. B. Deuterium, Tritium).
– **Aufheizung der Ausgangsstoffe,** um den Deuteriumkernen die zur Fusion notwendige kinetische Energie zu erteilen. Erfolgversprechend erscheint zur Zeit die Aufheizung und Kompression des Plasmas durch Laserstrahlungs-Impulse.

- Realisierung einer **relativ hohen Teilchenzahldichte** ($10^{14}$ cm$^{-3}$), damit ausreichend viele Zusammenstöße der Kerne in der Zeiteinheit stattfinden können.
- Völlige **Isolierung des Plasmas** von seiner Umgebung durch magnetische bzw. Trägheitshalterung.

Mit der in der Sowjetunion entwickelten Kernfusionsanlage Tokamak wurden bereits positive Versuchsergebnisse erzielt.

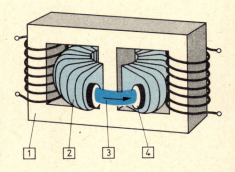

Ringförmige Plasmaversuchsanlage nach dem Tokamak-Prinzip für Untersuchungen zur Kernfusion
1 – Transformator, 2 – Hauptfeldspule, 3 – Plasma, 4 – Vakuumgefäß

**Magnetische Halterung (Kernfusion)**

Methode, um das Plasma für die gesteuerte Kernfusion zu isolieren, indem durch starke Magnetfelder eine Plasma-Wand-Wechselwirkung verhindert wird.

**Trägheitshalterung (Kernfusion)**

Methode, um das Plasma für die gesteuerte Kernfusion von seiner Umgebung zu isolieren. Diese Methode kann lediglich durch Laser- oder hochenergetische Teilchenstrahlung erreicht werden.

**Kernwaffen**

Sammelbegriff für alle Waffen, bei denen die Sprengwirkung, die Lichtstrahlung und die radioaktive Strahlung ausgenutzt werden, die bei Kernspaltungs- bzw. Kernsyntheseprozessen sowie als deren Nachwirkung entstehen. Bei der Detonation von Kernwaffen wird Energie frei, die die Wirkung herkömmlicher Sprengmittel um ein Vielfaches übersteigt. Die Dreiphasenbombe zeigte z. B. beim Test eine Wirkung von 15 Millionen Tonnen des äußerst wirksamen Sprengstoffes Trinitrotoluol. Im Vergleich dazu betrug der gesamte Sprengstoffverbrauch im zweiten Weltkrieg etwa entsprechend 5 Millionen Tonnen Trinitrotoluol.

**Bedrohung der Menschheit durch Kernwaffen**

Die Imperialisten mißbrauchen wissenschaftliche Entdeckungen (z. B. der Kernspaltung) für die von ihnen betriebene Politik der Stärke zur Unterdrückung anderer Völker. Zur Wiedererlangung der verlorenen historischen Initiative provozierte der Imperialismus wiederholt akute internationale Krisen, die die Menschheit an den Rand eines Kernwaffenkrieges brachte. Durch die vereinten Bemühungen der sozialistischen Länder, der internationalen Arbeiterbewegung, der nationalen Befreiungsbewegungen und aller friedliebenden Staaten nahmen die Möglichkeiten im Kampf gegen die Gefahr eines Kernwaffenkrieges zu. Angesichts des bestehenden internationalen Kräfteverhältnisses, des Kernwaffenpotentials der Sowjetunion und der möglichen Folgen eines Kernwaffenkrieges wird es für den Imperialismus immer aussichtsloser, einen neuen Weltkrieg mit Kernwaffen zu entfesseln mit dem Ziel, als Sieger daraus hervorzugehen. Ein Kernwaffenkrieg endet mit der Vernichtung des menschlichen Lebens auf unserer Erde. Die von den Friedensbemühungen der sozialistischen Staaten ausgehenden gemeinsamen Aktionen der antiimperialistischen Kräfte ermöglichen es, einem Kernwaffenkrieg entgegenzuwirken, auch wenn die kapitalistische Gesellschaftsordnung noch in einem Teil der Welt besteht.

**Friedliche Nutzung der Kernenergie**

Die Wissenschaftler und Techniker der sozialistischen Staatengemeinschaft lösen schwierige technische und wissenschaftliche Probleme, die den Weg für eine friedliche Nutzung der Kernenergie weisen. Die Arbeiten reichen von der Inbetriebnahme des ersten Kernkraftwerkes der Welt, in Obninsk, dem Bau des ersten, durch Kernenergie angetriebenen Eisbrechers „Lenin" über die kernphysikalischen Großforschungszentren sozialistischer Staaten in Dubna und Serpuchow bis zu den Bemühungen, die gesteuerte Kernfusion zu verwirklichen. Durch den Bau von Kernkraftwerken in den sozialistischen Staaten wird eine weitere Grundlage für den stetigen Aufschwung der Volkswirtschaften geschaffen. Die Nutzung der Kernenergie trägt zur Vervollkommnung der sozialistischen Gesellschaft bei.

# Anhang          A

## Zur historischen Entwicklung physikalischer Entdeckungen und Erkenntnisse

Die Wissenschaft wird wie jede Form des gesellschaftlichen Bewußtseins von den materiellen gesellschaftlichen Verhältnissen geprägt und ist mit diesen in vielfältiger Weise verflochten. Auch die Entwicklung der physikalischen Entdeckungen und Erkenntnisse kann nur aus den engen Wechselbeziehungen zwischen den sozial-ökonomischen Strukturen, den gesellschaftlichen Bedürfnissen, dem technischen Entwicklungsstand und dem geistig-kulturellen Niveau einer Zeit verstanden werden. Alle wissenschaftlichen Erkenntnisse sind Bestandteil der Kultur und als solche Ergebnis der durchlaufenen und Grundlage für die gegenwärtige und künftige Entwicklung der Menschheit. Sie können zum Nutzen oder zum Schaden der Menschen verwendet werden. So dienen auch die Erkenntnisse der Physik dem gesellschaftlichen Fortschritt und der Befriedigung der materiellen und kulturellen Bedürfnisse der Menschen und in den Ausbeutergesellschaften zugleich der Durchsetzung von Profitinteressen.

Schon in den frühen Produktionsstufen haben die Menschen bei der Auseinandersetzung mit der Natur physikalische Gesetzmäßigkeiten angewendet. Das geschah zunächst – entsprechend dem allgemeinen Erkenntnisstand – unbewußt. Mit der sich entwickelnden Produktion und den damit verbundenen gesellschaftlichen Arbeitsteilungen wurde es notwendig und möglich, immer bewußter und gezielter naturwissenschaftliche Untersuchungen durchzuführen und deren Ergebnisse einzusetzen. Wissenschaft und Technik wurden so zunehmend zu einer wichtigen Triebkraft des gesellschaftlichen Fortschritts.
Wichtige Erkenntnismittel, deren sich die Physik als eine naturwissenschaftliche Disziplin bediente und bedient, sind die Beobachtung und das Experiment.
Daten aus diesen Beobachtungen und Experimenten bilden die Grundlage für die Erkenntnis. Die ermittelten Beziehungen und Zusammenhänge, einschließlich der Bedingungen, unter denen sie existieren, werden durch Aussagen im Bewußtsein widergespiegelt. Als Aussagen, die sich auf einzelne empirische Sachverhalte beziehen, aber vor allem in Form von verallgemeinerten und Gesetzesaussagen, sind sie die wichtigsten Bestandteile einer Theorie. Eine wissenschaftliche Theorie muß in der Lage sein, die Sachverhalte ihres Gegenstandsbereiches zu erklären (abzubilden, Abbildfunktion der Theorie) und neue, bisher nicht bekannte Sachverhalte vorauszusagen (zu entwerfen, Entwurfsfunktion der

Theorie). Auf dem Weg von der Beobachtung zur Erklärung haben Modelle als Mittler zwischen Experiment und Theorie auch in der Physikgeschichte eine maßgebende Rolle gespielt.

Materielle und ideelle Modelle dienen im Erkenntnisprozeß als Analogieobjekte für einen bestimmten Erkenntnisgegenstand. Mit ihnen kann experimentell und theoretisch gearbeitet werden.

Sie ermöglichen es, planmäßige Untersuchungen am Modell durchzuführen und die Ergebnisse durch Analogieschluß auf den Erkenntnisgegenstand zu übertragen. Theoretische Einsichten, aber auch praktische Probleme bilden die Grundlage und das Ziel der Modellierung. Das Modell ist Gegenstand experimenteller und theoretischer Untersuchungen. Die experimentelle Prüfung der am Modell gefundenen Erkenntnisse ist auch in der Physik Kriterium für die Zweckmäßigkeit des Modells. In ständiger Wechselwirkung und gegenseitiger Abhängigkeit von Experiment, Modell und Theorie schreitet die Erkenntnis vom Bekannten zum Unbekannten, von der Erscheinung zum ihr zugrundeliegenden Wesen, vollzieht sich der Erkenntnisprozeß in seinem historischen Ablauf und seiner dialektischen Entwicklung.

Auf diesem Wege gelingt es den Menschen, im gesellschaftlichen Arbeitsprozeß die sie umgebende Welt immer besser zu beherrschen sowie Stoffe und Energien, praktische Erfahrungen und theoretische Einsichten für die menschliche Gesellschaft nutzbar zu machen. So war z. B. der Übergang von der Handarbeit zur Maschinenarbeit nur bei einem bestimmten Stand des physikalischen Wissens und der technischen Fertigkeiten möglich. In dem Maße, wie die wissenschaftlichen Erkenntnisse selbst zur Grundlage der Produktion werden, entwickelt sich die Wissenschaft immer mehr zur Produktivkraft.

Der Zusammenhang von physikalischer Erkenntnis und Produktionspraxis wird in entscheidendem Maße von den jeweiligen gesellschaftlichen Verhältnissen geprägt. Insbesondere hat das Wirken ökonomischer Grundgesetze stets einen besonderen Einfluß auf die Weiterentwicklung der Physik und auf die praktische Anwendung ihrer Ergebnisse. Jede Wissenschaft kann mit ihren Erkenntnissen nur dann voll zum Nutzen der menschlichen Gesellschaft wirken, wenn die Interessen der Wissenschaftler mit den Interessen der Mehrheit der Gesellschaft übereinstimmen.

Die nachfolgende Übersicht enthält eine Auswahl wichtiger Erkenntnisse auf dem Gebiet der Physik und versucht darzustellen, welche Bedeutung diesen in gesellschaftlicher, wissenschaftlicher oder technischer Hinsicht zukommt. Die Darstellung beginnt nach dem Jahr 1500. Seit dieser Zeit kann man von der Physik als Wissenschaft sprechen, obwohl es schon viele Jahrtausende vorher physikalische Erkenntnisse gab, wie z. B. über die Bedeutung des Feuers und des Rades, das von Archimedes formulierte Hebelgesetz und seine Anwendung in einfachen Maschinen, erste Kenntnisse auf dem Gebiet der Optik, der Lehre von den Flüssigkeiten sowie Vorstellungen vom Aufbau der Körper. Die Übersicht reicht von der wissenschaftlichen Bestätigung des heliozentrischen Weltbildes bis zum Eintritt des Menschen in den Kosmos.

**A**

Mit der Übersicht soll zugleich dargestellt werden, wie sich in der Menschheitsentwicklung praktische Fragestellungen, theoretische Einsichten, technische Anwendungen und gesamtgesellschaftlicher Fortschritt gegenseitig beeinflussen und bedingen. Die Übersicht zeigt aber auch den Beitrag, den einzelne Wissenschaftler, Gruppen von Wissenschaftlern und wissenschaftliche Institutionen aus vielen Ländern zur Wissenschaftsentwicklung eingebracht haben.

| Jahr | Beispiel | Bedeutung |
| --- | --- | --- |
| 1543 | Heliozentrisches Weltbild formuliert (Nicolaus Copernicus, 1473 bis 1543) | In der Antike entwickelte und von der mittelalterlichen Theologie übernommene Darstellung von der Erde als Mittelpunkt der Welt wird wissenschaftlich widerlegt |
| 1590 | Bewegungsgesetze abgeleitet und experimentell bestätigt, Definition der Bewegungsformen (Galileo Galilei, 1564 bis 1642) | Wichtiger Beitrag zur Erkenntnis über die Erkennbarkeit der Welt. Beginn der Physik als experimentelle Wissenschaft. Ansatz zur Herausbildung der klassischen Mechanik als Teildisziplin der Physik |
| 1600 | Analogien zwischen Magnetfeld der Erde und dem Magnetfeld magnetischer Eisenkugeln untersucht (William Gilbert, 1540 bis 1603) | Erste systematische Untersuchungen magnetischer Erscheinungen. Unterscheidung magnetischer und elektrischer Effekte |
| 1608 | Erfindung des Fernrohrs, zunächst auf der Erde angewandt (vermutlich Hans Lippershey, 1572 bis 1640) | Erkennen der Sternbewegungen, Fixsterne mit Satelliten durch Galilei. Bestätigung des heliozentrischen Weltbildes. Erfindung des Mikroskops und damit Entdeckungen in der Biologie |
| 1609 | Unter Verwendung des vorliegenden Beobachtungsmaterials von Tycho Brahe wurden die Planetengesetze formuliert (Johannes Kepler, 1571 bis 1630) | Bisher angenommene Kreisbahnen der Gestirne (Ptolemäus) werden durch elliptische Bahnen ersetzt. Wichtige Voraussetzung für die Gravitationstheorie geschaffen |
| 1620 | Brechungsgesetz des Lichtes gefunden (Willebrord Snell, genannt Snellius, 1580 bis 1626) | Grundlegendes Gesetz der geometrischen Optik formuliert |

| Jahr | Beispiel | Bedeutung |
|---|---|---|
| 1644 | Luftdruck als Naturerscheinung erkannt und erklärt. Erste Anwendung eines Quecksilberbarometers (Evangelista Torricelli, 1608 bis 1647) | Erklärung der begrenzten Saughöhe von Pumpen. Überwindung der Ansicht vom „horror vacui" (Abscheu vor dem Leeren) der Natur |
| 1650 | Luftdruck und Luftdruckveränderungen erklärt und genutzt. Versuche mit den „Magdeburger Halbkugeln" (Otto von Guericke, 1602 bis 1686) | Anwendung der Arbeitsfähigkeit des Luftdrucks. Erfindung der Kolbenluftpumpe. Einsatz eines Wasserbarometers zur Wettervorhersage |
| 1662 | Druck-Volumen-Gesetz für Gase (zunächst für Luft) formuliert (Robert Boyle, 1627 bis 1691) | Erste quantitative Beschreibung des Verhaltens von Gasen. Vorbereitung der Erkenntnisse über das allgemeine Gasgesetz |
| 1668 | Prinzip der Wellenausbreitung im Raum formuliert. Licht als Welle (Christiaan Huygens, 1629 bis 1695) | Erster Ansatz für die Wellenoptik geschaffen |
| 1672 | Licht wird im Teilchenmodell erklärt (Isaac Newton, 1642 bis 1727) | Wellen- und Teilchenmodell des Lichtes stehen lange Zeit in Widerspruch zueinander. Teilchenmodell dominierte |
| 1673 | Gesetz der Schwingungsdauer physikalischer Pendel veröffentlicht (Christiaan Huygens, 1629 bis 1695) | Wichtige mechanische Gesetzmäßigkeiten erkannt. Verbesserung der Zeitmessung durch Verwendung des Pendelschwingers als Steuervorrichtung in Uhren |
| 1676 | Erste Bestimmung der Lichtgeschwindigkeit aus astronomischen Daten (Ole Römer, 1644 bis 1710) | Bestätigung, daß sich Licht mit endlicher Geschwindigkeit ausbreitet. Erstmals Bestimmung einer Naturkonstanten |
| 1687 | Grundgesetze der Mechanik sowie die Gravitationstheorie formuliert (Isaac Newton, 1642 bis 1727) | Vollendung der klassischen Mechanik als Teildisziplin der Physik. Beweis, daß physikalische Gesetze sowohl im Universum als auch unter irdischen Bedingungen gelten |

**A**

| Jahr | Beispiel | Bedeutung |
|---|---|---|
| 1731 | Unterscheidung der Stoffe in Leiter und Nichtleiter für Elektrizität (Stephen Gray, um 1700 bis 1736) | Erkenntnis, daß Metalle Elektrizität leiten |
| 1733 | Unterscheidung der beiden Arten der elektrischen Ladung. Beschreibung der Anziehungs- und Abstoßungskräfte zwischen ihnen (Charles Dufay, 1698 bis 1739) | Nachweis zweier unterschiedlicher Arten von elektrischen Ladungen |
| 1742 | Quecksilberthermometer mit 100 Skalenteilen eingeführt (Anders Celsius, 1701 bis 1744) | Einführung des Dezimalsystems in die messende Beschreibung von Erscheinungen der Wärmelehre |
| 1756 | Formulierung des Gesetzes von der Erhaltung der Masse (Michail W. Lomonossow, 1711 bis 1765) | Wichtiger Erhaltungssatz für Physik und Chemie |
| 1762 | Entdeckung der Schmelz- bzw. der Verdampfungswärme und der spezifischen Wärmekapazität (Joseph Black, 1728 bis 1799) | Begriffliche Unterscheidung zwischen Wärmemenge und Temperatur |
| 1775 | Die französische Akademie der Wissenschaften beschließt, keine Vorschläge für ein perpetuum mobile (1. Art) mehr zur Überprüfung anzunehmen | Wichtiger Schritt auf dem Weg zur Formulierung des Energieerhaltungssatzes |
| 1776 | Einführung der einfach wirkenden Dampfmaschine (James Watt, 1736 bis 1819) | Eine gegenüber Wasserrad und Windrad wesentlich flexibler einsetzbare Antriebsmaschine steht nun zur Verfügung. Wichtige Voraussetzung für die industrielle Revolution geschaffen |
| 1786 | Gesetz zur Bestimmung der Kraft zwischen elektrisch geladenen Körpern formuliert (Charles Augustin Coulomb, 1736 bis 1806) | Erste mathematische Formulierung eines Gesetzes in der Elektrizitätslehre. Anwendung der Drehwaage. Zusammenhang zwischen mechanischen und elektrischen Größen erkannt |
| 1798 | Gravitationskonstante ermittelt (Henry Cavendish, 1731 bis 1810) | Bestimmung einer wichtigen Naturkonstante mit einfachen technischen Mitteln (Drehwaage) |

| Jahr | Beispiel | Bedeutung |
| --- | --- | --- |
| 1800 | Erfindung der Voltaschen Säule als eine erste stetige Elektrizitätsquelle (Alessandro Volta, 1745 bis 1827) | Damit werden experimentelle Untersuchungen und Messungen mit stationären elektrischen Strömen möglich |
| 1801 | Interferenz des Lichtes wird als Wellenerscheinung erklärt. Erstmals Abschätzung der Wellenlängen des Lichts (Thomas Young, 1773 bis 1829) | Bestätigung der Anwendbarkeit des Wellenmodells auf das Licht. Beginn der Überwindung des einfachen Teilchenmodells. Wichtiger Beitrag zur Weiterentwicklung der Lichttheorie |
| 1803 | Hypothese, daß die Atome eines chemischen Elements in allen Eigenschaften völlig übereinstimmen. Untersuchung von chemischen Verbindungen. Formulierung des Gesetzes der multiplen Proportionen (John Dalton, 1766 bis 1844) | Wichtige Grundlage für den Atombegriff in Physik und Chemie geschaffen. Herausgabe einer Tafel der Elemente und der relativen Atomgewichte |
| 1809 | Entdeckung der Polarisation des Lichtes (Etienne L. Malus, 1775 bis 1812) | Diese Entdeckung wird zunächst im Teilchenmodell erklärt (Teilchen mit „Polen") |
| 1811 | Gleiche Volumen des idealen Gases enthalten bei gleicher Temperatur und gleichem Druck gleich viele Teilchen (Amadeo Avogadro, 1776 bis 1856) | Wichtige Grundlage der kinetischen Gastheorie geschaffen |
| 1815 | Dunkle Linien im Sonnenspektrum entdeckt (Joseph Fraunhofer, 1787 bis 1826) | Damit wird es möglich, Farben (d. h. Wellenlängen) quantitativ zu beschreiben |
| 1816 | Allgemeine Zustandsgleichung des idealen Gases formuliert (Joseph-Louis Gay-Lussac, 1778 bis 1850) | Ausdehnungskoeffizient der Gase bestimmt. Präzisierung des Gasthermometers. Wichtige Grundlage für die wissenschaftliche Erklärung der Energieumwandlung in Wärmekraftmaschinen |
| 1818 | Beugung des Lichts wird als Wellenerscheinung erklärt (Augustin Jean Fresnel, 1788 bis 1827) | Überwindung der herkömmlichen Teilchentheorie des Lichts. Ausbau der Lichtwellentheorie. Wichtige Grundlage für das Erkennen des inneren Aufbaus der Körper (Kristallgefüge) |

**A**

| Jahr | Beispiel | Bedeutung |
|---|---|---|
| 1820 | Ablenkung einer Magnetnadel durch den elektrischen Strom wird gefunden (Christian Oersted, 1777 bis 1851) | Zusammenhang zwischen elektrischen und magnetischen Erscheinungen entdeckt. Anfänge des Elektromagnetismus |
| 1820 | Gesetz für die Beziehung zwischen Stromrichtung und Richtung des Magnetfeldes gefunden („Schwimmerregel"). Kräfte zwischen stromdurchflossenen Leitern dargestellt (André Marie Ampère, 1775 bis 1836) | Beschreibung der elektrodynamischen Wechselwirkungen stromdurchflossener Leiter |
| 1822 | Beugung am Gitter entdeckt (Joseph Fraunhofer, 1787 bis 1826) | Herstellung des ersten Beugungsgitters |
| 1824 | Wärmekreisprozeß wird als Gesetzmäßigkeit erkannt und beschrieben (Sadi Carnot, 1796 bis 1832) | Wissenschaftliche Erklärung der Wirkungsweise von Wärmekraftmaschinen und der Möglichkeiten zur Verbesserung des Wirkungsgrades |
| 1826 | Präzisierung der Begriffe Spannung, Stromstärke und Widerstand. Formulierung des gesetzmäßigen Zusammenhangs zwischen diesen (Georg Simon Ohm, 1789 bis 1854) | Mit diesem Grundgesetz des elektrischen Stromkreises wurden weitere Voraussetzungen geschaffen, um elektrische Erscheinungen quantitativ erfassen und darstellen zu können |
| 1827 | Entdeckung der Molekularbewegung (Robert Brown, 1773 bis 1858) | Wichtiger Beitrag zur kinetischen Gas- und Wärmetheorie |
| 1831 | Entdeckung der elektromagnetischen Induktion. Einführung des Feldbegriffs in die Physik (Michael Faraday, 1791 bis 1867) | Physikalische Grundlage für den Bau neuer und größerer elektrischer Stromquellen geschaffen. Der Feldbegriff bietet die Möglichkeit, physikalische Wechselwirkungen auf neue Weise zu erklären (Nahwirkung statt Fernwirkung) |
| 1833 | Gesetz über den Zusammenhang zwischen elektromagnetischer Bewegung und elektromagnetischer Induktion formuliert (Heinrich Emil Lenz, 1804 bis 1865) | Wichtige Ergänzung der Faradayschen Untersuchungen. Einfache Beschreibung der Richtung des Induktionsstromes |

| Jahr | Beispiel | Bedeutung |
|---|---|---|
| 1842 | Formulierung des Gesetzes von der Erhaltung der Energie. Erste Berechnung des mechanischen Wärmeäquivalents (Robert Mayer, 1814 bis 1878) | Grundlegender Beitrag zum allgemeinen Energieerhaltungssatz |
| 1843 | Untersuchung der Wärmewirkungen des elektrischen Stroms (Stromwärme). Verschiedene Experimente zur Bestimmung des mechanischen Wärmeäquivalentes (James Prescott Joule, 1818 bis 1889) | Wichtige quantitative Grundlagen zur Formulierung des allgemeinen Energieerhaltungssatzes gelegt |
| 1847 | Gesetz über die Erhaltung und Umwandlung der Energie formuliert (Hermann von Helmholtz, 1821 bis 1894) | Systematisierung physikalischer Erscheinungen verschiedener Teilgebiete unter einer gemeinsamen Betrachtungsweise. In der Wärmelehre als 1. Hauptsatz formuliert |
| 1847 | Allgemeine Gesetzmäßigkeiten bei der Stromverzweigung gefunden (Gustav Robert Kirchhoff, 1824 bis 1887) | Ausbau der theoretischen Grundlagen der Elektrizitätslehre |
| 1849 | Erste experimentelle Bestimmung der Lichtgeschwindigkeit auf der Erde (Armand Fizeau, 1819 bis 1896) | Bestimmung einer wichtigen Naturkonstante mit Experimenten hoher Präzision |
| 1850 | Nachweis, daß die Lichtgeschwindigkeit in Wasser kleiner ist als in Luft (Léon Foucault, 1819 bis 1868) | Weitere Bestätigung des Wellenmodells des Lichts |
| 1851 | Begriff Energie statt „Kraft" eingeführt (William Thomson, 1824 bis 1907) | Wichtige physikalische Begriffsklärung vorgenommen. Statt „lebendige Kraft" hieß es nun „kinetische Energie" |
| 1856 | Wärmeinhalt eines Gases wird auf Bewegung der Gasmoleküle zurückgeführt (Karl Krönig, 1822 bis 1879, Rudolf Clausius, 1822 bis 1888) | Umfassender Ausbau der kinetischen Gastheorie |

**A**

| Jahr | Beispiel | Bedeutung |
|---|---|---|
| 1859 | Entwicklung der Spektralanalyse (Robert Bunsen, 1811 bis 1899, Gustav Kirchhoff, 1824 bis 1887) | Hochempfindliche Analysenmethode entwickelt. Mit Hilfe der Spektralanalyse wurde erstmals die materielle Einheit der Welt (Sonnensystem) nachgewiesen |
| 1859 | Entdeckung der Katodenstrahlen (Julius Plücker, 1801 bis 1868) | Erste Beobachtung ihrer Ablenkbarkeit durch Magnete in hochevakuierten Röhren. Voraussetzung für den Bau von Katodenstrahlröhren |
| 1860 | Gesetz der Geschwindigkeitsverteilung der Gasmoleküle wird angegeben (James Clerk Maxwell, 1831 bis 1879) | Anwendung statistischer Gesetze in der Physik |
| 1862 | Aufbau der elektromagnetischen Feldtheorie und Deutung des Lichts als elektromagnetische Welle (James Clerk Maxwell, 1831 bis 1879) | Mathematische Formulierung der Erscheinungen der Elektrodynamik vorgelegt (Maxwellsche Gleichungen). Physikalische Grundlagen für die Überwindung des mechanischen Materialismus geschaffen |
| 1865 | Formulierung des 2. Hauptsatzes der Wärmelehre (Entropiesatz) (Rudolf Clausius, 1822 bis 1888) | Mit Hilfe der neu eingeführten Zustandsgröße Entropie können Aussagen über die Richtung thermodynamischer Zustandsänderungen gemacht werden |
| 1867 | Aufstellung des dynamoelektrischen Prinzips (Werner von Siemens, 1816 bis 1892) | Technische Voraussetzung für den Bau großer Generatoren und damit für den Einsatz der Elektroenergie in der Industrie geschaffen |
| 1875 | Abschluß der Internationalen Meterkonvention. Prototypdefinition für Meter und Kilogramm | Der Stand der Entwicklung von Wissenschaft und Technik zwingt zur Präzisierung und internationalen Vereinheitlichung der Definition physikalischer Einheiten |
| 1876 | Erster Viertaktmotor patentiert (Nicolaus August Otto, 1832 bis 1891) | Ablösung des atmosphärischen Gasmotors. Beginn der modernen Motorentechnik |

| Jahr | Beispiel | Bedeutung |
|---|---|---|
| 1879 | Bau der ersten gebrauchsfähigen Glühlampe (Thomas Alva Edison, 1847 bis 1931) | Beginn der Ablösung der Gasbeleuchtung und der Bogenlampe durch die elektrische Glühbeleuchtung |
| 1881 | Widerlegung der Hypothese von der Relativbewegung der Erde gegen den als ruhend angenommenen Äther (Michelson-Experiment) (Albert Abraham Michelson, 1852 bis 1931, Nobelpreis für Physik 1907) | Die Tatsache, daß sich ein Lichtäther nicht nachweisen läßt, hat wichtige Konsequenzen für die weitere Entwicklung der Physik |
| 1882 | Inbetriebnahme des ersten öffentlichen Elektrizitätswerkes in New York (Thomas Alva Edison, 1847 bis 1931) | Voraussetzung für die großtechnische Verteilung und Anwendung der Elektroenergie |
| 1884 | Erstes Seriengesetz für Spektrallinien des Wasserstoffs empirisch gefunden (Johann Jakob Balmer, 1825 bis 1898) | Erklärung erst im Rahmen des Bohrschen Atommodells möglich |
| 1886 | Entdeckung der Kanalstrahlen (Eugen Goldstein, 1850 bis 1930) | Beginn einer Entwicklung, die zur Massenspektroskopie führt |
| 1886 | Erste benzingetriebene Motorwagen auf der Straße ausprobiert (Carl Benz, 1844 bis 1929, Gottlieb Daimler, 1834 bis 1900) | Beginn der Kraftfahrzeugtechnik |
| 1888 | Erzeugung, Nachweis und Untersuchung elektromagnetischer Wellen (Heinrich Hertz, 1857 bis 1894) | Experimentelle Bestätigung der Theorie der elektromagnetischen Wellen. Physikalische Voraussetzung für die Funktechnik |
| 1888 | Elektrische Wirkungen des Lichts nachgewiesen (Wilhelm Hallwachs, 1859 bis 1922) | Dieser äußere lichtelektrische Effekt hat für die Herausbildung der modernen Physik große Bedeutung. Technische Anwendung in der Fotozelle |

**A**

| Jahr | Beispiel | Bedeutung |
|---|---|---|
| 1893 | Vergabe eines Patents auf den Diesel-Motor (Rudolf Diesel, 1858 bis 1913) | Neue und rationellere Einsatzmöglichkeiten für den Verbrennungsmotor erschlossen |
| 1895 | Entdeckung der Röntgenstrahlen (Wilhelm Conrad Röntgen, 1845 bis 1923, Nobelpreis für Physik 1901) | Wichtige Voraussetzung für Untersuchungen zum Atomaufbau und zur Atomanordnung in Kristallen. Anwendung in der Medizin, Werkstoffprüfung usw. |
| 1896 | Entdeckung der Uranstrahlen (Henri Becquerel, 1852 bis 1908, Nobelpreis für Physik 1903) | Beginn der Erforschung der Radioaktivität |
| 1896 | Präzisionsbestimmung der Gravitationskonstante (Franz Richarz, 1860 bis 1920, Otto Krigar-Menzel, 1861 bis 1929) | Naturkonstante mit großer Präzision bestimmt |
| 1897 | Nachweis, daß Katodenstrahlen aus Teilchen (Elektronen) bestehen. Verhältnis von Ladung zu Masse des Elektrons ermittelt (Joseph John Thomson, 1856 bis 1940, Nobelpreis für Physik 1906) | Nachweis der Existenz der Elektronen gegeben |
| 1898 | Isolierung der radioaktiven Elemente Radium und Polonium (Marie Curie, 1867 bis 1934, und Pierre Curie, 1859 bis 1906, Nobelpreis für Physik 1903, außerdem Nobelpreis für Chemie 1911 für Marie Curie) | Fortsetzung der Erforschung der Radioaktivität |
| 1900 | Plancksches Gesetz der Wärmestrahlung formuliert. Hypothese der quantenhaften Emission und Absorption von Strahlung vorgelegt (Max Planck, 1858 bis 1947, Nobelpreis für Physik 1918) | Einschnitt in die Denkweise der klassischen Physik. Beginn der Quantenphysik |

| Jahr | Beispiel | Bedeutung |
|---|---|---|
| 1901 | Kristalldetektor in die Funktechnik eingeführt (Karl Ferdinand Braun, 1850 bis 1918, Nobelpreis für Physik 1909) | Entscheidender Fortschritt in der drahtlosen Empfangstechnik |
| 1901 | Licht oder sonstige elektromagnetische Strahlung übt auf Körper einen Druck aus (Pjotr N. Lebedew, 1866 bis 1912) | Mit jeder Energieströmung ist ein Impuls verbunden. Erklärung später mit Hilfe des Teilchenmodells des Lichts |
| 1903 | Grundlegende Darstellung des Aufbaus von Raketen und ihres Einsatzes in der Raumfahrt vorgelegt (Konstantin E. Ziolkowski, 1857 bis 1935) | Begründung der modernen Raketentechnik |
| 1904 | Erfindung der Röhrendiode (John A. Fleming, 1849 bis 1945) | Wichtiges Bauelement der Elektronik, Grundlage der modernen Informationsübermittlung |
| 1905 | Spezielle Relativitätstheorie entwickelt (Albert Einstein, 1879 bis 1955) | Weiterer Einschnitt in die Denkweise der klassischen Physik |
| 1905 | Photonenmodell des Lichts entwickelt (Albert Einstein, 1879 bis 1955, Nobelpreis für Physik 1921) | Anwendung der Quantenhypothese auf das Licht. Erklärung des äußeren lichtelektrischen Effekts |
| 1906 | Erfindung der Röhrentriode (Lee de Forest, 1873 bis 1961, Robert von Lieben, 1878 bis 1913) | Vereinigung geringer Abmessungen mit großen Verstärkungseffekten |
| 1909 | Bestimmung der elektrischen Elementarladung (Robert Andrews Millikan, 1868 bis 1953, Nobelpreis für Physik 1923) | Elektrische Elementarladung als kleinste Elektrizitätsmenge endgültig anerkannt |

## A

| Jahr | Beispiel | Bedeutung |
|---|---|---|
| 1911 | Auf der Grundlage von Streuexperimenten Atommodell mit Atomkern und Atomhülle entwickelt (Ernest Rutherford, 1871 bis 1937, Nobelpreis für Chemie 1908) | Entstehung der Physik der Atomhülle und der Kernphysik als neue Teildisziplinen der Physik |
| 1912 | Entdeckung der Röntgenstrahlinterferenzen an Kristallen (Max von Laue, 1879 bis 1960, Nobelpreis für Physik 1914) | Beweis für die Wellennatur der Röntgenstrahlen und für die Anordnung der Atome im Kristallgitter |
| 1913 | Atommodell unter Anwendung der Quantenhypothese entwickelt (Niels Bohr, 1885 bis 1962, Nobelpreis für Physik 1922) | Mit Hilfe der Energieniveauübergänge können die z. T. bereits bekannten Spektrallinien des Wasserstoffs erklärt werden |
| 1913 | Rückkopplungschaltung für Elektronenröhren entwickelt (Alexander Meißner, 1883 bis 1958) | Erstmalige Erzeugung ungedämpfter Hochfrequenzschwingungen |
| 1913 | Elektronenstoßversuche zeigen, daß Atome nur diskrete Energiemengen aufnehmen (James Franck, 1882 bis 1964, und Gustav Hertz, 1887 bis 1975, Nobelpreis für Physik 1925) | Neben der quantenhaften Abgabe von Energie durch die Atome wird nun auch die quantenhafte Energieaufnahme nachgewiesen |
| 1916 | Einführung elliptischer Elektronenbahnen (Arnold Sommerfeld, 1868 bis 1951) | Versuch einer Erklärung der Aufspaltung einzelner Spektrallinien |
| 1919 | Erste künstlich herbeigeführte Kernumwandlung (Ernest Rutherford, 1871 bis 1937, Nobelpreis für Chemie 1908) | Weg zur künstlichen Elementumwandlung ist gewiesen |
| 1924 | Bewegten Teilchen kommen auch Welleneigenschaften zu (Louis de Broglie, geb. 1892, Nobelpreis für Physik 1929) | Bestätigung des Welle-Teilchen-Dualismus der Materie. Philosophische Erklärung wird durch den Materiebegriff des dialektischen Materialismus gegeben |
| 1926 | Wellenmechanik entwickelt (Erwin Schrödinger, 1887 bis 1961, Nobelpreis für Physik 1933) | Wichtiger Beitrag zur modernen Quantenphysik |

| Jahr | Beispiel | Bedeutung |
|---|---|---|
| 1927 | Elektronenstrahlen zeigen an Kristallen Interferenzerscheinungen (Clinton J. Davisson, 1881 bis 1958, Nobelpreis für Physik 1937, und Lester H. Germer, 1896 bis 1971) | Bestätigung der Theorie von de Broglie |
| 1927 | Unbestimmtheitsbeziehung formuliert (Werner Heisenberg, 1901 bis 1976, Nobelpreis für Physik 1932) | Prinzipielle Trennung zwischen den Betrachtungsweisen der Makro- und der Mikrophysik |
| 1932 | Positron entdeckt (Carl David Anderson, geb. 1905, Nobelpreis für Physik 1936) | Ausbau der Elementarteilchentheorie |
| 1932 | Neutron entdeckt (James Chadwick, 1891 bis 1974, Nobelpreis für Physik 1935) | Möglichkeit zur Vervollständigung der Theorie vom Aufbau des Atomkerns geschaffen |
| 1932 | Atomkerne sind aus Protonen und Neutronen aufgebaut (Werner Heisenberg, 1901 bis 1976, Nobelpreis für Physik 1932; Igor Tamm, 1895 bis 1971, Nobelpreis für Physik 1958 und D. Iwanenko, geb. 1904) | Die Kernladungszahl erhält als Ordnungszahl der Elemente eine anschauliche Bedeutung |
| 1934 | Voraussage der Existenz des Neutrinos (Enrico Fermi, 1901 bis 1954, Nobelpreis für Physik 1938 und Wolfgang Pauli, 1900 bis 1958, Nobelpreis für Physik 1945) | Beitrag zur theoretischen Erklärung des radioaktiven Zerfalls |
| 1934 | Entdeckung der künstlichen Radioaktivität (Irène Joliot-Curie, 1897 bis 1956, und Frédéric Joliot, 1900 bis 1958, Nobelpreis für Chemie 1935) | Wichtige Voraussetzung zur Erzeugung radioaktiver Nuklide |
| 1935 | Voraussage der Existenz der Mesonen (Hideki Yukawa, 1907 bis 1981, Nobelpreis für Physik 1940) | Beitrag zur theoretischen Erklärung der Kernkräfte |

**A**

| Jahr | Beispiel | Bedeutung |
|---|---|---|
| 1938 | Atomkernspaltung nachgewiesen (Otto Hahn, 1879 bis 1968, Nobelpreis für Chemie 1944, Fritz Straßmann, 1902 bis 1980) | Völlig neue Art der Kernumwandlung, bei der nach $E = m \cdot c^2$ eine sehr große Energie frei wird |
| 1939 | Erklärung der Kernspaltung mit dem Tröpfchenmodell (Lise Meitner, 1878 bis 1968, Otto Robert Frisch, 1904 bis 1979) | Abschätzung der freiwerdenden Energie |
| 1939 | Erste Energieberechnungen zur Kernfusion (Hans A. Bethe, geb. 1906, Carl Friedrich von Weizsäcker, geb. 1912) | Abschätzung einer zukünftig noch bedeutenderen Energiequelle. Theorie zur Herkunft der Sonnenenergie |
| 1942 | Gesteuerte Kettenreaktion im ersten Kernreaktor der Welt (Enrico Fermi, 1901 bis 1954, Nobelpreis für Physik 1938) | Voraussetzung für die Produktion von Kernspaltungsmaterial zum Bau von Atombomben und Kernreaktoren geschaffen |
| 1945 | Abwurf von zwei Atombomben auf Hiroshima und Nagasaki | Mißbrauch der Kernenergie durch den US-amerikanischen Imperialismus. Beginn des weltweiten Protestes gegen den weiteren Einsatz von Massenvernichtungswaffen |
| 1948 | Erfindung der Halbleitertriode (Transistor) (W. B. Shockley, geb. 1910, J. Bardeen, geb. 1908, W. H. Brattain, geb. 1902, Nobelpreis für Physik 1956) | Entwicklung der Transistortechnik |
| 1954 | Kernenergie-Kraftwerk in Obninsk bei Moskau in Betrieb genommen (Leistung 5 MW) | Erstmals wird Kernenergie in Elektroenergie umgewandelt und zur Energieversorgung eingesetzt |
| 1954 | Es wird ein international einheitliches physikalisch-technisches Einheitensystem beschlossen, das 1960 den Namen „Internationales Einheitensystem (SI)" erhält | Das Internationale Einheitensystem ist auch in der DDR verbindlich (s. TGL 31 548 „Einheiten physikalischer Größen") |

| Jahr | Beispiel | Bedeutung |
|------|----------|-----------|
| 1956 | Gründung des Vereinigten Instituts für Kernforschung (VIK) in Dubna bei Moskau | Physikalisches Großforschungszentrum der sozialistischen Länder geschaffen |
| 1957 | Start des ersten künstlichen Erdsatelliten (Sputnik 1) in der Sowjetunion | Beginn der aktiven Erforschung der Umgebung der Erde |
| 1958 | Beginn des Baus von Quantengeneratoren im optischen Bereich (Laser) (N. G. Basov, geb. 1922, A. M. Prochorov, geb. 1916, Ch. Townes, geb. 1915, Nobelpreis für Physik 1964) | Anwendungsmöglichkeiten in vielen Gebieten der Wissenschaft und Technik |
| 1961 | Juri Gagarin, 1934 bis 1968, umkreist die Erde mit dem Raumfahrzeug „Wostok" | Ein Mensch gelangt erstmals in den Weltraum |
| 1962 | Erste programmgesteuerte Manipulatoren (Industrieroboter) kommen auf den Markt | Wichtige Voraussetzung für die komplexe Mechanisierung und Automatisierung von Produktionsprozessen geschaffen |
| 1969 | Das Raumfahrzeug „Apollo 11" bringt N. Armstrong, geb. 1930, und E. Aldrin, geb. 1930, zum Mond und wieder zurück zur Erde | Menschen betreten erstmals einen anderen Himmelskörper |
| 1970 | Kurzzeitig gesteuerte Kernfusion mit dem Reaktor TOKAMAK 3 in der Sowjetunion herbeigeführt | Beginn der Erschließung neuartiger Energievorräte |
| 1971 | Schaffung des ersten Mikroprozessors und Bau der ersten elektronischen Taschenrechner und Digitalquarzuhren | Entwicklung der Mikroelektronik |
| 1975 | Die sowjetischen Raumflugkörper „Venus 9" und „Venus 10" umrunden die Venus. Landeapparate setzen weich auf und übermitteln Bilder zur Erde | Neuer Abschnitt in der Erforschung unserer Nachbarplaneten |

# ➡ A
## Einige historisch bedeutungsvolle Experimente

## Experimente, mit denen eine Naturkonstante bestimmt wurde

### Experiment zur Bestimmung der Fallbeschleunigung

Seit 1589 beschäftigte sich Galileo Galilei mit der Untersuchung von Fall- und Wurfbewegungen. Er stellte zunächst die Hypothese auf, daß die Fallgeschwindigkeit proportional zur Fallzeit wächst, und leitete daraus theoretisch die Bewegungsgesetze des freien Falles ab. Er bestätigte die Gesetze durch Experimente an der Fallrinne. Die Zeitmessung erfolgte dabei mit Hilfe einer Auslaufwasseruhr.

Diese Experimente waren die Grundlage für die spätere genaue Bestimmung der

**Fallbeschleunigung g.**

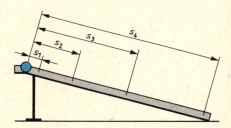

$$g = 9{,}81 \, \frac{m}{s^2}$$

### Experiment zur Bestimmung der Gravitationskonstante

Erst 100 Jahre nach Newton hat Henry Cavendish im Jahre 1798 die Gravitationskonstante (und daraus die mittlere Erddichte) experimentell ermittelt. Er verwendete dazu eine Drehwaage. Wenn die großen Kugeln $K_1$ und $K_2$ in die Nähe der kleinen Kugeln $m_1$ und $m_2$ geschwenkt wurden, kam es auf Grund der Gravitationskraft zwischen den Kugeln zu einer sehr kleinen Annäherung zwischen den Kugeln K und m, die mit einem Fernrohr F festgestellt werden konnte. Mit Hilfe des Gravitationsgesetzes bestimmte Cavendish die

**Gravitationskonstante k.**

$$k = 6{,}670 \cdot 10^{-11} \, \frac{N \cdot m^2}{kg^2}$$

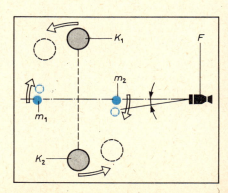

## Experiment zur Bestimmung der Lichtgeschwindigkeit

Nach einer ersten Abschätzung der Lichtgeschwindigkeit durch Ole Römer 1676 hat 1849 Armand Fizeau unter terrestrischen Bedingungen Messungen der Lichtgeschwindigkeit in Luft durchgeführt. Fizeau ließ 1849 zur Bestimmung der Lichtgeschwindigkeit in Luft ein Lichtbündel auf dem Wege zu einem 8,633 km entfernten Spiegel die Lücken eines sich drehenden Zahnrades passieren. Bei bestimmten Drehzahlen konnte das reflektierte Lichtbündel wieder durch eine Lücke hindurchgehen und das Auge des Beobachters erreichen. Fizeau errechnete aus diesem Experiment die

**Lichtgeschwindigkeit c.**

$$c = 299\,792\ \frac{\text{km}}{\text{s}}$$

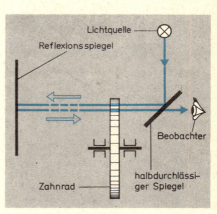

## Experiment zur Bestimmung der spezifischen Ladung des Elektrons

Joseph John Thomson hat im Jahre 1897 nachgewiesen, daß Katodenstrahlen aus Teilchen (Elektronen) bestehen. Zur Bestimmung des Verhältnisses von Ladung zu Masse dieser Teilchen wurden sie im elektrischen Feld beschleunigt und im Magnetfeld auf eine kreisbogenartige Bahn gelenkt. Aus der Beschleunigungsspannung, der magnetischen Flußdichte und dem Bahnradius ermittelte er die

**spezifische Ladung des Elektrons** $\dfrac{e}{m_e}$

$$\frac{e}{m_e} = 1{,}76 \cdot 10^{11}\ \frac{\text{A} \cdot \text{s}}{\text{kg}}$$

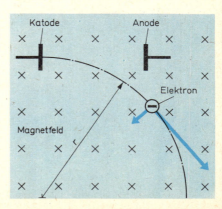

**A**

**Experiment zur Bestimmung der Elementarladung**

Im Jahre 1909 wurde von Robert Andrews Millikan die elektrische Elementarladung bestimmt. Er brachte kleine Öltröpfchen im elektrostatischen Feld eines Kondensators in den Schwebezustand (Gleichgewicht).
Aus dem Vergleich der angreifenden Kräfte konnte Millikan die Ladungen der Tröpfchen ermitteln. Es ergaben sich immer ganzzahlige Vielfache eines Wertes; er erwies sich als die

**elektrische Elementarladung e.**

$$e = 1{,}602 \cdot 10^{-19} \, A \cdot s$$

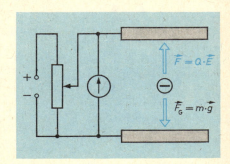

**Experiment zur Bestimmung des Planckschen Wirkungsquantums**

Im Jahre 1913 veröffentlichten James Franck und Gustav Hertz das Ergebnis ihrer Elektronenstoßversuche. Sie wiesen nach, daß beschleunigte Elektronen einen bestimmten Teil ihrer kinetischen Energie an Atome abgeben können. Diese werden dadurch angeregt und geben die Energie nachfolgend in diskreten Beträgen (in Energieportionen) in Form von Licht wieder ab. Die Meßergebnisse ermöglichen nach richtiger Deutung des Experiments auch die Bestimmung des

**Planckschen Wirkungsquantums h.**

$$h = 6{,}6256 \cdot 10^{-34} \, W \cdot s^2$$

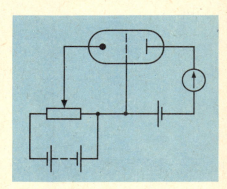

# Experimente, bei denen neue physikalische Erscheinungen gefunden wurden

### Experiment zum Zusammenhang von elektrischen und magnetischen Erscheinungen

Im Jahre 1820 entdeckte Hans Christian Oersted, daß eine Magnetnadel aus ihrer Nord-Süd-Richtung ausgelenkt wird, wenn und solange ein nahe vorbeiführender Draht mit einer galvanischen Batterie verbunden wird. Damit war erstmalig ein wichtiger Zusammenhang zwischen elektrischen und magnetischen Erscheinungen gefunden worden. In weiteren Untersuchungen zeigte Oersted, daß der Drehsinn der Nadelablenkung von der Stromrichtung und die Stärke der Ablenkung von der Stromstärke und von der Entfernung zwischen Leiter und Nadel abhängt.

### Experiment zur Entdeckung der elektromagnetischen Induktion

Michael Faraday warf die Frage auf, ob analog zur „Erzeugung" von Magnetismus durch elektrischen Strom auch umgekehrt elektrischer Strom durch Magnetismus hervorgerufen werden kann. Als Ergebnis einer großen Zahl gezielt angelegter Experimente fand er im Jahre 1831 die elektromagnetische Induktion. Später hat er sich auch mit der Selbstinduktion beschäftigt. Der von ihm in die Physik eingeführte Begriff des elektrischen und des magnetischen Feldes hat sich in der Folgezeit als äußerst fruchtbar erwiesen.

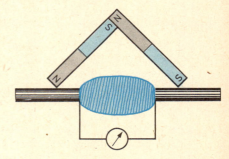

### Experiment zur Begründung der Spektralanalyse

In einer im Jahre 1860 von Robert Bunsen und Gustav Kirchhoff gemeinsam verfaßten Arbeit wurden Ergebnisse von Experimenten vorgelegt, die die beiden Wissenschaftler mit Hilfe eines einfachen selbstgebauten Spektroskops erhalten hatten. Danach ist jedes Element durch bestimmte Spektrallinien gekennzeichnet, deren Lage sich auch in chemischen Verbindungen nicht ändert. Mit diesen Untersuchungen wurde die Spektralanalyse begründet.

## A

Sie hat die Kenntnisse über die Struktur der Materie – vom Bau der Atome bis zum Aufbau des Weltalls – wesentlich erweitert und bildete eine wichtige Grundlage für die Entwicklung der Quantentheorie.

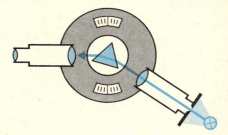

### Experiment zur Entdeckung der Röntgenstrahlen

Wilhelm Conrad Röntgen entdeckte 1895 bei Untersuchungen mit Katodenstrahlen Strahlen, die das schwarze, lichtundurchlässige Papier, das er um eine Entladungsröhre gehüllt hatte, durchdrangen. Beim Betrieb der Röhre bewirkten die Strahlen, die von der Röhre ausgingen, an Kristallen auf einem Nachbartisch Fluoreszenzerscheinungen. Röntgen konnte mit diesen Strahlen auf einem speziell präparierten Schirm Gegenstände, z. B. das Skelett einer Hand, abbilden.

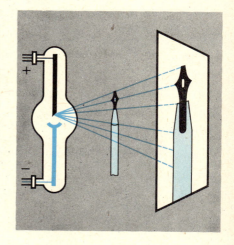

### Experiment zur Entdeckung der radioaktiven Strahlen

Im Jahre 1896 wies Henri Becquerel nach, daß Uranverbindungen Strahlen aussenden, die auf fotografische Platten einwirken. Diese Strahlen gingen durch Stoffe wie Glas, Holz, Glimmer u. a. hindurch. In der Nähe eines Uranpräparates wurde die Luft – ähnlich wie bei Röntgenstrahlen – ionisiert. In der folgenden Zeit stellte man fest, daß es möglich ist, mit Hilfe starker Magnetfelder diese Strahlung in Komponenten zu zerlegen.

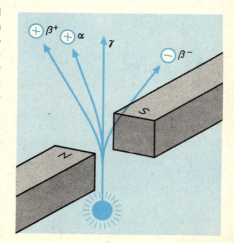

### Experiment zur Entdeckung der Kernspaltung

Otto Hahn und Fritz Straßmann konnten im Jahre 1938 nachweisen, daß beim Beschuß von Urankernen mit langsamen Neutronen nicht schwerere Kerne von Elementen, die im Periodensystem noch hinter dem Uran stehen (Transurane), sondern zwei leichtere Kerne der Elemente Barium und Krypton entstanden sind. Danach mußten die Urankerne in zwei etwa gleich große Bruchstücke zerplatzt sein. Lise Meitner hat diese Erscheinung später als Kernspaltung gedeutet.

Andere Physiker wiesen nach, daß dabei eine große Energiemenge freigesetzt wird sowie einige Neutronen frei werden, die weitere Kerne spalten können (Kettenreaktion).

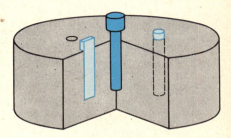

## Experimente zur Beantwortung prinzipieller theoretischer Fragen

### Experiment zum Nachweis des Luftdrucks

Im Jahre 1644 wiesen Evangelista Torricelli und Vincenzo Viviani experimentell nach, daß man die begrenzte Hubhöhe von Saugpumpen durch das Wirken des in der Lufthülle der Erde herrschenden Schweredruckes erklären kann.

An einem etwa ein Meter langen Glasrohr, dessen eines Ende zugeschmolzen und das zunächst völlig in ein Gefäß mit Quecksilber eingetaucht war, zeigte Viviani, daß beim Herausziehen im Rohr immer eine Quecksilbersäule mit der Höhe von etwa 76 cm verbleibt. Der Luftdruck mußte also etwa so groß wie der Schweredruck dieser Säule sein. Er war damit erstmals gemessen worden.

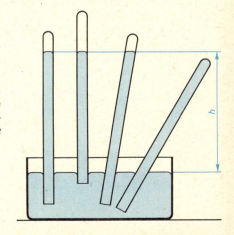

## A

### Experiment zur Bestimmung des mechanischen Wärmeäquivalents

Mit einer großen Anzahl von Experimenten wies James Prescott Joule nach, daß sich mechanische, elektrische, chemische und thermische Energie ineinander umwandeln können. Seit 1843 veröffentlichte er immer wieder Zahlenwerte für das von ihm durch Schaufelrad- und Rührwerkversuche bestimmte sogenannte mechanische Wärmeäquivalent. Als Mittelwert ergab sich, daß eine mechanische Arbeit von etwa 425 m · kp notwendig ist, um dem Wasser die Wärme von 1 kcal zuzuführen. Heute haben die Wärmeäquivalente nur noch historischen Wert. Im Internationalen Einheitensystem (SI) gilt:
$1 N \cdot m = 1 J$.

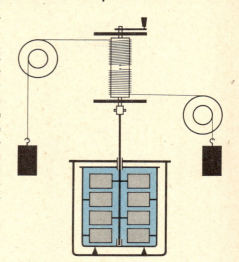

### Das Michelson-Experiment

Mit seinen ab 1881 durchgeführten Experimenten wollte Albert Abraham Michelson prüfen, ob eine Relativbewegung der Erde gegen den im Weltraum als absolut ruhend angenommenen Äther gemessen werden kann. Dazu sollte ein Unterschied zwischen der Lichtgeschwindigkeit in Richtung der Bewegung der Erde auf ihrer Bahn um die Sonne und quer zu dieser Richtung nachgewiesen werden.

Da sich eine solche Differenz auch später mit ausgereifteren Geräten und genaueren Meßverfahren nicht nachweisen ließ, war damit die Ätherhypothese widerlegt worden. Als experimentelle Erfahrung folgte hieraus, daß die Vakuumlichtgeschwindigkeit in allen Inertialsystemen, unabhängig vom Bewegungszustand der Lichtquelle, stets gleich ist.

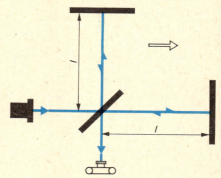

### Experiment zum Nachweis der elektromagnetischen Wellen

In den Jahren 1886 bis 1888 gelang es Heinrich Hertz erstmalig, die Ausbreitung hochfrequenter elektromagnetischer Wellen im Raum nachzuweisen, deren Existenz von James Clerk Maxwell bereits theoretisch vorausgesagt worden war.

Hertz baute sich dazu einen einfachen Dipol (Sender) und einen Resonator (Empfänger), mit denen er die Transversalität der elektromagnetischen Wellen feststellte, die Wellenlänge und die Ausbreitungsgeschwindigkeit bestimmte und ihre Reflexion, Brechung, Beugung und Polarisation zeigte.

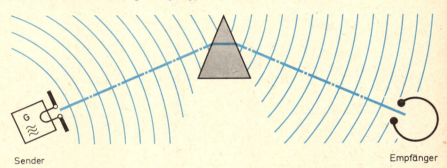

Sender　　　　　　　　　　　　　　　　　　　　　　　　　Empfänger

### Streuexperiment von Rutherford

Im Jahre 1911 führte Ernest Rutherford Streuexperimente an dünnen Metallfolien durch. Als „Geschosse" benutzte er zweifach positiv geladene Heliumionen (Alpha-Teilchen), von denen beim Durchdringen von Tausenden von Atomschichten der jeweiligen Folie die meisten kaum, wenige aber sehr stark abgelenkt wurden. Aus der Häufigkeit dieser starken Ablenkung und der Foliendicke berechnete Rutherford, daß der Radius der ablenkenden Zentren im Atom etwa $10^{-14}$ m betragen muß. Aus den Experimenten folgt weiter, daß diese Zentren fast die gesamte Masse des Atoms in sich vereinigen und eine positive Ladung tragen. Auf dieser Grundlage entwarf Rutherford sein berühmtes aus Atomhülle und Atomkern bestehendes „Planetenmodell" des Atoms.

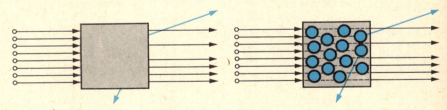

# Register

Abbildung 245
Abbildungs-gleichung für Linsen 256
– gleichung für Spiegel 251
– maßstab bei Spiegeln 251
abgeleitete Einheit (SI) 11
– Größe 9
abgeschlossenes System 56
Ableiten 22
Ableitung, deduktive 29
absoluter Nullpunkt 168
absolute Temperatur 151
Absorptionsspektrum 91
Absorption von Licht 85
– von Licht, quantenhafte 85
Additionsgesetz der Geschwindigkeiten, klassisches 81
–, relativistisches 83
Adhäsionskraft 66
Aggregatzustand 160
Aktivität 16
Akustik 8
Allotropie 160
Ampere (Einheit) 11
Ampère, André Marie 310
Amplitude 71
Amplitudenmodulation 224
Anderson, Carl David 317
Angeregter Zustand 91
Anomalie des Wassers 158
Anregung von Atomen und Molekülen 95
Arbeit 14, 100, 124, 192
– im Gravitationsfeld 140
– und Energie bei Zustandsänderungen 166
Arbeits-, Unfall- und Brandschutz 41
Archimedesches Gesetz 145
Astronomie 7
atomare Masseneinheit 282
Atombau 279

Atom-durchmesser 279
– hülle 280
– kern 280
– masse 282
– modell, Bohr 284
– –, Rutherford 283
– und Kernphysik 8, 272
Aufbau der Stoffe 62
Aufgaben, Lösen physikalischer 52
Auftrieb, dynamischer 146
–, statischer 143
Auftriebskraft 144
–, dynamische 147
Auge 256
Ausbreitungsgeschwindigkeit einer Welle 72
Ausdehnung, linear, kubisch 156
Außenelektronen 280
äußerer lichtelektrischer Effekt 86
Austrittsarbeit 87
Auswerten physikalischer Messungen 45
Avogadro, Amadeo 309

Bahngeschwindigkeit, kosmische 141
ballistische Kurve 113
Balmer, Johann Jakob 313
Bandenspektrum 90
Bandgenerator 180
Bar (Einheit) 105
Bardeen, J. 318
Basiseinheit 11
Basisgröße 9
Basov, N. C. 319
Becquerel, Henri 314
Benz, Carl 313

Beobachten 20
Berechnung der Wärme 154
Bernoullische Gleichung 146
Beschleunigungsarbeit 125
Beschleunigung-Zeit-Diagramm 105
– Gleichung 105
– Gesetz 109
Beschreiben 20
Bestätigen 22
Bestrahlungsverfahren 298
Bethe, Hans A. 318
Betrachtungsweise, kinetisch-statistische 150
–, phänomenologische 150
Beugung 137
Bewegung, mechanische 105, 107
–, zusammengesetzte 111
Bezugssystem 81
– bei Drehbewegung 120
Biegemoment 122
Bildentstehung 254
Bild, reell, virtuell 246
Bindungsenergie 60
Biologie 7
Black, Joseph 308
Blasenkammer 278
Blind-arbeit 197
–leistung 15, 197
–widerstand 195
Blockschaltbild 36
Bohr, Niels 316
Boltzmann-Konstante 159, 177
Boyle, Robert 307
Boylesches Gesetz 159
Brandschutz 41
Brattain, W. H. 318
Braun, Karl Ferdinand 315
Brechung 137
– des Lichtes 251
Brechungsgesetz 137, 251

Brechzahl 252
Brennpunkt 248, 253
–strahl 249, 254
Brennweite 248, 253
Brewstersches Gesetz 270
Broglie, Louis de 316
Brown, Robert 310
Brownsche Bewegung 174
Bunsen, Robert 312

C

Candela (Einheit) 11
Carnot, Sadi 310
Cavendish, Henry 308
Celsius, Anders 308
Chadwick, James 317
Chemie 7
Clausius, Rudolf 311
Copernicus, Nicolaus 306
Coulomb (Einheit) 15
Coulomb, Charles Augustin 308
Coulombsches Gesetz 182
Curie, Marie 314
Curie, Pierre 314

D

Daimler, Gottlieb 313
Dalton, John 309
Dampf-maschine 168, 169
–turbine 169
Darstellung, grafische 30
Davison, Clinton 317
deduktive Ableitung 29
Defektelektronen 241
Definition 16, 18
Definitionsgleichung 19
Demodulation 225
Denkmodell 25, 101
Dezimalvorsätze 12
Diagramm 36
diamagnetische Stoffe 209
Diaskop 257
Dichte 14, 100, 102
Dichtebestimmung 102
Dielektrikum 201
Dielektrizitätskonstante 15, 202
Diesel, Rudolf 314
Dieselmotor 169

diffuse Reflexion 246
Diffusion 174
Dipol 223
diskontinuierliches Spektrum 266
Dispersionsspektrum 266
Doppelbrechung 270
Doppelspaltexperiment mit Mikroobjekten 97
Dotieren 229
Drehbewegung, Bezugssystem bei der 120
Dreheisenmeßgerät 184
Drehimpuls 14, 124, 133
–änderung 124
–erhaltung 124
–erhaltungssatz 61
Drehmoment 14, 122, 123
Drehspulmeßgerät 184
Drehwinkel 115, 123
Druck 14, 104, 142, 145, 151
Druck eines Gases 177
Druck-Volumen-Gesetz 164
Dufay, Charles 308
Durchlaßrichtung 234
Durchstrahlungsverfahren 299
Düse 146
Dynamik 117
–, Grundgesetz der Rotation 123
–, Grundgesetz der Translation 117
dynamisches Gesetz 17

E

Ebener Spiegel 247, 249
Edison, Thomas Alva 313
Effektivwerte im Wechselstromkreis 195
Eigenleitung 229
Einfallswinkel 247
Einheit 9, 20
Einheitensystem, Internationales 11
Einheitenzeichen 11
Einstein, Albert 315
Einsteinsche Gerade 89
elastischer zentraler Stoß 132

elektrische Arbeit 192
– Feldstärke 200
– Leistung 192
– Leitungsvorgänge 227
– Spannung 185
– Stromrichtung 183
– Stromstärke 11, 184
elektrisch geladener Körper, Kräfte zwischen 182
elektrischer Strom 183
– Widerstand 188
Elektrizitätslehre 8, 179
elektromagnetisches Feld 212
elektromagnetische Induktion 193, 213
– Induktion (Experiment) 323
– Schwingung 219
– Welle 222
– Wellen (Experiment) 327
Elektrolyt 231
Elektromotor 211
Elektronen 180, 181, 274
–mikroskop 211
–schalen 280
–stoßexperiment 322
Elektronenstrahloszillograf 239
Elektronenstrahlröhre 238
Elektroskop 182
elektrostatisches Feld 199
–, Energie des 203
Elementarladung, elektrische 181
Elementarladung (Experiment) 322
Elementarteilchen 274
Elementarwelle 76
Elongation 70
Emissionsspektrum 90
Emission von Licht, induzierte 92
–, spontane 92
–, quantenhafte 89
Energie 14, 57, 100
–, innere 151, 163
–, kinetische 128
–, mechanische 128
–, potentielle 128
–, thermische 153
Energiebilanz bei Kernumwandlungen 294

**R**

Energiedosis 16
Energieerhaltungssatz 57
Energieniveau der Atomhülle 91
Energieniveauschema 92
Energiestreifendiagramm 172
Energietopfmodell 285
Energieumwandlung 129
– im Stromkreis 191
–, Wirkungsgrad bei 60
Energieverteilung 175
Energiewandler 183
Episkop 257
Erfahrungssätze 17
Erhaltungsgröße 10, 57
Erhaltungssätze 18, 56
Erkenntnisgewinnung, Mittel zur 20
Erklären 21
Erstarren 161
Erste Hilfe 42
erzwungene Schwingung 74
Experiment 23
– im Physikunterricht 40
experimentelle Methode 24
Exposition 16

Fall, freier 110
Fallbeschleunigung 110
Fallbeschleunigung (Experiment) 320
Faraday, Michael 310
Farbmischung 268
Federschwinger 134
Federspannarbeit 125
Fehler, grober 48
–, systematischer 48
–, zufälliger 49
Fehlerabschätzung 50
Fehlerbetrachtung 47
Fehlerkritik 50
Fehlerrechnung, einfache 50
Feld, elektrostatisches 199
–, magnetostatisches 204
Felder 62
–, Eigenschaften 64
–, physikalische 63
Feldkonstante, elektrische 15, 203

–, magnetische 16
Feldlinienbild 199, 206
Feldstärke 200
–, elektrische 15
–, magnetische 15, 208
Fermi, Enrico 317
Fernrohr 257
feste Rolle 127
Fizeau, Armand 311
Fläche 13, 100
Flächentransistor 235
Flaschenzug 127
Fleming, John 315
Fliehkraft 120
Flußdichte, magnetische 15, 206
Forest, Lee de 315
Formelzeichen 11
– für Größen 12
Fotodiode 235
Fotoemission 232
Fotowiderstand 233
Fotozelle, Vakuum- 238
Foucault, Léon 311
Franck, James 316
Franck-Hertz-Versuch 322
Fraunhofer, Joseph 309
Fraunhofersche Linien 91
Frequenz 13, 71
Frequenzmodulation 224
Fresnel, Augustin Jean 309
Frisch, Otto Robert 318
Frontwelle 76
Funktionsleiter 36
Funktionsnetz 37

Galilei, Galileo 306
Gammastrahlen 292
Gangunterschied 78
Gas 231
–, ideales 158
Gasdruck 175
Gaskonstante, spezifische, molare 158, 176
Gasturbine 169
Gasturbinenprozeß 167
Gay-Lussac, Joseph-Louis 309
Gay-Lussacsches Druckgesetz 159

– Volumengesetz 159
gedämpfte Schwingung 73
Gegenstandsgröße 251
gekrümmter Spiegel 248
geltende Ziffern 47
Genauigkeit physikalischer Größenangaben 46
geneigte Ebene 127
Generator 216
geometrische Optik 244
Germer, Lester 317
geschlossener Schwingkreis 216
Geschwindigkeit 13, 100, 107, 123, 135
–, mittlere 176
Geschwindigkeitsverteilung 175
Geschwindigkeit-Weg-Gesetz 110
Geschwindigkeit-Zeit-Diagramm 105
Geschwindigkeit-Zeit-Gesetz 108, 109, 110
Geschwindigkeit-Zeit-Gleichung 105
Gesetz, Archimedisches 145
–, Beschleunigung-Zeit- 109
–, Boylesches 159
–, Brewstersches 270
–, Coulombsches 182
–, Druck-Volumen- 164
–, dynamisches 17, 150
–, Induktions- 213
–, Keplersches 140
–, physikalisches 16, 18
–, Reflexions- 137, 247
–, statistisches 17, 150, 172
–, Trägheits- 118
–, Wechselwirkungs- 103
–, Weg-Zeit- 108, 109, 110
–, Widerstands- 188
Gewichtskraft 118
Gilbert, William 306
Gitter 237
gleichförmige Bewegung 108
– Kreisbewegung 114
Gleichgewichtsbedingung für drehbare Körper 122
Gleichgewichtszustand 168
gleichmäßig beschleunigte Bewegung 109

Gleichrichterwirkung 234
Gleichstrom-kreis 187
–spannungsquelle 187
Gleichung, Bernoullische 146
–, Maxwellsche 226
Gleichzeitigkeit, Relativität der 82
Gleitreibung 119
Glühemission 232
Goldene Regel der Mechanik 126
Goldstein, Eugen 313
Gravitation 139
Gravitationskonstante 140
Gravitationskonstante (Experiment) 320
Gray, Stephen 308
Grenzfrequenz 88
Größe, physikalische 9, 10
Größengleichung 12
Größen mit Richtungssinn (vektorielle Größen) 10
Größen ohne Richtungssinn (skalare Größen) 10
Grundgesetz der Dynamik der Rotation 123, 124
Grundgesetz der Dynamik der Translation 117, 124
Grundzustand 91
Guericke, Otto von 307

**H**

Haftreibung 119
Hahn, Otto 318
Halbleiter 228
– diode 234
Halbwertszeit 293
Hallwachs, Wilhelm 313
Halterung, magnetische 302
harmonische Schwingung 134
– Welle 136
Häufigkeit 173
–, relative 173
Hauptbild 258
Hauptsätze der Thermodynamik 58, 163
1. Hauptsatz der Thermodynamik 164
2. Hauptsatz der Thermodynamik 168

Hebel 127
Heisenberg, Werner 317
Helmholtz, Hermann von 311
Hertz, Gustav 316
Hertz, Heinrich 313
Hertzsche Welle 76, 222
Hohlspiegel 250
Hubarbeit 125
Huygens, Christian 307
Huygenssches Prinzip 76, 137
hydraulische Anlage 143
Hyperbelbahngeschwindigkeit 141
Hypothese 21

Ideales Gas 158
Impuls 100, 124, 130
–änderung 124
–erhaltung 124
–erhaltungssatz 61
Indikatordiagramm 171
Induktion, elektromagnetische 193, 213
–, magnetische 15
Induktionsgesetz 213
Induktionskonstante 16
induktive Verallgemeinerung 27
Induktivität 215
induzierte Emission 92
Inertialsystem 81
Influenzkonstante 15
Innenwiderstand 189
innere Energie 151, 163, 177
Interferenz 138, 261
Interferenzmaximum 262
Internationales Einheitensystem 11
Ionen 180
–dosis 16
Ionisationskammer 277
ionisierende Strahlung 16
irreversibler Vorgang 167
Isobare 166
isobarer Wärmeübergang 155
Isochore 166
Isolator 228

Isotone 281
Isotope 289
Isotopentrennung 289
Iwanenko, D. 317

Joliot-Curie, Frédéric 317
Joliot-Curie, Irène 317
Joule (Einheit) 124
Joule, James Prescott 311

**K**

Kalorische Zustandsgleichung 165
Kamera 257
Kapazität 15, 202
Katodenstrahlen 238
Kelvin (Einheit) 11, 151
Kenngrößen elektronischer Bauelemente 239
– einer Schwingung 70
– einer Welle 71
Kennzeichen 31
Kepler, Johannes 306
Keplersche Gesetze 140
Kern-bindungsenergie 287
–fusion 291, 297
–kettenreaktion, gesteuert, ungesteuert 297
–kräfte 286
–ladung 283
–ladungszahl 281
–masse 286
–physik 273
–radius 286
–reaktion 290, 294
–reaktor 300
–spaltung 290, 295
–spaltung (Experiment) 325
–spurplatte 276
–umwandlung 290
Kilogramm (Einheit) 11, 102
Kinematik 105
kinetische Energie 128
kinetische Energie, mittlere, der Teilchen 175
kinetisch-statistische Betrachtungsweise 150, 153

331

**R**

kinetische Wärmetheorie 172
Kirchhoff, Gustav Robert 312
kosmische Geschwindigkeiten 141
kohärentes Licht 261
Kohäsionskraft 66
Kolbendruck 142
Komplementärfarben 269
Kondensator 201
Kondensieren 162
kontinuierliches Spektrum 90
Kopplung mechanischer Schwinger 136
Körper 62
–, Eigenschaften 63
–, Massebestimmung eines 102
–, starrer 101
–farben 268
Kraft 14, 100, 102, 107, 123
–messung 103
–moment 14, 121
–stoß 14, 100, 130
kraftumformende Einrichtungen 126
Kraftwirkung 103
Kreis-bahngeschwindigkeit 114, 141
–beschleuniger 211
–bewegung 114, 115
–frequenz 71, 72
–prozeß 167
Krigar-Menzel, Otto 314
Krönig, Karl 311
Krümmungs-mittelpunkt 248, 253
–radius 248, 253
kubische Ausdehnung 156

**L**

Ladung, elektrische 15, 180, 181
Ladungs-ausgleich 180
–bestimmung 181
–erhaltungssatz 61
–trennung 180, 199
–übertragung 180

Länge 11, 13, 100
Längenänderung 156
Längen-Temperatur-Koeffizient 14
Laser 93, 94, 95
–, Energieniveauschema des 93
Laue, Max von 316
Lebedew, Pjotr 315
Leistung 14, 124
–, elektrische 15, 192
–, mechanische 129
Leistungsfaktor 198
Leiter 228
Leitungsvorgänge, elektrische 241
Lenz, Heinrich Emil 310
Lenzsches Gesetz 214
Licht 259
–, kohärentes 261
–, Beugung, Brechung, Reflexion 261
–geschwindigkeit 260
–geschwindigkeit (Experiment) 321
–, induzierte Emission von 92
–, spontane Emission von 92
–, quantenhafte Absorption von 85
–, Welle-Teilchen-Verhalten von 85
–, Zerlegung von 89, 265
–ausbreitung 245
–bündel 245
–quanten 87
–quelle 244
–strahl 244, 249
–stärke 11
–teilchen 244,
–weg, Umkehrbarkeit 246
–welle 244,
lichtelektrischer Effekt, äußerer 86
Lieben, Robert von 315
lineares Netz 37
Linien-diagramm 36
–spektrum 90
Linse, optische 252
Lippershey, Hans 306
logarithmisches Netz 38
Lomonossow, Michail 308
Lorentzkraft 210

lose Rolle 127
Luftdruck (Experiment) 325
Lupe 256

**M**

Magnetfeld der Erde 210
magnetische Flußdichte 15, 206
– Werkstoffe 209
magnetischer Fluß 15, 213
magnetostatisches Feld 204
–, Energie des 212
–, Stoffe im 209
Malus, Etienne 309
Markierungsverfahren 299
Masse 11, 14, 100, 102, 123
–änderung, relativistische 83
–defekt 286
–Energie-Beziehung 83
–erhaltungssatz 61
Massen-bestimmung 102
–einheit, atomare 282
–mittelpunkt 101
–trägheitsmoment 14
–zahl 281
Massepunkt 101, 115
Materie 7
Maximalwert 71
Maxwell, James Clark 312
Maxwellsche Gleichung 226
Mayer, Robert 311
Mechanik 8, 14
mechanische Bewegung 105
– Leistung 129
– Schwingung 134
mechanischer Wirkungsgrad 130
Meißner, Alexander 316
Meitner, Lise 318
Messen 20
–, direktes 44
–, indirektes 44
–, Regeln für das 44
Messung, physikalische 43
Meß-apparatur 43
–bereichserweiterung 190
–ergebnis 43
–fehler 48
–geräte, Kennzeichnung von 35
–objekt 20, 43

–prozeß 43
–reihe 49
–verfahren 44
–vorschrift 9, 43
Meter (Einheit) 11
Methoden der Physik 20
MHD-Generator 180
Michelson, Albert Abraham 313
Michelson-Experiment 326
Millikan, Robert Andrews 315
Mikroobjekt 85
–, Doppelspaltexperiment mit 97
–, Verhalten von 96
Mikroskop 258
Mittelpunktstrahl 249, 254
Modell 25
Modelle der Optik 244
Modellmethode 26
Modulation 224
Mol (Einheit) 11
molare Gaskonstante 158
– Masse 176
Moment 121, 122
Momentanwert 70
Motor 216

Näherungswerte, Rechnen mit 47
Naturwissenschaften 7
Nebelkammer 277
Netz, lineares 37
–, logarithmisches 38
Neutrino 274
Neutron 275
Newton (Einheit) 103
Newton, Isaac 307
Newtonmeter (Einheit) 124
Newtonsches Grundgesetz 124
nichtharmonische Schwingung 73
Nukleonen 281
Nuklide 281

Oberflächenwellen 75
Objektiv 258

Oersted, Christian 310
offener Schwingkreis 221
Ohm, Georg Simon 310
Ohmsches Gesetz 187
Okular 258
Optik 8, 242
optische Achse 248, 253
– Bilder 246
– Linse 252
optischer Mittelpunkt 253
Ordnungszahl 281
Ottomotor 169
Otto, Nikolaus August 312

Paar-bildung 275
–zerstrahlung 84, 275
Parabelbahngeschwindigkeit 141
Parallelstrahl 249, 254
Pascal (Einheit) 104
Pauli, Wolfgang 317
Pendelschwinger 134
Periode 71
Permeabilität 16, 208
perpetuum mobile 1. Art 165
– 2. Art 168
phänomenologische Betrachtungsweise 150, 153
Phase 160
Phasenkonstante 71
Photonen 87, 274
Physik 7
–, Teilgebiete 8
physikalische Größe 9
– Messungen, Auswerten von 45
Planck, Max 314
Plancksches Wirkungsquantum 88
Plancksches Wirkungsquantum (Experiment) 322
Plattenkondensator 203
Plücker, Julius 312
Polarisation des Lichtes 269
Potentiometerschaltung 191
potentielle Energie 128
Prismenspektrum 266
Probekörper 199
Prochorow, A. M. 319
Profilkörper 147

Prognose 22
Projektor 257
Protokoll 44
Proton 275
Prozeßgröße 10
Punktladung 183

Quasistatische Zustandsänderung 167
Quanten 84

**R**

Radial-beschleunigung 117
–kraft 120
radioaktive Strahlung (Experiment) 324
reelles Bild 246
Reflexion 137, 246
Reflexionsgesetz 137, 247
Reibung 119
Reibungsarbeit 125
Reibungskraft 119
relative Atommasse 282
–Häufigkeit 173
relativer Fehler 50
Relativität der Gleichzeitigkeit 82
– der Zeit- und Längenmessung 82
Relativitätstheorie, allgemeine 80
–, spezielle 80
Resonanz 135, 221
resultierende Kraft 104
reversible Vorgänge 167
Richarz, Franz 314
Röhren-diode 236
–triode 237
Rolle, fest, lose 127
Rollreibung 119
Römer, Ole 307
Röntgen, Wilhelm Conrad 314
Röntgenstrahlen (Experiment) 324
Röntgenwellen 259, 264
Rotation, Grundgesetz der Dynamik der 123
Rotations-arbeit 124

# R

−energie 128
Ruh-energie 83
−masse 83
Rutherford, Ernest 316
Rutherfordsches Atommodell 283

## S

Sammellinse 252
Satz von der Erhaltung der Energie 57
− von der Erhaltung der mechanischen Energie 58
Schallwelle 76
Schalt-plan 36
−zeichen 31
Schaltungskurzzeichen 34
Schatten 245
Schaubild 36
Schein-leistung 15, 197
−widerstand 195
Scheitelpunkt 248
Schmelzen 161
schräger Wurf 111
Schubkraft 131
Schweben 144
Schwebemethode (Millikan) 322
Schweredruck 142, 146
Schwerpunkt 101
Schwimmen 144
Schwingkreis 219
−arten 221
Schwingung 69
−, Kenngrößen 70
−, elektromagnetische 74, 219
−, freie, erzwungene 74
−, gedämpfte, ungedämpfte 73
−, harmonische, nichtharmonische 73
−, mechanische 134
Schwingungsdauer 71, 134
Sekunde (Einheit) 11, 13
Selbstinduktion 216
Shockley, W. B. 318
SI-Basiseinheit 11
SI-Einheiten, ergänzende 11
Sieden 162
Siemens, Werner von 312
Sinken 144
Sinnbilder 34
skalare Größe 9
Snellius, Willebrord 306
Sommerfeld, Arnold 316
Spannenergie 128
Spannung 180
−, elektrische 15
Spannungsdoppelbrechung 270
Spannungsmessung 186
Spannungsteilerschaltung 191
Spektralanalyse 267
Spektralanalyse (Experiment) 323
Spektralfarben 267
Spektren 90, 266
Spektrum elektromagnetischer Wellen 79
Sperrichtung 234
Spezielle Relativitätstheorie 8
−, fachwissenschaftliche Bedeutung 80
−, philosophische Bedeutung 80
spezifischer elektrischer Widerstand 188
spezifische Gaskonstante 158
− Ladung des Elektrons (Experiment) 321
− Umwandlungswärme 163
− Wärmekapazität 154
− Wärmekapazität der Gase 155
Spiegel 246
−, Abbildungsmaßstab bei 251
Spinthariskop 278
Spontanzerfall 290
Spule, Feld einer stromdurchflossenen 209
starrer Körper 101, 115
Statik 100
statischer Auftrieb 143
− Druck 146
statisches Gleichgewicht 104
statistische Schwankungserscheinung 174
statistisches Gesetz 173, 174
Staudruck 146
stehende Welle 138
Steigen 144
Stoff 62
Stoffmenge 11
Störstellenleitung 229
Stoß, zentraler 132
Stoßionisation 232
Strahlenschutz 299
Strahlenverlauf an Linsen 254
Strahlung 66
Straßmann, Fritz 318
Streuexperiment von Rutherford 327
Stromkreis, Meßgeräte im 189
−, verzweigt, unverzweigt 189
Stromlinie 145
Stromstärke, elektrische 15, 180
Stromstärkemessung 184
Strömungsgeschwindigkeit 145
Stufendiffusion 289
Symbolschreibweise 281
System, abgeschlossenes 56
−, thermodynamisches 150
Szintillationszähler 278

## T

Tabelle 30
Tamm Igor 317
Teilchen 66
−modell 85, 96
Temperatur 11, 14
−, absolute 151
−messung 152
−skalen 152
Termschema 92
thermische Energie 153
Thermistor 233
Thermodiffusion 289
Thermodynamik 8, 149
−, Hauptsätze 163
thermodynamisches System 150
− Zustandsgrößen 150
Thermometer 152
Thomson, Joseph John 314
Thomson, William 311

Torricelli, Evangelista 307
Totalreflexion 252
Townes, Ch. 319
Tragfläche 147
Trägheitsgesetz 118
Trägheitsmoment 122, 123
Transformator 217
Translation 105, 124
–, Grundgesetz der Dynamik der 117
Translationsenergie 128
Tripelpunkt des Wassers 151
Tröpfchenmodell 286

## U

Umlauf-zahl 114
–zeit 114
Umwandlungswärme, spezifische 163
unelastischer zentraler Stoß 132
Unfallschutz 41
ungedämpfte Schwingung 73
ungesteuerte Kettenreaktion 297
unverzweigter Stromkreis 189

## V

Vakuum 232
–Fotozelle 238
–Lichtgeschwindigkeit, Prinzip von der Konstanz der 82
vektorielle Größe 9
Verallgemeinerung, induktive 27
verbundene Gefäße 143
Verbrennungskraftmaschine 168, 169
Verdampfen 162
Verdunsten 162
Verfahren der Physik 20
Verhalten bei Schülerexperimenten 41
Verschiebungsarbeit 125
verzweigter Stromkreis 189
Viertakt-Dieselmotor 170
virtuelles Bild 246

Volta, Alessandro 309
Volumen 13, 100, 101, 151
–änderung 156
–arbeit 151, 164
Voraussagen 22
Vorsätze 12

## W

Wahrscheinlichkeit zufälliger Ereignisse 173
Wärme 14, 151, 153
–kapazität 14, 153
–, spezifische 14
–ausbreitung 156
–äquivalent (Experiment) 326
–theorie, kinetische 172
–übergang 155
–übergang durch stoffgebundene Energie 156
Wasserstoff, Energieniveauschema des 92
Watt (Einheit) 14
Watt, James 308
Wattsekunde (Einheit) 124
Wechselstrom-frequenz 195
–generator 193
–kreis 193
–spannung 194
–stärke 194
–widerstände 196
Wechselwirkungen 67, 68, 150, 182
Wechselwirkungs-gesetz 103
–größe 10
Weg 123, 135
Weg-Zeit-Diagramm 105
–Gesetz 108, 109, 110
–Gleichung 105
Weizsäcker, Carl Friedrich von 318
Welle 69, 136
–, Eigenschaften von 77, 78, 79
–, Reflexion, Brechung, Beugung, Interferenz, Polarisation 77, 78, 79
–, Hertzsche 222
–, mechanische, elektromagnetische 76, 222

–, Transversal-, Longitudinal-, Oberflächen- 75
Welle-Teilchen-Verhalten von Licht 85
– von Röntgenstrahlung 96
– von Elektronen 96
Wellen-front 76
–länge 72
–länge des Lichtes 260
–modell 85, 96
–optik 259
Widerstand, elektrischer 188
–, spezifischer elektrischer 15, 188
–, ohmscher, induktiver, kapazitiver 196
Widerstandsgesetz 188
Winkel, ebener 13
–beschleunigung 13, 116, 123
–geschwindigkeit 13, 116, 123
Wirbelströme 215
Wirk-arbeit 197
–leistung 15, 197
–widerstand 195
Wirkungsgrad, bei Energieumwandlungen 60
–, mechanischer 130
– einer Wärmekraftmaschine 171
–, thermischer 172
Wirkungsquantum, Plancksches 88
Wissenschaft, humanistische Aufgabe 7
Wölbspiegel 250
Wurf 111
–weite 113

## Y

Ykawa, Hideki 317
Young, Thomas 309

## Z

Zahlenwert 20
Zählrohr 277
Zeit 13, 100
zentraler Stoß 132

**R**

Zerfallsreihe, radioaktive 288
Zerlegung des Lichtes 89
Zerstreuungslinse 255
Ziolkowski, Konstantin 315
zufälliger Fehler 49
Zusammenhang zwischen Arbeit und Energie 57
– zwischen klassischer Mechanik und spezieller Relativitätstheorie 83

– von elektrischen und magnetischen Erscheinungen (Experiment) 323
Zusammensetzen von Geschwindigkeiten 111
–, Zerlegen von Kräften 104
Zustand, angeregter 91
–, Grund- 91
Zustandsänderung 156
–, adiabatische 166
–, Arbeit und Energie bei 166

–, isobare 166
–, isochore 166
–, isotherme 166
–, quasistatische 167
Zustandsgleichung 177
– für das ideale Gas 158
–, kalorische 165
Zustandsgröße 10
–, thermodynamische 150
Zustandslinie 164

Quellennachweis der Abbildungen:
Volk und Wissen (Bildarchiv)

# Beispiele für die Umwandlung von Energie

| Mechanische Energie | Thermische Energie | Elektrische Energie |
|---|---|---|
| Pendelschwingung | Expansion von Gasen | Abstoßung magnetischer Felder |
| Uhrenpendel | Wärmekraftmaschine | Elektromotor |
| Reibungswärme | Adiabatische Kompression und Expansion | Übergangswiderstand |
| Wärmeschutzschild an Raumfahrzeugen | Kühlschrank | Lichtbogenschweißen |
| Trennen von Ladungsträgern | Glühemission | Induktion |
| Generator | Thermionischer Konverter | Transformator |
| Aktivierung | Endotherme Reaktion | Elektrolyse |
| Hochdruck-Benzinofen | Elektroofen | Akkumulator |
| Kernumwandlung | Kernfusion | Elektrisches Feld |
| Brutreaktor | Fusionsreaktor | Betatron |